国家自然科学基金重点项目（项目编号：59838290）

当代城市规划理论与实践丛书

陈秉钊　主编

社会转型期的城市社区建设

王　颖　杨贵庆　著

中国建筑工业出版社

图书在版编目（CIP）数据

社会转型期的城市社区建设/王颖，杨贵庆著.—北京：
中国建筑工业出版社，2009
（当代城市规划理论与实践丛书）
ISBN 978-7-112-10870-1

Ⅰ．社…　Ⅱ．①王…②杨…　Ⅲ．社区－城市建设－
研究－中国　Ⅳ．D669.3

中国版本图书馆 CIP 数据核字（2009）第 050807 号

责任编辑：陆新之
责任设计：郑秋菊
责任校对：李志立　关　健

当代城市规划理论与实践丛书
陈秉钊　主编
社会转型期的城市社区建设
王　颖　杨贵庆　著
*
中国建筑工业出版社出版、发行（北京西郊百万庄）
各地新华书店、建筑书店经销
北京嘉泰利德公司制版
北京云浩印刷有限责任公司印刷
*
开本：787×1092 毫米　1/16　印张：17½　字数：400 千字
2009 年 6 月第一版　　2009 年 6 月第一次印刷
印数：1—2500 册　　定价：**46.00** 元
ISBN 978－7－112－10870－1
　　　　（18118）

总　　序

　　1898 年英国 E·霍华德的《明日的田园城市》问世象征了现代城市规划理论的诞生。过去的一百年，世界在城镇化的重大发展时期里，城市规划理论得到了重大的发展。

　　由于城市规划毕竟是一门应用性的学科，要把城市规划的理论付之于实践，要把理论落实到地上，必然需要得到工程技术学科的支持。霍华德亲自领导，于 1903 年在距伦敦市中心 56km 的赫特福德郡（Hertfordshire）购置了 1545hm² 乡村土地，创建了第一座田园城市莱奇沃斯（Letchworth），并请建筑师 R·昂温和 B·帕克负责编制城镇规划方案。

　　也许是在城市规划的日常实践中，建筑师的工作是大量的，所以导致城市规划学科的技术层面，物质形态的部分内容逐渐占据了突出的地位。于是《明日的田园城市》中城市物质形态（Physical）的部分被一代又一代地强化，而作为城市规划理论更本质的部分，城市规划、建设、管理中的社会目标、经济分析、经营管理、社会团体的参与，等等，却逐渐被淡忘了。"把城市看成是一种扩大形式的建筑学，那就是建筑师设计单幢建筑，城市规划师设计建筑群。"（E·帕金森）①

　　然而在城市规划工作者中，毕竟有些人看到了在物质形态的背后更本源的东西，"我们同行们逐渐了解到，最根本的社会和经济的力量，它是形成我们环境的最重要因素，任何成功的城镇设计，必须以

---

① 英国皇家城市规划学会前主席。

它们的社会和经济力量为出发点。"（W·鲍尔）①包括许多建筑师也看到了，"在当代条件下，建筑继续存在于城市之中，是城市的一部分，使城市生活的某些空间得以物质化。然而，今天更胜于过去者，就是我们意识到城市要多出于它的建筑物和建筑学。……所有这些，都不仅是完全跳出了建筑师日常职业实践的范围，而且，我们习以为常的分析手段和建造项目都无法对这些条件提供答案。"（I·S·莫拉莱勒）②

《当代城市规划理论与实践丛书》不是对霍华德开创的现代城市规划理论的否定，恰恰相反，而是对当前尤其是我国在向市场经济体制转轨过程中，城市规划、建设和管理遇到的许多问题的探索，对《明日的田园城市》所包含的许多被淡忘了的内容的追回。我们力图立足于城市规划，由此走出去，从史学、哲学、系统工程学等获得思想武器，从经济学、社会学、管理学、法学、地理学等科学中汲取养料，最后要走回来，解决城市规划当前所面临的问题。

城市规划主要是政府行为，随着我国加入WTO之后，政府职能将更进一步转变，本丛书将从技术层面转向政策层面，以政府的作为为主要内容。

城市规划学科是一个综合体，也是一个多面体，《当代城市规划理论与实践丛书》力求从更多视角来观察、分析城市和城市规划。它绝非否定以往的视点，而是一种补充。因为单纯的形态设计已经不能使我们到达霍华德田园城市理想的彼岸。丛书是献给新世纪城市规划的第三个春天。

陈秉钊

于 2009 年 4 月

---

① 英国利物浦城市规划处原处长. 城市的发展过程. 中国建筑工业出版社，1981.

② 第十九届世界建筑师大会主题报告. 现在与未来：城市中的建筑学. Ignasi de sola-Morales. 张钦楠译. 建筑学报：1996（10）.

序

　　我国目前正处在一个经济、社会快速发展与变革的重要时期，同时也是各类社会矛盾和社会问题的凸显时期。社会地位的升降和收入的悬殊都会引起人们心理的不平衡；工作的紧张和生活方式的变化会给人们带来许多的不适应；人口流动、居所变迁、工作岗位变动频率的加快也会使城市管理的难度越来越大……，这些问题集中表现在社会的基本单元——社区中。经济、社会的快速发展将社区推到了社会问题的焦点。

　　党的十六届四中全会以及党的十七大，把构建社会主义和谐社会作为一项重大的战略任务。构建社会主义和谐社会是一项艰巨复杂的系统工程，其中一项重要工作就是要努力建设和谐的社区。在新的社会发展进程中对于社区建设提出了的更高要求。因此，和谐社区建设就必须关注和解决近年来社区发展中出现的新问题，需要及时交流社区建设的有益经验。社会主义和谐社区建设也是政府工作重要的方面。作者以处于社会转型期的城市社区变迁为核心线索，研究经济体制转型过程中的城市社区及社区建设问题，探讨社区建设的新思路，从理论与实践的有机结合上推动社区的建设。

　　社区的概念在学术界仍有不同的看法，关于这点费孝通曾有过经典的论述："在西方经典社会学理论中，人们往往把'社区'与'社会'对立起来看，这个对立主要反映在人们建立关系的方式上的不同：社会是以个体性的目的、利益为基础的，社会成员之间合作的主要纽带是契约、交易和计算关系，这些关系的制约通常是依据正式法律；而社区则是以认同的意愿、价值观念为基础，血缘邻里和朋友关系是社区成员之间合作的主要纽带，对其成员行为的控制通常是依据传统、习惯或乡规民约。"①

为此，作者首先通过对社会学、城市规划、社区行政管理三个角度涉及的社区概念比较，界定了本书所述的社区概念内涵，并对西方较有影响的社区研究理论以及西方社区研究进展和我国国内社区研究进展情况进行了综述，实际为本书的讨论提供了基础与前提。

其次，围绕体制变迁与社区变迁的基本关系，论证了经济体制转型对社区的深刻影响。例如社会利益格局变迁、贫富差距加大、城市社会关系变迁、社会价值多元化等多层面分别作用于社区，使得社会转型期的社区呈现出完全不同于计划经济时期的突出特点。例如社区分层与隔离的加剧、社区内部异质化程度的不断加深、住房商品化以后带来居民利益社区化，以及一些社会问题诸如贫困、老龄化等社区中凸显的问题。

再次，作者着重对迅速城市化背景下城市居民对社区生活的新要求作了系统的阐述，诸如城市居民物质生活水平提高后的新要求，家庭结构核心化、家务劳动社会化、老龄化社会以及社区内其成员的多元化需求等。

第四，作者通过实证调查与研究，对社区进行了分类与比较分析（传统社区、公房社区、商品化社区以及边缘社区四种类型）。结合上海从城市空间结构的形成与发展过程，按照中心城区、外围城区、城市边缘区三个宏观空间层次，提炼其社区空间结构的主要特征。

第五，作者论述了当前我国城市社区规划的目标与内容，指出社区规划的三个基本组成部分，并论述了在当前迅速城市化和市场化经济的背景下，社区规划中物质环境规划、社会发展规划和经济发展规划等这三个基本组成部分的关键内容，提出了"社区化"理念与社区单元的规划方法。

第六，进一步阐述了社区建设发展的模式选择，社区建设中的公众参与和社会组织的作用，论述了公众参与社区规划的发展，社会资本、社区组织和政府在社区建设中的作用等。

---

① 费孝通．当前城市社区建设的思考．文汇报，2000 – 7 – 15.

最后，主要针对社会转型期的城市社区建设需要特别关注和研究的问题进行了探讨，包括现代社区的睦邻关系、社区老龄化、外来务工人员的居住以及城市中低收入家庭所在社区的问题等。这些问题也应该是城市社区后续研究的关键性领域。

本书是在王颖和杨贵庆的博士学位论文的基础上整合而成。其中第一章、第三章主要由王颖完成，第二章、第四章主要由杨贵庆完成，其余章节由两人论文中的相关内容合并整理完成。

两位作者都是我的博士生，她（他）们抓住了我国正处在一个经济、社会快速发展的重要时期，各类社会矛盾和社会问题凸显，从不同的角度探索了社区建设的问题。在她（他）们各自完成博士论文之后，又经过两年的合作深化完成了本书，试图将城市规划的领域向社会学领域延伸，探讨以社会学角度来研究社区的规划与建设问题，从而尝试在社区研究领域中实现跨学科的整合与开拓。因此，该书对我国的城市社区发展和建设具有现实的、理论与实践的意义，在此诚挚地向各位读者推荐。

陈秉钊

2009 年 3 月 28 日

目　　录

总序 ……………………………………………………………………… 陈秉钊

序 ………………………………………………………………………… 陈秉钊

1 绪论 ……………………………………………………………………… 1
　1.1 社会转型期的城市社区问题综述 …………………………………… 3
　1.2 有关概念的界定 ……………………………………………………… 4
　　1.2.1 社区概念的源起 ………………………………………………… 4
　　1.2.2 关于"社区"的概念 …………………………………………… 10
　1.3 有关社区理论及社区研究综述 ……………………………………… 13
　　1.3.1 有关社区的理论综述 …………………………………………… 13
　　1.3.2 西方社区研究的发展概述 ……………………………………… 18
　　1.3.3 我国社区研究的发展概况 ……………………………………… 22
　　1.3.4 本书研究的目的和意义 ………………………………………… 24
　1.4 本书结构 ……………………………………………………………… 26

2 从计划到市场的体制转型对城市社区的影响 ………………………… 27
　2.1 体制转型是促进城市社区变迁的主要动力 ………………………… 29
　　2.1.1 西方新制度经济学与我国当前的体制转型 …………………… 29
　　2.1.2 体制转型对社区变迁的作用途径 ……………………………… 30
　　2.1.3 关于城市社区变迁的判断 ……………………………………… 34
　　2.1.4 实证研究：上海城市社区与体制关系 ………………………… 36
　2.2 体制转型机制的深层次分析 ………………………………………… 49
　　2.2.1 社会贫富差距加大 ……………………………………………… 49

　　　2.2.2　城市社会关系变迁 ……………………………………… 52

　　　2.2.3　价值观念及行为规范 ……………………………………… 54

　　　2.2.4　住房政策导向 ……………………………………………… 58

　　　2.2.5　社区建设管理政策导向 …………………………………… 62

　　2.3　体制转型导致的城市社区变迁特点 ………………………… 67

　　　2.3.1　社区分层与隔离的加剧 …………………………………… 67

　　　2.3.2　社区内部异质性的加深 …………………………………… 72

　　　2.3.3　社区脱离单位控制、市民利益社区化 …………………… 75

　　　2.3.4　现代城市社区邻里关系的淡化趋势 ……………………… 76

　　　2.3.5　社会问题在社区的非匀质显现 …………………………… 81

　　　2.3.6　城市更新过程社区弱势社会特征的延续 ………………… 86

3　快速城镇化进程及其对城市社区的影响 ……………………… 93

　　3.1　快速城镇化对城市社会和社区的影响 ……………………… 95

　　　3.1.1　快速城镇化导致城市居住人口的巨大压力 ……………… 95

　　　3.1.2　快速城镇化对城市居民精神生活的影响 ………………… 98

　　　3.1.3　快速城镇化导致城市社会空间结构的急剧变化 ………… 103

　　　3.1.4　社区规划面对城市社会空间结构变化的挑战 …………… 106

　　3.2　转型期城市居民对社区生活的新要求 ……………………… 107

　　　3.2.1　城市居民物质生活水平提高后的新要求 ………………… 107

　　　3.2.2　家庭结构核心化趋势的新要求 …………………………… 110

　　　3.2.3　家务劳动社会化趋势的影响 ……………………………… 110

4　社会转型期社区的类型及空间分布结构 ……………………… 113

　　4.1　城市社区的区位影响因素与聚类过程 ……………………… 115

　　　4.1.1　社区区位属性的影响因素分析 …………………………… 115

　　　4.1.2　城市社区聚类过程分析 …………………………………… 121

　　4.2　城市社区分类及其比较 ……………………………………… 125

　　　4.2.1　城市社区类型及其比较 …………………………………… 125

　　　4.2.2　上海城市社区类型的实证研究 …………………………… 129

　　4.3　社会转型期城市社区的空间结构研究 ……………………… 141

　　　4.3.1　我国城市空间结构的层次分析 …………………………… 142

　　　4.3.2　上海城市社区总体空间结构的实证研究 ………………… 146

5 社会转型期的城市社区规划 ·············· 153

5.1 关于城市社区合理规模及功能的探讨 ·············· 155
5.1.1 关于城市社区合理规模的探讨 ·············· 155
5.1.2 社区的功能 ·············· 172

5.2 当前我国城市社区规划的目标与思想基础 ·············· 176
5.2.1 社区规划的目标 ·············· 176
5.2.2 社区规划的思想基础 ·············· 179

5.3 社区物质环境规划 ·············· 181
5.3.1 社区物质环境规划的基本要素 ·············· 181
5.3.2 从市场需求角度看社区规划中的物质环境要素 ·············· 182
5.3.3 当前城市社区规划中物质环境规划的重点 ·············· 183

5.4 社区社会发展规划 ·············· 191
5.4.1 社区规划中的社会发展规划的定义和原则 ·············· 191
5.4.2 当前我国城市社区规划中社会发展规划的主要任务 ·············· 191

5.5 社区经济发展规划 ·············· 197
5.5.1 社区经济的概念和主体定位 ·············· 197
5.5.2 社区经济发展的必要性和意义 ·············· 198
5.5.3 社区经济发展规划的目标与重点 ·············· 200

5.6 "社区化"理念与社区单元规划方法 ·············· 202
5.6.1 "社区化政策"的内涵 ·············· 202
5.6.2 社区单元规划方法：作为规划结构的社区单元要素 ·············· 203

6 社会转型期城市社区建设发展模式的选择 ·············· 207

6.1 发达国家的实践经验 ·············· 209
6.1.1 发达国家政府和社区团体在社区发展中的作用 ·············· 209
6.1.2 发达国家城市社区工作模式 ·············· 211

6.2 公众参与下的城市社区建设 ·············· 217
6.2.1 公众参与社区规划的发展 ·············· 217
6.2.2 社区规划中公众参与的模式与问题 ·············· 220
6.2.3 当前我国城市社区规划中的公众参与 ·············· 226

6.3 社会资本和社区发展模式选择 ·············· 232
6.3.1 社会资本的概念、核心及其社会学意义 ·············· 232
6.3.2 社会资本对当前我国城市社区规划建设的意义 ·············· 233

　　6.3.3　转型期城市社区组织建设发展模式的选择 ·············· 234

　　6.3.4　政府与社区发展　············· 235

　　6.3.5　社区组织与社区发展 ·············· 237

7　社会转型期城市社区规划问题的现实探索 ·············· 247

　7.1　转型期社区睦邻关系的再造 ·············· 249

　　7.1.1　社会转型期社区邻里关系的理论探讨 ·············· 249

　　7.1.2　社区邻里关系淡化的原因分析 ·············· 249

　　7.1.3　社会转型期邻里关系再造的途径和方式 ·············· 251

　7.2　对社区老龄化群体的规划关注 ·············· 252

　　7.2.1　针对社会老龄化人口的理论探讨 ·············· 252

　　7.2.2　以社区照顾作为解决社会老龄人口问题的主导策略 ·············· 254

　7.3　关于外来务工人员居住问题的规划考虑 ·············· 257

　　7.3.1　外来务工人员与城市社会的矛盾现象 ·············· 257

　　7.3.2　外来务工人员的居住问题 ·············· 257

　　7.3.3　外来务工人员居住问题的规划探讨 ·············· 258

　7.4　中低收入家庭所在社区的规划对策 ·············· 259

　　7.4.1　中低收入家庭聚居社区的理论探讨 ·············· 259

　　7.4.2　社会转型期中低收入家庭聚居社区的规划对策 ·············· 260

参考文献 ·············· 262

后记 ·············· 268

1

绪　论

1.1 社会转型期的城市社区问题综述

"社区是社会的细胞,社区和谐是社会和谐的基础,如果我们每一个基层社区都是和谐的,都按和谐社会的要求做到了,我们整个国家的和谐才可以达到。从这个意义上讲,构建社会主义和谐社会,应当把构建和谐社区作为重要切入点。"[①] 党的十六届四中全会明确提出"坚持最广泛最充分地调动一切积极因素,不断提高构建社会主义和谐社会的能力",中国社会学会会长、中国人民大学教授郑杭生认为构建和谐社会须从构建和谐社区入手,因为和谐社区将大大减轻政府的管理成本,并能在市场和政府调控失灵的领域发挥其合理配置作用。[②]

目前我国城市社区发展处在特定的社会转型期,具体包含两个基本背景:一是从计划经济体制到社会主义市场经济体制的深入转型,从与社区相关的房地产业发展来看,我国房地产市场在 20 世纪 90 年代后出现了高速发展的势头。从 2003 年起个人购买商品房面积已经与销售面积基本吻合,商品房几乎全部由个人购买,当前社区相对改革开放前住宅分配制度下的社区,在组织方式、社会内部构成等方面均发生着深刻的重组。二是改革开放以来,我国原有的城乡二元结构在不断加速的城镇化进程中不断松动而转型。据统计,到 2007 年底,我国城市城镇化水平已经达到了 44.9%。近年来平均每年以一个百分点以上的速度增长,表明我国已经进入了城镇化的加速期。

首先从社会转型对社区的影响来看,随着计划经济体制向社会主义市场经济体制转型,最显著的社会变化之一就是"单位人"向"社会人"的转变,单位组织逐渐从原来包揽式管理向更为专业的方向转化。而"社会人"在一个较完善的社会中,是以各种社会组织相互联系,而不是以游离个体的形式存在的,其中,社区作为一种重要的社会组织,其作用日益凸显。我国正处于体制转型阶段,单位的大

---

① 李静. 特别关注:构建和谐社区 为和谐社会"奠基"——"全国首届构建和谐社区高层论坛"综述. http://theory.people.com.cn/GB/40555/3151033.html.

② 同上.

部分社会职能已经剥离，这就需要社区承担更多的社会责任和社会职能。伴随当前社会的转型，还出现了一些与社区建设紧密相关的问题，如社会再就业问题、老龄化问题以及社会服务问题，而且这些问题的解决都期望在社区层面上寻找出路。

其次，从快速城镇化进程对社区的影响来看，随着城镇化进程的加速，大量的农村人口不断涌入城市，他们在未来的发展中，将转变为城镇的非农人口，需要社区接纳他们，将他们整合入现有的城市和社区中。此外，快速城镇化过程导致了人口不均衡流动，在沿海发达地区以及大城市和特大城市，往往面临城市居住人口的剧增，社区将在构建和谐社会的过程中发挥基础性作用。

而与此同时伴随着社会转型的逐步深入，原有的一套居住区规划的模式和方法，已经越来越不适应实际需要。城市规划迫切需要对社区现象和过程进行深入研究，不断适应新的形势，探索城市规划与社会学的结合问题，建立起多方位的社区发展体制，发展社区规划的有关理论与方法。

"我们憧憬着可持续的人类住区，企盼着我们共同的未来。我们倡议正视这个真正不可多得的、非常具有吸引力的挑战，让我们共同来建设这个世界，使每个人有个安全的家，能过上有尊严、身体健康、安全、幸福和充满希望的美好生活。"（1996 年 6 月《伊斯坦布尔人居宣言》）[①] 应该正是我国当前建设和谐社会的目标之一，也是本书围绕当前社会转型期的社区进行系统研究的真正意义所在。

1.2 有关概念的界定

1.2.1 社区概念的源起

长期以来，社会学家们从不同的角度对社区下过许多定义，但至今仍很难找到一个为大多数学者所认同的社区定义。有的学者注重社区中人的归属感，有的则比较重视社区的地域因素，而有的则认为由于现代的交通通信工具的发展，社区概念中边界限制已经不存在了。

---

① 吴良镛.《人居环境科学导论》. 中国建筑工业出版社，2001.

可见不同学者对社区的定义有不同看法。为了明确社区概念的本质内涵，需要从"社区"概念的源起来研究。

一般认为，"社区"这个概念是由德国社会学家滕尼斯（Ferdinand Tonnies）最早提出来的，他在1887年出版了一本著作，提出了社区的概念。"社区"一词源自英文 Community，其含义是共同体和亲密的伙伴关系。而中文"社区"一词是20世纪30年代初以费孝通为首的一些燕京大学社会学系学生根据滕尼斯的原意首创的。费孝通在其论文《二十年来之中国社区研究》中说："当初 Community 这个字介绍到中国来的时候，那时的译法是'地方社会'，而不是'社区'。当我们翻译滕尼斯的 Community and Society 两个不同概念时，感到 Community 不是 Society，成了相互矛盾的不解之辞，因此，我们感到'地方社会'一词不恰当，那时，我还在燕京大学读书，大家谈到如何找一个确切的概念。偶然间，我就想到了'社区'这么两个字，最后大家援用了，慢慢流行。这就是'社区'一词的来由。"[①]

从目前有关的社区研究文献来看，其涉及的社区概念，从用词来看都是"社区"一词，但其内涵有较大的区别，具体来看主要分为三类，一是社会学领域提到的社区概念；二是城市规划中作为邻里单元（或居住区）的社区；三是我国城市中作为街道办事处或居委会管辖对象的社区。为了明确本书所谈到的社区的概念，有必要将这些相关、相近的社区概念分别加以阐述。

1.2.1.1　社会学中关于社区的概念

1887年，德国学者滕尼斯出版了《社区与社会》（《Cmmunity and Society》也有意译《乡土社区与法理社会》），标志着社区理论的诞生。在这本书中，"社区"是作为"社会"的对立概念提出的，滕尼斯比较了"自给社区"和"现代社会"两种典型的社会关系。他认为社区的特点是人们具有对本社区的强烈认同感、情感主义、传统主义。而社会中的社会关系是基于某种理性意愿，这种理性意愿主要包括理性、个人主义。人们没有或很少有认同感、情感中立、墨守成

---

① 　费孝通.乡土中国.生活.读书.新知三联书店，1985.9.

规。简而言之，社会是社区的对立物。①

很显然，滕尼斯所谓的社区概念，实际上是针对当时欧洲工业化初期的社会现实，以小农经济和血缘、亲缘宗族为基础的乡土社区解体，开始被资本主义工业经济为基础的现代社会取代，社会的各个方面，如社会组织构成、人与人的关系、社会规则都发生巨大变化。滕尼斯运用类型学的方法对这种变化进行了研究，理论抽象出两个概念。"社区"和"社会"都是被假设出来的极端结构，社会学家的目的是用它们来同现实社会进行比较。

以滕尼斯的"社区"概念为基础，美国芝加哥学派帕克等人在对芝加哥城市社区进行研究时，又发展了社区的概念。帕克指出："社区的基本特点可以概括如下：①它有一群按地域组织起来的人群；②这些人口不同程度地扎根在他们所生息的那块土地上；③社区中每一个人都生活在一种相互依赖的关系中。"②

后来各种社会学文献中出现近百种社区的定义。在众多的社区定义中，有相当部分涉及三个因素：地域、共同联系和社会互动。

吴文藻、费孝通为代表的社会学者在欧美留学时，深受当时美国都市社区研究潮流的影响，力图将西方的理论和方法介绍和运用到中国。费孝通认为"社区的含义简单地说是以地区为范围，人们在地缘基础上结成的互助合作的群体，用以区别于在血缘基础上形成的互助合作的亲属群体。血缘群体最基本的是家庭，逐步推广成氏族以至民族。地缘群体最基本的是邻里，邻里是指比邻而居的互助合作的人群。邻里在农业区发展为村和乡，在城市里则发展成胡同、弄堂等等。"③

从滕尼斯的"社区"到帕克的"社区"，再到费孝通的"社区"，虽然具体内容各不相同，但又是一脉相承的，因为社区的本质意义是一致的，都是强调一定地域范围，相互关联的社会群体。其研究的重点是一定空间地域中特定的"社会关系"的存在状态和变迁过程。本书涉及的城市社区概念虽然与滕尼斯定义的农业社会的传统"社区"

---

① 于海. 西方社会思想史. 复旦大学出版社，1993. 288~290.
② 同上，293.
③ 费孝通. 当前城市社区建设的思考. 文汇报，2000-7-15.

不同，但在"强调社区社会联系"本质上应该是相承的。

1.2.1.2 城市规划中作为邻里单元（或居住小区）的社区

城市规划中提到的社区概念是邻里单元或居住小区概念的发展和延伸。1920 年代末佩里（C. Perry）提出的"邻里单元"（Neighbour-hood Unit）模式，把以邻里为单位的社区交往关系用建筑空间加以承载，因此它不但是一种创新的设计观念，而且成为一种社会工程。邻里单元的概念在 20 世纪初的欧美国家得到广泛的运用和实践。邻里单元是指城市中一个比较小的、可被识别的、低层次的单元，存在于居民的住宅与城市之间。进入邻里人们会有到了家的感觉。从古典的观点看，一个邻里是带有集体性的居住生活基地，是在物质空间上有所限定的整体，其中设有一些低层次的、满足居民日常需要的服务设施，住在邻里单元的居民有一种共同的归属认同感。

1948 年格拉斯（Glass）对邻里的涵义做了说明，把邻里作为由其居民的物质与社会特性所限定的地域，与芝加哥学派的探讨基本一致。格拉斯的想法是物质上的邻里空间范围与社会意义上的邻里空间范围应是一致的。也就是说，邻里应是一个明确的整体，包含着一定数量的居住单元及一些有选择的低层次的公用设施，如学校、日用杂货店、邮局、小俱乐部、餐馆、小公园等。住在里面的居民共享这些设施。通过使用这些设施，会促进居民一种心理上的统一与归属感。这种社区会在心理上形成把大家聚集、团结到一起的情感，使这一地域与城市其他地区有明确的区别，这一地域应有一条可被人们识别的、明确的边界，一般情况下边界由主要车行干道构成。边界以内的交通道不是可穿行的，交通量不大，只是为了到达服务中心或住宅而设的道路。①

这种规划思想首先强调的是安全与满足居民的生活需要，在这一前提下布置道路网，使小孩到小学去上学，大人到中心去买东西，都不用穿过车行道。邻里内的商店与小绿地、商场直接为居民服务。由于大家共同使用，彼此经常接触，邻里中的居民就能逐步发展一种归属感。

---

① 李道增. 环境行为学概论. 天津大学出版社，1998.

城市规划始终把邻里单元作为一种基本构想，把邻里单元作为城市的次单元，在西方城市规划建设中有很深的根由。1930 年后，邻里单元的思想在规划新社区中被广泛采用，在二战后的欧美形成高潮。斯坦（Stein）早在 1929 年就在美国新泽西州的莱德伯恩新城，做了一个在当时称为有激进思想的规划。莱德伯恩的平面中有完整的步行道与立交体系，以便于居民从邻里中的一端走到另一端，不用跨过车行道。欧洲的支持者中有法国的勒·柯布西耶（Le Corbusier），英国的福肖（Forshaw）与阿伯克龙比（Abercrombie）等。1943 年的大伦敦规划中，也采用了邻里单元的做法。1944 年英国的达德利报告"住宅设计"推动英国新城规划中采用邻里单元的规划原则，迫使 1945 年以后英国城市体系在规划上发生变化。20 世纪 50 年代围绕中心大都会的新城、卫星城发展规划都包含邻里单元的思想。类似的体系在前苏联的新城规划中也大加推广。邻里单元被用来规划社区，遍及世界各地，从美国到瑞典，从莫斯科到以色列。①

我国城市规划的居住小区一词是由俄文直译而来，它的基本原则概括为：①被城市道路所包围的居住地段称作小区，城市交通不得引入小区；②有一套完善的日常生活服务设施，包括小学、幼托、商店等；③形成完整的建筑群，创造便于生活的空间。我国居住小区的概念吸收了邻里单元的基本原则和优点，20 世纪 50 年代邻里单元的规划思想从欧美传入前苏联，被称为居住小区，我国居住小区的概念受前苏联规划理论的影响，从本质上来说，可追溯到"邻里单元"这个概念。

本书所指的社区与居住小区（或邻里单元），在概念上比较接近，比如，居住小区与社区都有一定边界，都强调其中的居民在感情上的认同。两者都既是一个在形式上的整体（物质性单元），也是一种社会功能上的整体（社会性单元）。但两者包含的社会内涵有所不同，居住小区主要着眼于居住生活的功能要求，其他社会功能如交往、购物、教育等，都是围绕居住功能展开。而社区的社会内涵则要广泛得多，不仅涉及居住物质功能、精神功能，还涉及居民公众参与、城市

---

① 李道增. 环境行为学概论. 天津大学出版社，1998. 60.

规划公平原则、社会隔离等诸多方面。因此应当说，社区的概念内涵比居住小区（或邻里单元）更广。

1.2.1.3　我国城市中作为居委会或街道管辖对象的社区

1986 年民政部首次把"社区"的概念引入城市管理，提出要在城市中开展社区服务工作。1989 年社区服务的概念被第一次引入法律条文，同年 12 月 26 日全国人民代表大会通过《中华人民共和国城市居民委员会组织法》明确规定"居民委员会应当开展便民利民的社区服务活动"。经过 20 多年的努力，社区概念已被全社会广泛接受。我国城市社区不同于国外社区，与行政区划存在较紧密的联系。这和长期的政府行政管理方式有密切关系。一般来说，人们都把一个街道或居委会所涉及的辖区范围视为一个社区。就目前来说，我国城市社区发展与街道、居委会组织有密切联系，因此许多社区文献研究，引用的社区概念都把社区作为以街道或居委会开展工作的对象。①

新中国成立以后，社区也作为计划经济体制下社会结构的一部分，通过行政手段进行控制与管理。街道办事处作为政府的派出机构，负责办理上级部门交办的居民工作事务，来实现对基层的管理职能。从社区的人口及其社会关系看，我国的城市社区人口具有高度组织化的突出特征。每个社会成员都和组织发生着千丝万缕的联系，这种过度组织化现象在国外城市社区中是不多见的。

在社区研究中，将社区的概念与街道、居委会行政管辖区划结合起来，符合我国城市社区现有的特点。从目前社区改革总的方向来看，政府将逐步地把对社会的干预限定在一定的度之内，这意味着许多权限将交还给社会和市民，使社区获得生存和发展的空间。街道办事处作为政府的派出机构，虽然一时还不能从行政系列中剥离，但某些职能已经开始从政府行政管理权限范围内被下放到社区，特别是街道组织和居委会。现有的街道组织为社区的发展奠定了一定的组织基础。我国社区建设以现有组织体制为基础改制的街道或居委会为推动力，对加快真正意义上的社区形成与完善都是需要的。

---

① 中共上海市委组织部，上海市社区发展研究会编．城市社区工作读本．上海交通大学出版社，1999．26．

虽然城市规划关注的社区与政府和社会关注的社区有区别，但研究我国城市的社区，如果避开现有的组织——街道办事处和居委会，就不能体现社区在我国城市中的特定内涵。

1.2.2 关于"社区"的概念

1.2.2.1 社区概念

"社区"是一个内涵丰富而且极宽泛的概念，为了避免研究铺的面过大，影响研究本身的深入，本书对研究对象从时间轴和空间轴分别作了大致的定位，使研究对象有一个较明确的限定。本书研究的社区就是指，一定边界的地域范围内，以人类居住行为为核心构成的社会共同体。

首先，从空间上，社区具有一定的地域属性，或处于农村，或处于城市，依此可以将社区分为农村社区和城市社区两大类。本书将研究重点放在城市社区上。其次，从时段上，社区发展处于快速的变化期，当前时期的社区发展问题与我国目前建设和谐社会的目标息息相关，社区发生的结构性变化迫切需要专业研究，予以归纳总结，以指导社区建设的实践。因此本书把社区的研究时段限定在"改革开放以后"，以期加强本研究对社区建设的现实意义。

1.2.2.2 社区概念的重要特征

根据上述社区的定义，本书认为：社区具有以下三个方面的重要特征。

（1）"一定的地域范围"

一定地域范围是社区的物质环境基础。一个社区的划定是以一定的边界确定的，这种"边界"应该既是社区围墙构成的物质边界，也是居民邻里归属感构成的心理边界，两者往往是重合的。本书涉及的社区概念就是以一定边界限定形成的特定社区空间单元作为研究对象。

（2）"人类居住行为"

这一特征决定了社区在核心内容上来说是居住意义上的人类行为，而不是其他意义上的。根据《雅典宪章》，居住是工业化时期城市四大主要功能之一，它是有别于工作、交通和游憩这三项基本功能之外的另一种城市的基本功能。因此，从这个意义上说，社区规划也紧紧围绕居住活动展开，集中体现并满足人们在居住生活中的生理需要和心理需要，为满足这些需求需要提供包括住宅、公共设施、市政设施、社会交往等一系列相当完善的物质环境条件。

（3）"社会生活共同体"

这一特征揭示了社区的居民具有共同的社会利益。由于居住在共同的一定地域范围内，其物质设施和环境条件，人际关系的状况以及管理的效率等，都涉及每一个居住者的切身利益。它揭示了社区认同存在的客观必然性。社会生活共同体的特征为社区公众参与社区规划建设，也为社区公众维护自身利益的权利奠定了基础。其次，这一特征揭示了社区管理和组织的必要性。作为一个完善的社会单元，需要特定的社区组织来承担起维护社区居民共同利益的责任，而这种维护的工作是经常性的。此外，这一特征揭示了社区居民社会心理的作用，即如何使得居民对这一社会生活共同体产生安全感、归属感和稳定的定居意识是社区规划、建设和管理所要共同努力的目标。

1.2.2.3　社区的要素

对社区要素的研究由来已久。在道萨迪亚斯（C. A. Doxiadis，以下简称道氏）"人类聚居单元"图式中，纵向坐标轴标注了人居的5个基本要素：自然、人类、社会、住所和网络[1]。也有研究指出，构成社区的基本要素包括地域、人口、区位、结构和社会心理因素等5个方面[2]。综合中外有关社区要素的论述，下文以道氏的社区5要素为基础加以进一步阐述和深化。

（1）自然地域要素

社区的自然地域要素是最为基础的要素。它包含了社区赖以存在的生态环境系统，如空气、土地、植被、气候等因素。考古学家研究发现即使是早期人类在工具十分有限的条件下对自然系统的改变也是深刻的。在迅速城镇化的今天，城市人口急剧膨胀。现代人类对自然环境的控制影响越来越强，因此，我们必须对人类聚居的适应性范围

---

[1]　道萨迪亚斯．"人类聚居学"理论图式（The Ekistics Grid）．资料来源：吴良镛．人居环境科学导论．北京：中国建筑工业出版社，2001.345.

[2]　"社区概念的来源"．城市建设导报，1997 – 4 – 22.

和自然进程之间的内在关系予以了解，否则，自然地域将无法承载人类对于社区环境的基本需要。

（2）人本需求要素

在中外关于社区概念的一百多种表述中，有一点是完全一致的，就是"社区是由人组成的"①。人类对其生存和居住环境不断地进行适应和改变，从蛮荒时代到今天快速城镇化的现代社会的发展，揭示了人类对城市社区生活的组织水平将进一步提高。城市中人口聚集的程度越大，人们要和谐地生活在一起就需要具有更多的相互理解②。因此社区规划和建设应当充分认识和体现人本需求。

（3）社会结构要素

社区的社会结构是指社区内各种社会群体和组织之间的相互关系。社区这一社会单位由许多不同的社会群体构成，这些群体和组织包括家庭、邻里、商业服务部门、企业、学校医院等设施部门，以及行政管理部门等。社区的社会结构要素往往引起社会学家、经济学家和城市管理者的关注和重视。在迅速城镇化的进程中，很多原有传统社区场所的社会认知所依托的社会结构，由于大规模和快速的改造拆除，而被全面地清理掉。物质环境条件的改善和社会网络的维护，在实践中常常是难以两全的两个方面。

（4）家居环境要素

社区的家居环境要素主要是以住房及其物质环境为主要对象，属于建筑学、规划学和工程学的传统领域。家居环境要素体现了住宅的构成、住宅设施的标准、住宅产业化的建设，以及住房政策等方面的特征。道氏在其《建设安托邦》著作中专门对家居环境要素的内容作了论述。他指出：家居应当自动化、多用途；居室的建设应当给人以尽可能多的选择机会；住宅最好是两层楼房，前有花园，后有带游泳池的后院，后院位于二层高度，前院与人行道相连，后院下设为房子所覆盖的车行道，以避免噪声和废气。住宅的墙面和屋顶可以全部或部分封闭，也可以全部打开，从而满足不同时间、不同家庭成员的不

---

① "社区概念的来源". 城市建设导报，1997－4－22.
② Gwen Bell & Jaqueline Tyrwhitt（Etd.）. Human Identity in Urban Environment. PenguinBooks，1972，England.

同活动的需要①。在迅速城镇化的进程中，大量的、统一模式的、毫无个性的住房及其环境，无法满足城市居民以及家庭对居住生活多样化的需要。

（5）网络设施要素

网络设施提供了所有社区系统的连接。网络设施的技术性变化深刻影响了社区物质空间结构的模式和社区尺度。网络设施系统连接不仅是指社区外部交通网络设施，如快速干道、大运量的轨道交通、供水、供电的管道、通信线等等基础管线，而且还包括提供社区居民物质和精神文化生活需要的各种设施系统。近年来，媒体网络的迅速发展使得电子屏幕不仅刺激了人们去参与各种新的活动，而且还激发了人们参与对各种政治、经济、社会和文化生活的讨论。应对人类这种交流需求的，网络的各种形式，如交通、通信以及设施等等，将全方位地发展，甚至超过其他居住需求的增长速度。

总之，在一个特定的社区内应该全面考虑人居环境的各项要素，并且考虑这些要素之间的关联和变化。社区规划应当认识到社区基本要素的特征，并加以积极利用，从而为提出社区规划的对策提供依据。

1.3 有关社区理论及社区研究综述

1.3.1 有关社区的理论综述

西方学者在进行社区研究时所采用的理论模型是各自不同的，这是由于各派学者的研究重点有所不同，自然遵循不同的理论路线。到目前为止，社区研究中较有影响的理论主要有以下几个学派：

1.3.1.1 古典类型学（Typology）

古典类型学的主要代表人物有滕尼斯（Ferdinand Tonnies）、韦伯（Max Weber）、杜尔凯姆（Emile Durkheim）、齐美尔（George Simmel）等人。滕尼斯在《社区和社会》一书中提出了关于从传统社区

---

① 吴良镛. 人居环境科学导论. 北京：中国建筑工业出版社，2001. 324～325. 社区概念的来源. 城市建设导报，1997－4－22.

向现代社会发展的思想，运用了"自给社区－现代社会连续系统"中两个对立的理想类型。"社区"与"社会"其实是两个理想类型，在现实生活中绝对意义上的"社区"和"社会"都是不存在的。古典类型学的方法是为了研究需要而进行的必要理论抽象，现实中的人类组织都是处于这两个极端之间的某个状态。[①]

韦伯和滕尼斯一样，也对欧洲从传统社区向现代化社会转变的过程进行了深入的研究。韦伯区分了两类人类行为，一类称之为理性行为，以功效和回报量为基础；一类则是传统社区行为，以价值观、感情和传统为基础。韦伯对人类行为的分类也是一种理想类型，他运用这种理想类型去同人类的现实行为相对照。韦伯认为，传统社区之所以向现代社会转变，原因在于理性化（Rationalization）程度的不断提高。如在法律上，由传统社区中的感召领袖所进行的富有人情味的审判，被不讲情面的现代化了的法律体系所取代。

杜尔凯姆是法国社会学家，他对类型学理论的最大贡献是提出了基于传统社区的机械团结和基于现代社会的有机团结这样两个概念。以机械团结为基础的社会，它的分工极不发达，但是它有强烈的集体意识；以有机团结为基础的社会，它有高度发达的分工，结果是高度和广泛的相互依赖替代了强烈的集体意识作为团结的根源。杜尔凯姆认为，一般来说，社会是从机械团结向有机团结进化的。机械团结的根本特征是它在信仰上、情感上和意愿上的高度同质性。这种同质性只有在分工不发达时才是可能的。相反，有机的团结是随着分工的发展而出现的。它依赖于高度的相互依赖，这种相互依赖的增长是分工专门化增长的结果，在专门化了的和相对来说更加自主的人们之间，相互依赖变得重要了。[②]

综合上述理论，我们可以发现任何现实的社区都可以被置放于传统－现代这两个极端之间连续过程中的某一点上，并通过与其他点比较从而确定其由传统社区向现代社会发展的程度。古典类型学奠定了社区研究的基础，其研究方法在 20 世纪 50 年代以前的社区研究中得

---

① 黎熙元，何肇发．现代社区概论．中山大学出版社，1998. 26.
② 同上，27.

到了广泛的运用。

1.3.1.2 对古典类型学的修正——新类型学

在 20 世纪 50 年代，帕森斯（Talcott Parsons）和贝克（Ken Baker）等人，一方面继承了起源于滕尼斯等人的类型学理论，另一方面又对之进行了一些重要修正。传统的类型学理论所持的进化论的观点，认为发展总是向前的，总是由传统社区向现代社会发展。帕森斯则认为社会结构如社会、社区和人际关系等，在理论上可以划分为传统社区和现代社会两种类型，实际上却是多对模式变量影响组合构成的混合物。可以说帕森斯的模式变量从多方面改进了滕尼斯的类型学理论。

贝克认为理想类型充满了价值判断，不够客观，他认为类型必须建立在实际的个案材料上，而不是依靠纯理论的推断。贝克认为发展并不像传统类型学认为的那样，总是循序渐进地向前的，发展可以是跳跃式的，也可以是反方向的，如德国的魏玛共和国（世俗社会）倒退到纳粹独裁统治（神圣社会）就是这种逆向运动的反映。贝克对类型学的修正，使这个理论能与历史事实更相一致，但同时却削弱了这个理论的预测和解释力。根据贝克的模型，很难对传统社区—现代社会连续过程的发展进行预测，对于社会的变迁，也很难作出进化论的解释。[①]

新类型学理论是古典类型学的延续和进一步发展，新类型学理论的建立使社区研究理论更趋完善，对社区的描述与现实现象更为贴近。

1.3.1.3 古典区位学（Human Ecology）

比起类型学理论来，区位学理论的抽象程度没有那么高，它的研究对象也比较具体，主要研究都市社区中人类互动的空间分布。古典区位学理论是由芝加哥大学的帕克（Robert E. Park）等人借用生物学概念创立的。古典区位学家的理论来自于生物学，帕克进行社区研究时，使用了两个很重要的概念：竞争和自然区域。受到达尔文的启发，帕克非常强调都市环境中各个部分之间的相互关系，而决定这种

---

① 黎熙元，何肇发. 现代社区概论. 中山大学出版社，1998. 30.

关系的主要过程就是竞争。例如，在一个城市社区中，竞争往往是围绕着争夺最有利用价值的土地而展开的。对土地的竞争，使不同的人口分布在不同的区域里，这就形成了自然区域。自然区域是竞争的产物。在一个城市社区中，不同的区域，具有不同的功能，能满足人们不同活动需要。如城市中心商业区、贫民区、仓储区、郊区、移民区等等都是城市的自然区域。这些区域的形成不是依靠整个社会的有计划发展，而是社区内的竞争。正如自然界中存在弱肉强食现象一样，在人类社区中，谁能最有效地利用某块土地，他就可以"入侵"到这块土地上。① 例如，随着商业区的扩展，它就会入侵到居民区中去，因为商人能更有效地使用居民区的土地，并能付出比房屋出租者更多的钱去购买土地。随着地价的提高，出现了所谓"继替"（Succession）的现象，这就是说，居民们从居民区搬出去，居民区的土地被用来满足占支配地位的竞争者的需要。随着一个入侵—继替过程的完成，空间形成一种新的平衡。

芝加哥学派关于都市社区的发展有几个有影响的理论模型，如伯吉斯（Ernest W. Burgess）的同心圆理论、霍依特（Homer. Hoyt）的扇形理论和哈里斯（Clauncey. D. Harris）、厄尔曼（Eolward. L. Ullman）的多核心理论。古典区位学理论提出之后，也遭到不少的批评，如有学者认为帕克等人在解释都市空间形式关系时忽视了文化因素。但总的说来，芝加哥学派对城市区位的研究是开创性的，对城市区位理论有深远的影响。后来的社会学者对城市区位的研究，都是在此基础上进行的。

1.3.1.4 对古典区位学的修正——文化区位学和新正统区位学

文化区位学批判古典区位学忽视了文化因素，认为应把文化和价值作为区位学理论的核心。学者法尔（Walter Firey）曾在 20 世纪 40 年代中期对美国波士顿进行过实地调查，他发现，即使在经济收益上更为有利，波士顿山的居民也不愿意把他们居住多年的社区卖给商业界，有其文化原因。阿尔伯特·西门（Albert seeman）也研究了宗教是如何影响盐湖城的城市空间布局的。文化区位学为人们理解都市社区的发展提供了新的视角。

---

① 黎熙元，何肇发. 现代社区概论. 中山大学出版社，1998. 32～33.

阿莫斯·豪利（Amos Hawley）在对古典区位学进行修正的基础上，提出了新正统区位学。帕克等人在分析芝加哥社区时强调的是冲突和解组，而豪利则注意社区的平衡。豪利认为在社区成员适应环境的过程中，他们会形成一种相互依赖的关系，技术、文化和社会组织是人类三个主要的适应手段。新正统区位学中还有一位很有影响的人物，这就是欧蒂斯·邓肯（Otis Dudley Duncan）。邓肯为新正统区位学增加了四个关联的变量：人口（P – People）、组织（O – Organization）、环境（E – Environment）、技术（T – Technology），简称 POET。如对都市社区来说，人口包括人口的数量、异质性、文化观念等特征；组织指解决都市社区环境问题的组织，包括政府组织、非政府组织；环境指都市社区空间的存在状态；技术指都市社区聚合形态提供可能的各种技术和物质手段，最主要的如交通工具。新正统区位学曾以 POET 变量为分析依据，解释了城市郊区化现象。新正统区位改进和完善了前两种区位学理论，因而当今社区研究仍将正统区位学作为指导性的理论。①

1.3.1.5 社会行动理论

20 世纪 50 年代以后，由于在社区研究中运用社会行动理论与方法所作出的研究成果能直接成为社区发展与规划的实践依据，因此该理论得到了相当广泛的应用。社会行动理论注重分析社区领导层、决策过程、社会参与等问题及其与社区变迁的关系。如美国芝加哥大学社会学教授詹姆斯·S·科尔曼（James S. Coleman）认为，随人类起源而有的社会基础是社会组织的一种雏形，可将其定义为"原生组织"，它是以人们与生俱来的各种关系为基础：父母与子女、兄弟姐妹之间的关系及其他亲属关系。社区是各种亲属关系相结合的产物。18 世纪以后，工业革命使生产走出家庭作坊，进入"法人组织"，家庭及社区的社会生活以及精神生活被逐渐蚕食，原生组织衰亡是许多社会的普遍现象，他们正在为"人工创立"的社会组织所取代。创建社会组织是具有某种目的的行动，因此科尔曼在《社会理论的基础》（《Foundations of Social Theory》）一书中探索了创建社会组织所需要的

---

① 黎熙元，何肇发. 现代社区概论. 中山大学出版社，1998. 36.

具有目的性的行动理论，研究了行动者与资源、行动权利的分配、权威关系和信任关系等涉及社会重组的有关概念和要素关系。社区行动理论因其具有特殊的实践意义，在社区工作中运用很广。与其他理论相比，它较注重微观的、技术的层面。①

上述理论是西方的社会学家依据他们所研究的社区现实而建立的，对目前我国的社区研究可以提供理论和实践上的借鉴。如滕尼斯、韦伯、帕森斯等社会学者是基于当时西方社会正在经历的由传统向现代社会的变迁这一社会现实，创立并发展了有关的理论。当前我国城市社会也正处于由传统向现代的转变过程，社会发展具有与西方当时社会类似的地方，西方学者所作的社区研究可以为我们解释和分析当前中国城市社区的变迁问题，提供理论和方法上的参考。但另一方面，由于社区研究具有很强的地域性，加之它的基本研究对象是"人"，而东西方之间在文化上、观念上虽然有某种共性或者说共同的趋向，但事实上的明显差异也是不可回避的，因而其理论的适用性也有所局限。比如区位学理论认为城市中社区的空间分布是由其竞争能力决定的，由此形成同心圆理论等三种著名的功能分区模式。反观我国的城市，很多城市经历了成百年或上千年的历史发展过程，许多是由历史上的古城镇发展而来的，又经历多年计划经济体制的强化，其空间分布受历史、行政、发展计划或历史因素的影响多于竞争的影响，因而难以找到与区位学派理论模式相符的社区空间分布模式。因此，从我国社区现实出发，进行社区研究，建立具有中国特色的社区研究理论势在必行。

以上是关于社区理论的概述，社区研究的发展过程从滕尼斯开始已经经历了一百多年，社区研究的发展过程及目前的研究进程是本书展开研究的基础。

1.3.2 西方社区研究的发展概述

在国外，尤其是在西方国家，城市社区研究是一项以城市更新（Urban Renewal）为背景，揭示城市社区空间结构和内质组成、发展、

---

① 谢立中主编. 西方社会学名著提要. 江西人民出版社，1998. 590～591.

演变规律，并进一步探讨适宜的理论与应用性兼容的研究，经历了一个长时期的反复、交织和探索的过程。

1.3.2.1　社区研究的起源和兴盛阶段

19 世纪是资本主义社会科学技术腾飞的时期，城市在旧的躯体上迅速增长。工业发展带来居住环境日益恶化，经济发展带来阶级分化的加剧，同时以人为中心的人本主义开始复苏，加之城市经济力量的迅速成长，以居住空间为核心内容的近代城市规划运动蓬勃兴起。

正如前文所述，社区理论起源于西欧，随后从欧洲传入美国，并在大约 20 世纪 20 ~ 50 年代，进入了它的兴盛时期。社区在早期的美国社会学中是一个核心概念。在社区研究中比较有代表性的一个社会流派就是芝加哥学派。社区是芝加哥学派在研究中所使用的主要概念，也是这一学派最重要的研究课题。滕尼斯关于法理社会型社会关系在欧洲社会取得支配地位的观点，对芝加哥学派有着很大的影响。罗伯特·帕克等一批社会学者借用生物学中竞争、共生、进化和支配这些本来用于揭示自然界动植物之间的相互关系的区位学概念，来揭示美国都市的结构和发展动力。他们的这一创新，极大地加强了社会学的科学地位。这个学派的学者对芝加哥在 20 世纪 20 年代快速的都市化过程中不断弱化的社会整合以及随之而来的社会解组进行了深入的研究。①

在社区的实践方面，可以追溯到法国空想社会主义者欧文 1817年提出并付诸实施的"新协和村"；随后 1829 年傅立叶提出了类似的"共营村庄"；19 世纪末英国社会活动家霍华德通过进行城市调查，于 1898 年提出了新建城市的一种理想模式——田园城市。其理论设想了一种带有先驱性的城市模式和社区构成模式，对现代城市规划思想体系起了重要的启蒙作用。

1.3.2.2　社区研究的衰落

到 20 世纪 50 和 60 年代，社区研究的势头开始减弱，到 60 年代末期的时候，美国社会学界已经没有什么人问津滕尼斯了。人们更多的是关心整个社会，而不是具有地域界限的社区。人们发现，美国的

---

① 黎熙元，何肇发．现代社区概论．中山大学出版社，1998.11.

社区（主要是都市社区）的情况是千差万别的，芝加哥学派的关于都市社区增长的区位学理论并没有多少普遍意义。在 20 世纪 50 年代，从事社区研究的学者逐步减少，社区研究失去了它在社会学中的中心地位。①

社区研究在这一阶段衰落的主要原因，是由于大众社会（Mass Society）在欧美社会的兴起。许多西方学者认为，所谓大众社会就是一种标准化的、同质性的、种族和阶级分野不明显的社会。在大众社会中地域的概念已经没有多大意义。大都市的居民与小村镇的居民已经没有多少差别，看同样的电影和电视节目，阅读同样的报纸杂志，同一年级的学生使用同样的教科书。由于大众传播媒介的高度发达，标准化的公共教育的普及和居住地的高度流动性，原来在传统社区中差别很大的规范、价值观和行为方式，在大众社会中已经变得没有多少分别了。因此，许多人认为，在这种情况下，社会学研究应该着眼于整个社会，而不是地方社区。事实上，在 20 世纪 50 和 60 年代，西方社会学家把主要精力转向了社会结构和动力等方面。

在实践方面，建筑师勒·柯布西耶为代表的重技派倡导"集中主义"，柯布西耶的建筑理念从建筑领域扩展到城市，他在其发表的《明日城市》及《阳光城》中指出，现代工业技术是解决城市人口集中和提高用地效率的一种极好手段，应充分发挥城市内的集聚效益，以摩天大楼节省平面占地而换取大片绿化用地。以柯布西耶为首的CIAM（国际现代建筑协会）的"现代城市"理论，倾向于扫除现有的城市结构，代之以一种崭新的理性秩序。这种思想在二战以后西方大规模的城市重建中酿成了苦果，正如后来简·雅各布斯所批评的"制造了非人性的环境和单调乏味的空间"，② 从这个意义上看，重技派有关城市社区的理论与实践有很大的片面性，过分强调了技术的重要性。

1.3.2.3　社区研究的复兴阶段

从 20 世纪 70 年代开始，社区研究又有了复兴的迹象。1972 年，

---

① 黎熙元，何肇发. 现代社区概论. 中山大学出版社，1998. 16.
② 王发曾. 国外城市居住功能的空间研究. 城市规划汇刊，1989（5）.

美国社会学协会原来被取消的社区研究分会又重组了起来，到 1982 年，这个分会已经发展了 400 多名成员，与其他分会如理论社会学分会的规模不相上下。①

社区研究在这一阶段复兴的主要原因是，人们开始认识到现代美国社会并不是那样一种彻底的大众社会。即使到了 20 世纪 70 年代，在美国社会中，不同民族和种族之间在价值观念和行为方式方面的差别也还没有消失。传统社区中人们的态度和活动方式在都市的邻里中仍然随处可见。人们意识到，过去对美国社会的现代化发展程度的估计是过高了，宣布传统社区的消失尚为时过早。

第一次世界大战以后，在西方城市对社区研究得到了加强，并与规划学、建筑学相结合。这些理论首推芒福德的地区城市规划理论设想；其次是 20 世纪 20 年代末佩里提出的"邻里单元"模式，把邻里作为单位的社区交往关系用建筑空间加以承载，成为影响至今的居住社区规划原型。② 第二次世界大战以后，欧美国家基于城市重建和解决大城市问题的迫切要求，出现了以城镇化、郊区化为特征的"新城建设"。随着城市社会生活功能的加强，物质规划已不再是主要内容，欧美国家的社区规划更趋向于对社区的社会规划，如社区的成长与更新、社区情感、社区精神的培育等。社区规划日益偏重社会分析与内在社会机能的构建，公众参与社区建设的程度也逐步加强。城市社区更被理解为一种综合的社会场所，其建设被看作一项社会工程。1952 年联合国经济社会理事会通过了"社区开发计划"，其宗旨是加强社区间的联系，充分发挥社区成员的积极性，强调社区成员的参与，利用社区自身的力量提高社区经济、推动社区发展、改善居民生活，解决社区存在的社会问题。

1976 年联合国组织了 132 个国家在温哥华举行了第一次世界人居会议，达成了关于改进人居质量的一项综合性规划。国家的主动干预、调节作用得到了前所未有的强化。在欧美国家，政府的主要作用是维护已有相互隔离社区间的稳定，努力通过市级的公共场所创造各

---

① 黎熙元，何肇发. 现代社区概论. 中山大学出版社，1998.18.
② 李道增. 环境行为学概论. 天津大学出版社，1998.

利益团体的融洽气氛；而以新加坡为代表的一些东方资本主义国家则力图通过政府的干预，竭力消除社会阶层的差距，弱化各种因素造成的居住隔离。① 1996 年召开了第二次世界人居会议，将可持续发展的思想引入人居研究领域，把"享有适宜的住房"作为一项基本的人权。总之，社区逐渐被看作一个有机的系统，研究其内部的运作机制，研究在不影响下一代生活品质的基础上，充分利用社区人力、物力资源，培育社区成员的自治与互动精神，创造更好的生活环境。

1.3.3 我国社区研究的发展概况

社区研究在我国主要涉及两个学术领域：一是社会学领域；二是城市规划领域。前者主要从社区的社会构成角度研究社区，如社区经济、社区组织、社区人口等，后者主要从空间角度及居住功能角度研究社区，如社区布局、社区设施配套等。

1.3.3.1 我国社会学界对社区的研究

20 世纪 30 年代，经由吴文藻等人的大力倡导，社区理论及其实证的研究方法被引进了中国。吴文藻为中国的社区研究奠定了理论和方法论的基础，并培养出了李安宅、林耀华、费孝通等一批从事社区研究的人才。吴文藻指出，社区研究就是用同一区位的或文化的观点和方法，来研究各种地域不同的社区，既可以进行模型调查，即静态的社区研究，以了解社区的结构，也可以进行变异调查，即社区的动态研究，以了解社区的历程，或者可以把两种方法相结合，以从整体上了解社区的组织和变迁。②

值得指出的是，以吴文藻、费孝通为代表的社会学者在欧美留学时深受当时美国都市社区研究潮流的影响，他们力图用西方的理论和方法去观察和分析中国的社会现实，进而建立有中国特色的社会学理论。1936 年费孝通在江苏省吴江县开弦弓村进行的农村经济调查及其后写成的《江村经济》、1937 年黄迪写的《清河：一个乡镇村落社区》等都是当时较有代表的成果。在社会学中国化的过程中，他们是从社区实证

---

① 候玉兰，候亚非. 国外社区发展的理论与实践. 中国经济出版社，1998. 1.
② 黎熙元，何肇发. 现代社区概论. 中山大学出版社，1998. 20～24.

研究入手的。由此奠定了社区研究在中国社会学研究中的特殊地位。

1979年社会学在中国开始恢复重建，社区研究也随之重新起步。这以后出现了一些较有影响的社区研究成果。20世纪80年代中后期有：中国社科院社会学研究所"产生发展模式"课题组对中国东、中、西部不同类型城市社区的研究；北京社科院社会学研究所"中国现代社会结构模式研究"课题组对北京房山的社区研究；上海大学文学院社会学系和复旦大学社会学系的学者对"江村"的社区研究等等。随着社会市场化转型的深入，社区在社会中发挥的重要作用得到普遍认同，结合当前政府部门精简职能，构筑"小政府、大社会"的总体要求，以街道办事处、居民委员会为基础的城市社区的研究日益受到重视，近年积累了较多的研究成果，进行了大量的探索和实践，如上海的五里桥街道社区发展研究等，取得了很好的社会实效。复旦大学社会学系、华东师范大学社会学系都以上海社区的实证研究为基础，对社区建设和发展问题进行了较深入的研究。

1.3.3.2　我国城市规划界对社区的研究

我国城市规划界（包括建筑界）对社区的研究主要以居住区为对象，具体包括两个方面：一是对社区的历史研究，如沈华和王绍周等对上海传统里弄社区的研究，北京关于胡同四合院社区也有大量研究文献；二是对社区规划的研究。越来越多的居住区规划实践，以居住功能为重点的同时，研究社区的规模、布局等问题，并对社区邻里交往等社会问题给予越来越多的关注。

从社区规划实践来看，我国居住小区的实践受前苏联居住区规划理论的影响。① 居住小区规模以小学配套为原则，控制在2000～3000户，1万人左右。居住小区下可分若干住宅组团，由若干幢住宅组成，其规模300～700户，1000～2500人。居住区由若干小区构成，规模一般为3～5万人，配置有百货商场、影院和卫生院等公共设施，能满足居民的日常物质和文化生活需要。近年来随社会经济总体水平的提高，城市规划对居住小区建设也由满足基本居住功能，转向满足人们的环境意识、休闲意识的要求上来，规划设计了大批的优秀居住小

---

① 李道增. 环境行为学概论. 天津大学出版社，1998.

区。不足之处是城市规划对社区的研究主要集中于形态布局上，对社区包含的社会内涵、经济内涵考虑较少。

从社区研究来看，近年来，社区研究的社会内容越来越受到重视。1993年中科院技术科学学部大会上，吴良镛、周干峙、林志群等第一次提出要建立"人居环境科学"，尝试建立一种以人与自然的协调为中心、以居住环境为研究对象的新的学科群。1999年上海城市规划设计研究院赵万良、顾军主持完成的"上海市社区规划建设研究"探求将社会学引入城市规划学科，将居住区规划向社区规划延伸，推动规划从物质规划向社会发展的综合规划转变。1999年国家自然科学基金会提出中国人居环境可持续发展的重点课题，同济大学建筑与城市规划学院陈秉钊、吴志强主持了"中国人居环境可持续发展模式与评价体系"课题。该课题历时四年，对东部发达地区上海，中部、西部地区河南、云南、四川等地的人居环境进行了实证调查研究，课题多篇涉及中国人居环境和社区的文章在城市规划核心期刊上发表，《上海郊区小城镇人居环境可持续发展研究》、《可持续发展中国人居环境》已正式出版。本书的研究也是该课题的部分工作与后续研究。2001年吴良镛出版了《人居环境科学导论》。该书是基于他多年来的理论思考和建设实践著述而成，包括"人居环境科学释义"和"道萨迪亚斯人类聚居学介绍"两部分。这些中国人居环境的研究成果，都将大大充实现有社区研究成果。

从目前我国社区研究的发展状况来看，社区研究已成为学术界颇为关注的焦点领域之一，但毕竟我国社区研究的时间不长，社区研究成果还有一定局限性。社会学的社区研究与城市规划的社区研究还缺乏系统的结合，原有的规划程序和方法越来越不能适应需要。城市规划需要进一步加强社区研究的理论性与实践性，吸收社会学的社区研究成果，以适应当前社区发展和规划的实际需要。

1.3.4 本书研究的目的和意义

1.3.4.1 研究目的

本书研究目的主要包括：

（1）研究当前城市社区变迁的内在机制，揭示社会转型和快速城镇化对社区及社区建设的影响；

（2）研究当前我国城市社区基本特点和属性，对社区进行分类，从理论上较全面分析和认识当前的城市社区；

（3）从城市总体空间结构认识当前城市社区的分布形态，研究和概括不同城市社区的区位属性；

（4）探讨政府和社区在社区变迁过程中的能动作用，提出促进社区和谐发展的规划对策；

（5）针对城市社区规划进行基础性的研究，确定社区规划的目标和任务，提出社区建设的理论引导框架以及当前的若干重点问题。

1.3.4.2 研究意义

（1）理论意义

现阶段我国城市社区规划的理论研究仍处在起步阶段，尚缺乏从城市社区规划的本体出发，系统阐述社区规划的基础理论框架。本书综合整理并归纳西方发达国家在城镇化背景下的社区规划理论发展过程，运用各主要相关学科的理论研究成果对社区规划的本体进行基础性的研究和探索，其研究成果将具有较好的理论意义。

（2）实践意义

在我国现阶段全面建设"小康社会"，构建和谐社会的重要战略指导下，深入研究社区规划课题，对我国城市社区建设工作将起到积极的实践指导意义。特别是当前我国快速城镇化发展时期，城市建设的规模和速度前所未有，到 2020 年，上海人均居住面积 $14m^2$，成套率达到 98% 以上，住房和居住区建设的规模巨大。在这样的背景下，如何从传统的仅仅重视物质性的规划，发展到既重视物质性的规划，又重视住宅区社会生活的质量，做到"见物又见人"，使得居民的生理和心理需要得以满足。费孝通先生指出："社区建设是一项新的工作，大力推进社区建设，是我国城市经济和社会发展到一定阶段的必然要求，是面向新世纪我国城市现代化建设的重要途径"[①]。社区及社区规划的研究，对和谐社会的构建具有深远的实践指导意义。

---

① 费孝通．当前城市社区建设的思考．文汇报，2000 – 7 – 15.

1.4 本书结构

本书结构框图

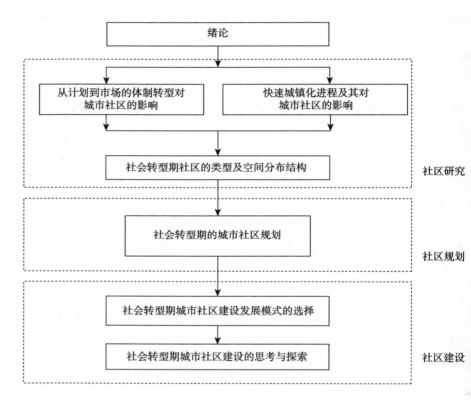

本书的结构分为三大部分：

（1）第一部分 社会转型期的社区本体研究

这一部分的研究涉及 3 章，包括第 1 章、第 2 章和第 3 章。

（2）第二部分 社会转型期的社区规划研究

这部分主要是关于社区规划的基础研究，主要涵盖在第 4 章中。

（3）第三部分 社会转型期社区建设的对策研究

这部分主要是关于城市社区建设的对策研究，共涉及两章，分别是第 5 章和第 6 章。

2

从计划到市场的
体制转型对城市社区的影响

本章将重点探讨从计划经济体制向社会主义市场经济体制的转型对社区在社会构成、空间特征和社会特征等方面的影响。以一定的历史纵深，研究体制转型与社区变迁的关系。在下一章中将重点讨论迅速城镇化进程对城市社区的影响。

2.1　体制转型是促进城市社区变迁的主要动力

2.1.1　西方新制度经济学与我国当前的体制转型

西方新制度经济学的有关理论是解释社会转型与变迁的有效理论工具。新制度经济学对正统经济理论的一场革命就是把制度作为经济学的研究对象。新制度经济学家以强有力的证据向人们表明，制度至关重要。土地、劳动和资本这些要素，有了制度才得以发挥功能[①]。中国社科院研究生院副院长邹东涛曾从制度与技术的比较中，得出结论认为，制度比科技更重要，在当代世界上，同样一套高科技的现代化设备安装在一国可以产生很高的生产效率和产品质量，而安装在另一国则可能是低效率、低质量的生产。日本是从"明治维新"逐步走上强国之路的，而"明治维新"就是制度维新。再例如，中国广大的农村，从 20 世纪 70 年代末到 80 年代初，由于家庭联产承包责任制的实施，在当时并没有什么技术进步的情况下，农业生产就获得了突飞猛进的发展，因此更深层次的、比科学技术更为重要的因素是制度[②]。

制度是社会游戏的规则，是人们创造出来的、用以约束人们相互交流行为的框架。如果说制度是社会游戏的规则，那么组织、个人就是参与社会游戏的角色。制度好像地心引力，它们无时无刻不在起作用，强烈影响人们的行为，但它们又都是看不见摸不着的。制度通过提供一系列规则界定人们的选择空间，约束人们之间的相互关系，从而决定了发展模式。有效率的制度能够减少过程中的不确定性，减少交易费用，保护产权，促进发展；而低效率或无效率的制度则抑制或阻碍发展[③]。

制度变迁是制度的替代、交换与交易过程，是一种效率更高的制度

---

①　卢现祥. 西方新制度经济学. 中国发展出版社，1996（2）. 15.

②　邹东涛. 制度比技术更重要. 报刊文摘，1999 - 12 - 3.

③　同①，18.

（所谓"目标模式"）对另一种制度（所谓"起点模式"）的替代过程。如果说制度决定了发展模式，制度变迁则导致发展模式的变化。我国从计划经济体制转向社会主义市场经济体制的过程，实际上是一个制度变迁过程。

2.1.2 体制转型对社区变迁的作用途径

体制转型引起社区存在所依赖的经济、社会、政策、文化和技术要素的变化，进而导致了社区内部要素的深刻变化。（图2-1）

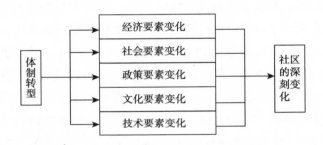

图2-1 体制转型通过要素作用于社区

（1）从经济角度看，体制转型通过作用于经济要素影响着社区变迁。社会发展的经济水平、财力水平决定了城市社区的总体标准、规模与质量。计划经济体制下，社会缺乏活力，物资贫乏，人民生活水平维持在一个较低的水平，在这种情况下不可能有社区良好的发展。我国社会正在经历向社会主义市场经济体制的转型过程，社会活力不断增强，整体经济实力提高，国民收入迅速增加，城市社区作为城市居民社会生活的重要方面，适应人们提高居住生活环境的实际需要，发生了巨大变化。当前社区发生的巨大变化与体制转型带来的社会整体经济实力增强有着密切关系。另一方面，体制转型在增加社会总体财富的同时，带来了社会贫富差距加大的问题，不同收入群体对社区的不同要求，客观造成了社区间的差别，推动原有城市社区格局的转型。

（2）从社会角度看，在从计划经济体制向社会主义市场经济体制转型的过程中，政府职能发生了转变。政府从原来将一切社会事务包揽下来的状况，向"有所为，有所不为"的方向转变。政府对社会的控制不再是全方位的，而是将部分职能通过社会来运作，社区自主性不断增强。近年来城市社区工作从原来的从属地位，上升为社会不可缺少的重要地位，社会职能不断增强，社区蓬勃发展，社区服务、志愿者活动的广泛开展，导致了社区组织的作用与计划经济体制下社区组织的作用有质的区别。另外，在体制转型过程中，伴随国有经济体制改革，出现了下岗职工再就业问题、城市贫困人口问题，这些问题的解决迫切要求社区转变原有的运作方式，增强自主性适应社会转型需要。

（3）从政策角度看，政策规定着人们与社区住房的具体关系。政策规定着住房究竟是可以属于个人所有，还是只能属于国家；规定了个人住房究竟是可以自由买卖，还是需要依赖单位分配。政策要素通过规定个人与住房之间的关系，间接形成了个人与社区之间的不同关联。计划经济体制下的住房政策，与社会主义市场经济体制下的住房政策有着本质的区别。社区管理体制政策的陆续出台，也以政策要素的形式影响着社区职能的转变。

（4）从文化角度看，文化对于社区的影响一方面体现在社区空间物质形态上；另一方面还体现于社区群体的文化要求。在从计划经济体制向社会主义市场经济体制的转型过程中，社会的价值观、道德准则、审美情趣都发生了很大的变化。近年来以社区为基地，宣传倡导主流文化，也是文化要素在社区的体现。目前大量涌现的所谓"高尚社区"就代表着不同的文化取向，具有明显的商业文化倾向，表达人们通过社区形象建立个人社会身份的认同，具有表达社会角色的意义。

（5）从技术角度看，技术的进步无疑会对社区的建设产生影响，如建筑结构技术、建筑材料的创新都对社区形态产生直接的作用，电脑网络技术对居民生活方式会带来革命性影响。但决定一个技术发挥程度的因素除技术本身外，还有体制因素。合理的体制有利于技术的效果发挥和新技术创新，反之亦然。近几年社区建设技术和手法上的快速进步，无疑与体制的市场化转型有密切联系。在计划经济体制下，很长一段时间，由于制度缺乏活力和良好的激励机制，住宅建设技术与社区规划处于停滞状态。体制向市场化转型后，随着制度创新和改良，大量的新技术陆续涌现，并得到广泛应用，进而对社区的建设和发展产生影响。

综上所述，从现象本身来看，社区的变迁在经济、社会、政策、文化、技术上均有表现，但这些要素变化的深层原因源自于制度变迁，这些要素是制度变迁推动社区变迁的不同作用途径。上海历史上的租界与华界就是两种制度形态决定了两种社区形态，社区不仅在环境品质上有很大差异，而且社区文化氛围、社会气氛也迥然不同。

专栏 2-1　租界与华界：两套制度形态两种社区形态

里弄住宅是上海颇具地方文化特色的社区类型，是当时上海的"制度"条件下的特定产物，特别是华界与租界的两种截然不同的制度条件，造就了上海传统社区两种截然不同的社区形态，它表明了社区与制度的内在必然联系。

旧上海租界与华界的划分不仅是空间上的划分界限，而且是同一历史时期，在上海租界和华界两个不同范围内实行的两种制度：一个是西方殖民经济制度；另一个是传统封建制度。由此构成的半殖民地半封建的畸形社会。两种制度在同一个城市的不同空间塑造了不同的社区。上海里弄民居社区是租界出现以后才产生的，又是随着租界的扩张而发展的。

上海里弄民居的开始和发展是同租界的演变同步进行的。根据乐正的研究，认为有三个事态的发展使上海租界出现了一个发展高潮。一是上海出口丝茶数额连年猛增，1854年已超过广州，占了中英贸易总额的一半以上，中国的外贸中心由广州转到上海。二是1853年春上海小刀会起义，局势动乱，许多上海县城有钱人家纷纷涌入租界，从而打破了当时上海华洋分居的定例，开始了租界中华洋杂居的新格局，给租界的发展带来新的生气和巨大的潜力。1854年以后租界中华人人数一直占据总人口的绝大部分。三是1854年修订的新的租界土地章程——《上海英美法租界地皮章程》，这个新的章程扩大了外国人对租界的行政自治权，使租界从一个单纯的外侨居住地变成了拥有相对行政权、司法权的政治实体，成为功能复杂的都市社区。由此租界产生一种很大的独立感、安全感，从而大大增加了租界作为较安全居住地的吸引力。

鸦片战争以后，上海县城的规模和格局并没有很大的变化，与租界的迅速发展繁荣形成强烈反差，而且一部分县城居民陆续迁入租界定居。到1910年上海市区80余万居民中，租界已占了3/4，华界只占1/4。近代上海城市内部形成了两大社会系统：华界（包括上海县和宝山县，即现在的南市区、闸北区）与租界①。

华界内主要有两块：分别是现在的南市与闸北。南市原为上海县城，在租界出现以前，城厢房屋与道路早具规模。开埠后由于受租界兴建里弄民居的影响，发展了一些早期石库门里弄民居，后来又建造了一些后期石库门里弄民居社区。闸北在苏州河以北，为解决居民的居住问题，相应出现不少后期石库门里弄民居，这些民居在"一·二八"和"八·一三"两次事变的战火中，大部分遭到毁坏。这两区集中了较多的旧式里弄、棚户和简屋。华界内的社区完全受清政府管辖，南市十六铺、咸瓜街、洋行街、城隍庙仍是主要的商业区，县城中拥有许多旧式书院、文庙、精美的祠堂和江南风格的私家园林，明代修筑的城墙完整地保存，整个南市都笼罩在浓厚的中国文化的氛围之中②。

租界是一个按照西方人的观念建立起来的社会，形成了洋溢新时代气息的西方建筑群，有西式的酒吧、夜总会、跑马厅、教堂、医院、学校等。租界中"华洋杂居"，占租界总人口95%左右的中国居民，生活在一个外国机构的管辖下，生活在带有西方色彩的社会制度中，不得不学习、了解、适应西方某些生活习惯。晚清上海人学会了穿西装、吃蕃菜（西餐）、打台球③。就上海传统社区发展过程来看，英租界内首先出现了早期石库门民居，主要分布在即目前的黄浦区的中心位置。随着区域的扩展，建造形式也从早期石库门转入后期石库门里弄。这样大体形成了一个以黄浦区为中心的早期石库门里弄民居的居住社区，和环绕在北、西、南三面的后期石库门里弄民居的居住社区。第一次世界大战结束后，出现了新式里弄民居，又称为"连接式小花园洋房"，解放后改称"新式里弄"。主要分布在虹口、静安

---

① 乐正. 近代上海人社会心态（1860～1910）. 上海人民出版社，1991. 23～24.
② 同上，34.
③ 沈华主编. 上海里弄民居. 中国建筑工业出版社，1993. 28.

和卢湾三个区。当时这三个区的人口密度和土地价格都低于中心地区，且环境干扰不多，属于闹中取静的地段，适宜社会中上层人士居住，新式里弄民居就因此应运而生。以后又出现花园里弄民居和公寓里弄民居，1930年前后建造的分布面较广，比较集中的有静安、卢湾、虹口、徐汇、长宁五个区。抗日战争以后建造的绝大部分在徐汇区。

华界与租界不仅在地域空间上有明显的划分，而且具有完全不同的内部社会结构，它们的并存是两种社会体系、两种社会观念的并存，它证明近代上海是双重投影下的一个膨胀体，近代中国半殖民地半封建的现实，在上海的华界与租界得到最鲜明、最集中的体现。两套制度形态造就了两种社区形态。通过里弄社区的发展比较，可以看出华界与租界的社区存在很大差异，上海比较好的花园洋房、公寓、新式里弄大都分布在租界内，这些社区社会生活体现更多西方文化的影响。而广大社会底层居民的简屋、棚户区社区则大都集中在华界，其社区社会生活方式体现我国传统文化的烙印。

（资料来源：根据乐正《近代上海人社会心态（1860～1910）》，上海人民出版社1991年版有关内容补充整理）

2.1.3 关于城市社区变迁的判断

城市社区作为一种社会存在形式，总是处在不断的发展变化过程中，除了其物质空间会由新变旧，其包含的内容也会随着社会发展变迁而发生变化。当社区存在所依赖的社会经济条件发生改变，社区会随之发生变迁。可以从几个方面来认识和判断社区变迁的程度和方式。

2.1.3.1 社区内住宅的产权构成

社区的形成源于城市居民满足居住环境的需要，但城市社区的形成方式却是不同的。改革开放前，住房是作为社会福利的一部分，由政府统一拨款、统一规划、统一建设形成，各单位按照职工工作表现、职务、资历等因素，分配到个人，产权属于国家。而现在的商品住宅小区则以市场为导向，居民满足居住需求的过程是通过市场买卖双方交易，自觉自愿完成的，产权归属个人。这些商品化住宅小区的产权构成明显与前者不同。从目前的发展趋势来看，新建社区的产权主要是个人属性，同时在公房出售的政策条件下，大量公房经过相关手续，已成为个人产权或部分个人产权，总体来讲以个人产权结构为主体的社区比例越来越大。据统计1998年，上海个人产权的住房总量已经超过公房总量。其他城市也存在同样的变化趋势，只是节奏快慢不同罢了。

2.1.3.2　社区之间居住环境质量的分异度

社区档次的拉开与社会各阶层的收入拉开密切相关，人们收入上的差距体现在衣食住行的各个方面，社区的档次差别就是以"住"的形式体现出来。实际上在解放前的上海，租界内是花园洋房和新式里弄社区，而在中国老百姓聚居的地方，则存在大量棚户、简屋，居住条件恶劣，反映了城市社区间明显的分异现象。然而在建国后至改革开放前的近30年间，大部分中国城市中社区的分化情况却在很大程度上削弱了。人们收入水平差别不大，居住条件方面，由于工龄、职称等因素除了在居住面积多少上有所差别外，其他则普遍比较接近，大部分社区建设档次、居住环境、居住的设施水平没有明显分异。改革开放后，特别是近十年来，社区的分异在加大，结构势差大大加剧。

2.1.3.3　不同社区类型的区位属性

在西方国家的一些城市社区，人们常常发现穷人聚居的社区与富人聚居的社区存在明显的分化现象，而且不同社区间存在着社会隔离，构成社区区位上的分化。如旧上海中高档社区位于租界内的静安、徐汇、卢湾等区，而闸北、南市、杨浦主要是低档的简屋、棚户等低档社区。解放后至改革开放前，上海城市社区的扩展不再是一种自发形式，而是纳入社会经济计划，统一规划建设了诸多新村，结合上海当时总体规划的布局，形成了总体的环状社区分布格局，表现出与解放前完全不同的特征。近年来上海城市社区发展又出现一些新的特征，如上海原租界内的静安、徐汇、卢湾等区以及城市崛起的新区如虹桥、浦东陆家嘴地区的社区再次集聚了大量住房价格相当高的社区类型（平均价格已在2～3万元/m²）。城市中不同的空间区段集中相应类型的社区，不同类型社区的区位属性差异越来越明显。

2.1.3.4 社区内部的社会构成

城市社区作为一种物质空间存在，与一定的社会空间有对应的关系。社区内部社会构成也是判断社区变迁的一个重要方面。计划经济体制下的社区，居民以单位职工的身份享有住房福利，获得在社区的居住权，居民业缘联系进一步延伸到社区中，社区常常是以工人集中的工人新村，或者以知识分子集中的高校新村，或者是干部集中的机关大院等形式存在，社区的社会构成偏于单一。而目前一些城市社区，特别是近年来出现的一些新兴商品化小区，社区居民的社会构成呈多样化趋势，通过住宅商品价格形成的"门槛"，使同一社区居民统一在一定收入阶层，而社区居民职业、文化程度则可能千差万别，社区的社会构成大大多元化。

以上四个方面是分析判断社区变迁的基本依据。我国城市在从计划经济体制到市场经济体制的转型过程中，社区产权构成、结构势差、趣味属性和社区社会构成都发生转折性变化。

2.1.4 实证研究：上海城市社区与体制关系

本节前面曾经提出"体制转型是社区变迁的主导动力"这一命题，以演绎方法表述制度与社区、制度变迁与社区变迁的关系就是：

$$C = f(I) \qquad (1)$$

当 I 从 $I_0 \rightarrow I_1$ $\qquad (2)$

则 C 从 $C_0 \rightarrow C_1$ $\qquad (3)$

即 $C_1 = f(I_1)$

式中：

C（community）表示社区；

I（institution）表示制度或体制；

式（1）表示命题1：制度模式决定社区形态（社区是制度的函数）；

式（2）表示条件变化：制度模式发生变迁（制度自变量发生了变化）；

式（3）表示命题2：制度变迁导致社区变迁（社区函数随制度变化而变化）。

本节以上海为例研究体制与社区的关系，首先以计划经济体制下的上海城市社区的形态，论证"命题1：制度模式决定社区形态"。接着以上海在20世纪经历的两次体制转型所对应的两次社区变迁，论证"命题2：制度变迁导致社区变迁"。

2.1.4.1 计划经济体制模式下的上海社区形态

（1）计划经济体制下上海城市社区发展回顾

解放前，随着外国资本的输入和民族工商企业的发展，上海经济日趋繁荣，住宅建设也空前发展（图2-2）。就社区来看：一方面，豪华、优美的花园住宅和高级别墅纷纷兴建；另一方面，石库门房子和里弄住宅也遍布全市；同时棚户、简屋到处搭建，老百姓的居住环境很差。城市基础设施分布不均，系统紊乱，贫富悬殊，城市总体社区结构极不合理。解放后到改革开放初，上海社区发展大致分为如下四个阶段：

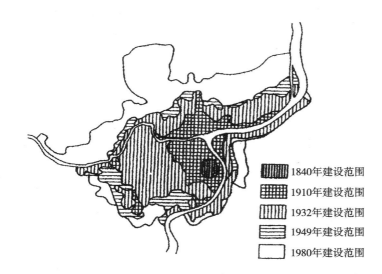

图2-2 上海城市建设发展示意

（资料来源：叶伯初等编《上海住宅（1949～1990）》上海科学普及出版社，1993年版）

①旧区改造与新区建设并举，社区发展方兴未艾（1949～1957年）

解放后，随着上海国民经济的发展，展开了大规模的住宅建设。当时针对棚户、简屋区居住环境很差的情况，进行了适当改造，经过连续几年的努力，全市共投资 648 万元，使棚户、简屋区 227 处得到了改造。在改造棚户、简屋区的同时，积极兴建居民住房，建设住宅新村。政府为缓解职工住房问题，投资建设 2 万户职工住房。规划了曹杨、甘泉、控江等 9 个新村，占地 127.8hm^2，建筑面积 60 万 m^2，建设住宅 21830 套，开创了上海成批建设住宅新村的道路。并按照市区工业分布的状况，陆续规划了一批住宅新村。如在沪东工业区附近的玉田、大连、广灵等新村[①]。

②社区发展高潮与低潮交替的"马鞍形"发展（1958～1965年）

1958 年至 1960 年上海经济建设处于 3 年"大跃进"时期。掀起了大规模工业建设热潮，上海近郊和远郊相继涌现一批发展各具特色的工业区，与之相适应，社区也向外开拓，建设近郊工业区和卫星城的住宅新村。如五角场工业区的工农新村，彭浦工业区的彭浦新村等等，还先后辟建了闵行、吴泾等 6 个卫星城[②]。上海"大跃进"的 3 年，住宅投资有所增加，随后两年又大幅度回落。1961 年起，面临 3 年"大跃进"造成的严重后果和自然灾害，建设投资锐减，大批在建项目停建、缓建，住宅建设规模大幅度压缩下来，竣工面积急剧下降。1963 年以后，由于执行调整方针，国民经济逐步好转，上海经济建设也相应回升。这时住宅投资又有所增加，除继续适当进行住宅新村的建设外，也开展了市区的旧房改造工作。1958 年后的 8 年中，历经"大跃进"、回落调整和恢复，上海社区发展呈马鞍形发展过程。

③社区建设的停滞与倒退（1966～1976年）

1966 年至 1976 年的十年"文革"动乱，住宅投资和竣工面积大幅度下降，为日后上海住房困难埋下隐患。当时不能开辟建设新的住宅新村，新建住宅都是在已建新村中填平补齐。"十年动乱"使上海住宅建设、社区发展受到严重的挫折，大幅度压缩建房规模，加剧住房供求矛盾。

④社区发展热潮在体制转型后初步显现（1976～1980年代初期）

---

① 叶伯初等编. 上海住宅（1949～1990）. 上海科学普及出版社，1993.15.

② 同上，59.

"十年动乱"刚结束，上海住房紧缺的矛盾，成为十分尖锐的社会问题，大规模开展住宅建设成为当务之急。住宅规划工作积极展开，无论是新区建设和市区旧房改造，市区和卫星城，浦东和浦西都规划布点。在中心城区辟建住宅新村，都沿中心城区周围内侧边缘布点，大部分利用原近郊工业区住宅新村扩展而成。例如在广灵新村附近辟建丰城和凉城新村；在宜川新村附近辟建甘泉北块、沪太和管弄新村。在浦东也辟建了许多住宅新村，如德州、上南、雪野、临沂、塘桥、潍坊等，原有的上钢、沪东等新村用地进行了扩展。这一时期规划的中心城区住宅新村，共有 74 个，用地面积为 892.3hm²，规划的住宅建筑面积 3913.1 万 m²，规划人口 315 万人。至 1980 年上海人均居住面积达到 4.4m²，尽管改革开放以后住宅建设急剧扩大，但市民住宅短缺的现象仍普遍存在，社区数量规模有待进一步扩展，以适应城市居民的居住需要①。

从以上分析可以看出，上海城市社区发展留下了明显的时代烙印，主要表现为两个方面：一是社区发展几起几落，随国家经济和政策变化不稳定的发展。社区的发展本来应该遵循自身的一定规律，从无到有，从对量的追求到对质的重视。但在计划经济体制下，社区的发展受国民经济计划和政策的制约，国家经济和政策的不稳定造成了社区发展的起落。反映在建设总量的变化上，几起几落。反映在住宅的建设标准上，时高时低。"十年动乱"对社区建设来说更是一个倒退时期，人口膨胀的巨大压力增加与社区发展的不稳定并存。二是社区居住条件由解放前的贫富悬殊逐渐平均化。解放前上海大量原有的存量住宅，居住标准存在巨大悬殊，从花园洋房，到棚户简屋，居住条件的差异相当大。计划经济体制阶段，上海原有的一些标准高的社区数量没有增加，而其居住水平则随着年代的推移逐渐降低。位于上海陕西南路的长乐村，原名凡尔顿花园，建造于 1925 年。它由七排折坡式屋顶的二层楼房组成，外观小巧玲珑，内部装修精美。但随着城市人口的增长，长乐村原来居住一两户的房子，现在却住了七、八户人家，甚至十几户人家，原来的一间客厅后来可能住着一户人，

---

① 叶伯初等编. 上海住宅（1949～1990）. 上海科学普及出版社，1993.76.

由于居住过度拥挤，居住条件从原来的较高标准，而降到较低水平。对上海大量存在的棚户、简屋，政府一直投入大量财力，努力改善普通老百姓的恶劣居住条件，其中包括建国初期完成的肇家浜棚户区的改造、20世纪60年代完成的蕃瓜弄改造、20世纪70、80年代的久耕里、药水弄等，使原有的社区中居住条件较差的社区居住水平有了提高。这样，解放前保留的社区中，标准高的社区由于日益拥挤，缺乏维护修缮而降低，而相当数量标准低的通过改造得到提高，通过两种逆向运动，使上海城市社区由原来比较大的差别，逐步趋于平均。计划经济体制时期新建的社区标准比较统一，虽然社区间的居住条件差别还存在，但很大程度上缩小了，平均保持在比较低的水平上。一定的制度形态决定了一定的社区形态。

（2）计划经济体制下社区存在的社会构成分析

社会主义公有制建立的社会结构意义在于：这一制度对于形成中国社会成员的社会地位与相互关系以及其他制度化结构，具有决定性的影响。国家通过一系列制度性手段，将所控制的社会资源分配至个人，从而形成个人对社会资源的占有，并在此基础上形成了个人的社会地位。计划经济体制下，国家分配社会资源的制度体系主要有三个："单位制"、"身份制"和"行政制"。

"单位制"是指这样一种制度结构：大多数社会成员都被纳入到一个个具体的、国有的"单位组织"中，由这些单位组织给予他们社会行为的权利、身分和合法性，满足他们的各种需求，代表和维护他们的利益，控制他们的行为。国家在身份制的基础上，通过遍布全社会的各种单位组织，将国有的社会资源分配至单位中，然后由这些单位组织再分配至每一个单位成员[1]。"单位制"的意义不仅在于国家利用单位进行例如收入等社会资源的分配，而且对人们社会生活的几乎所有方面都具有重要意义，例如子女教育、住房、文化娱乐等。单位还是国家实行生活控制的重要方式。一旦社会成员进入了某一单位组织，他的权利、地位就有了不同程度的保障。一个人一旦离开了这样的单位组织，也就丧失了过去由单位组织所赋予他的各种资源和国

---

[1]　郑杭生. 转型中的中国社会与中国社会的转型. 首都师范大学出版社，1996. 146～148.

家通过单位组织赋予他的各种权利。因此，个人离不开单位组织，而单位组织又紧紧依附于国家。

"身份制"是指全体成员均依"干部"、"工人"和"农民"三种身份被区分开来。在身份制度下，各种不同身份之间具有明显的差异，不同身份的社会成员占有不同量的社会资源，拥有不同的社会权利，具有不同的社会地位。之所以说这是一种"身份"的划分，是因为这种身份划分是由国家赋予的，不同身份之间不能随意转换，个人一旦获得某种社会身份，很大程度上成为终身的，很难依赖个人的力量加以改变，国家严格控制各种身份之间的差别和转换。身份成为人们获得某些职业地位、享有某种社会资源、占有某种社会声望的基本前提条件①。

"行政制"是指国家按照国家行政权力的形式，在"身份制"和"单位制"的基础上赋予几乎所有的单位以一定的行政级别，按照这种行政级别将不等量的社会资源和支配社会资源的权力分配至不同级别的个人和单位身上。拥有一定行政级别的个人，则因这种行政级别权力的惟一性更直接成为社会地位的标志。"行政制"成为具有普遍意义的社会地位分层制度②。

在一个现代化发展较为滞后，经济社会发展水平较低，资源相对缺乏，而又正在向现代化迈进的社会来说，国家通过这些制度既维持了国家和社会的稳定统一，又保证了国家对社会资源的集中控制使用。上述制度在中国的现代化发展中曾经发挥过极为重要的作用，在一个时期内推动了社会现代化快速发展。但随着社会的发展进步，计划经济体制形成的社会结构体制的弊端开始越来越多地暴露出来。

（3）计划经济体制下的上海城市社区的特点

计划经济体制下的制度背景决定了当时上海城市社区呈现以下几个特点：

①社区单位化

在计划经济体制下，政府权力高度集中，政府直接掌握企业的所

---

① 郑杭生．转型中的中国社会与中国社会的转型．首都师范大学出版社，1996. 150～152.
② 同上，149.

有权和经营权，企业单位及事业单位又承担了大量的综合社会功能。各类社会组织因结构、功能雷同而表现出很大的同质性。在计划经济体制下，职工的住房需求是通过组织单位行政安排的，当时不论任何单位，包括工厂、企业、机关、团体和事业单位，凡需要住房的，都必须向市政府提出申请，经审核批准后，下达分配的住房面积，然后再由单位根据缓急，分配给需房的职工。社区因而成为社会组织的附属物，城市社区形成一个单位一个新村，一个单位一个大院的格局，大单位对应大的家属区，小单位对应小的家属区。而社区不论大小，社区住房都是通过单位分配到个人，因此社区家庭都有同一个单位背景，社区管理及各类社会事务都与单位有着千丝万缕的联系。如复旦大学与凉城新村、同济大学与同济新村、宝山钢铁厂与宝钢新村，等等。虽然社区单位化并不能概括计划经济体制下所有的社区存在方式，但社区单位化是计划经济体制下，社区最具代表性的特征。单位分配住房制度造就了独特的社区与单位联系的社区文化。这种分配体制造就了特有的社区地缘文化，业缘与地缘在空间上的重合，也就是说同一社区居民不仅居住空间临近，而且社区家庭与"单位"之间也构成潜在联系。

②社区的社会构成"超稳定"、社区成员参与意识薄弱

社区的社会构成"超稳定"是指在计划经济体制下，个人流动很少，身份不易改变，相应社区社会构成流动性较小。我国户口登记实行的是户籍与居住地一致的原则。户籍制度限制了人们的自由流动，阻碍了正常的社会流动。同时，个人与社区是通过组织来联系的，单位与职工之间是一种职工对单位全面的依附关系，个体身份的固定化造成地域之间的封闭性，流动性很小①。

计划经济体制下社会角色的流动困难，个体长期占据或归属同一或相似的社会角色使得社区的社会关系稳定，社区内部形成较强的封闭性、超稳定性。社区的内部流动很少。从组织行为学角度分析，当社会个体被赋予的角色长期固定化，自觉角色就会向不自觉角色转化，角色规范会变得习以为常，角色对其应承担的义务和责任就会渐

---

① 厉以宁. 转型发展理论. 同心出版社，1996. 110.

渐懈怠，个体会逐渐丧失发展活力。角色凝滞泯灭了人们对内心所期待的角色的追求，久而久之，个人能力逐步退化，个人开拓心、进取心和创新精神也日趋消失①。居民这种普遍的社会心态表现在社区中就是对主动参与意识的缺乏。虽然法律上规定社区居民委员会是民间基层组织，但在具体运作过程中，依然具有行政管理特色，受上一级组织街道办事处的领导，人们普遍把社区工作看作政府和社会的事，与自己无关，居民对社区的认同意识、参与意识、主动意识均处于较低的水平。

③社区建设只注重基本功能，建筑文化缺乏特色

计划经济体制下，一方面由于"先生产，后生活"的思想影响，另一方面也由于当时的住房福利分配体制导致资金循环不畅，只有投入没有产出，住房建设发展长期跟不上社会的发展需要，居民住房长期处于短缺状态。特别是一些大城市中，住房几乎成为最突出的社会问题，改革开放初期1980年，上海人均居住面积只有 $4.4m^2$，处于严重短缺状态。在住房"量"的问题还没解决的情况下，对居住水平"质"的提高，则更无从谈起，社区只能长期停留在解决基本问题，无暇顾及社区应体现的文化特色。计划经济体制下典型的社区由行列式排列的多层住宅组成，住宅多是五六层砖混结构，社区环境简陋，大部分社区从形式上体现不出特色或文化，上海的社区与其他城市的社区基本看不出什么区别，有学者评价为"千城一面"，社区也不例外。反倒是上海原有的一些里弄社区、花园洋房至今仍然因其特有的建筑文化特色而受到推崇，成为上海的建筑文化特色的代表之一。

从以上分析可以看出，计划经济体制作为一种制度模式在社区层面有充分的体现。

2.1.4.2 20世纪上海城市社区发展经历的两次变迁

论证制度转型与社区变迁之间关系，需要注意到制度转型对社区变迁存在"滞后效应"。因为社区变迁只能是一个渐变过程，制度变迁对社区变迁产生的影响随着社区的更替，需要有一定时间的积累后，才逐渐显现出来。因为对同一时期社区的总量来说，体制转型多

---

① 郑杭生．转型中的中国社会与中国社会的转型．首都师范大学出版社，1996. 200.

体现在社区增量中，存量则通常是原有传统体制的产物，只有经过一定时间的积累后，增量比例逐渐超过原有的存量，原有的比例结构关系才逐渐改变，制度转型对社区的影响才能以比较明显关系显现出来。

由于体制转型与社区变迁现象的发生存在时间的滞后，因此上海城市社区经历的变迁是在两次体制转型完成后，经过一定时间后才越来越明显地表现出来。

上海近代城市发展具体经历了三个阶段，这三个阶段分别是：

①19 世纪后期，上海作为近代具有殖民地色彩的国际大都市的崛起；

②20 世纪中期，中华人民共和国成立，计划经济体制普遍建立；

③20 世纪后期，上海作为改革开放的前沿，实现向社会主义市场经济体制的转型。

三个阶段之间的转换，分别对应两次制度变迁过程。两次制度变迁：第一次是新中国的建立，它结束了长期以来半殖民地半封建制度，建立起社会主义计划经济体制；第二次是改革开放以来，我国社会从长期的计划经济体制向社会主义市场经济体制的转型，是中央政府自上而下推动的制度变迁的过程。两次制度变迁不仅在内容上不同，而且过程也有所不同。第一次制度变迁是在宣告中华人民共和国成立之后，即完成体制转型，开始建立整套的计划经济体制，而第二次制度变迁则是一个逐步明朗的过程。1978 年十一届三中全会提出改革开放的基本战略方针，探索历经十余年，从最初的"计划经济为主、市场调节为辅"，过渡到"有计划的商品经济"，明确提出"社会主义市场经济"则是在 20 世纪 90 年代。为了便于解释和比较，这里分别以 1949 年和 1978 年作为两次制度变迁的分界（图 2 - 3）。

按照前述判断社区变迁的四个基本方面，分别是：产权构成、结构势差、区位属性和社会关系，来分别对应两次制度变迁的城市社区变迁进行分析论证。

（1）社区产权构成的两次变迁

从 19 世纪中叶，上海开辟为通商口岸以来，随着资本主义的侵入，城市人口骤增，房地产商开始修建成批里弄住宅出租出售，谋取

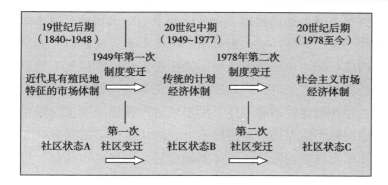

图 2 – 3　上海两次制度转型与社区变迁的历史时序关系

利益。由于当时房地产市场机制不健全，造成了房地产资本家的投机行为，他们为了追逐高额的租金，在建造住宅时采取各种办法来减少投资，增加建筑面积，用最少的投资获得最大的利润。因此在建造时，设法在一小块土地上，建造更多的房屋，所以才出现了建筑密度高达 70% ~ 80% 的里弄式住宅。上海解放初期，市区住房共有2359.4 万 m²，其中私房2306.3 万 m²，占有极大比重①。

　　建国后，总体来讲，在传统的计划经济模式下，职工以福利性的低房租形式获得住房，社区建设参照国民经济发展计划，形成结构标准比较统一的居住小区。20 世纪 50 年代末，上海连续两次对私有出租房屋进行了社会主义改造，大量私房转为公私合营或"国家经租"。这样通过对私房改造和私房出售，全市私有住房的比重日益下降。在第一次体制转型过程中，上海城市社区的住宅产权出现了由个人私有住房为主到逐步公有住房为主的过程。而第二次体制转型过程中，住房的商品意识日益深入人心，住房个人所有的比例逐步提高。1980 年邓小平同志即提出了住房制度改革的总体构想，他强调城镇居民个人可以购买房屋。进入 1990 年代以后，随着公有住房出售政策、提租补贴、促进住房自有化等一系列政策的出台，住房货币化方案也在积极酝酿之中，都表征了一个总的改革方向，即将住房消费逐步完全纳入个人或家庭的消费领域中，需要住房者从个人或家庭的消费资金中拿出一部分，到住房市场上去购买或租赁，自主解决住房问题。

---

①　叶伯初等编．上海住宅（1949 ~ 1990）．上海科学普及出版社，20.

解放前上海半殖民地市场经济体制是当时的房地产资本家为赢得市场高额回报的制度环境，造就了上海城市里弄社区以私人所有为主的产权构成状况。计划经济体制下的住房体制，使得住宅建设不能实现简单再生产和扩大再生产。建房资金没有固定的专门渠道，只能年年筹集，存在很大的不确定性。由于住房产权属于国家，居民只付很低的租金，租不能养房，修缮跟不上，加快了住宅的损耗，缩短使用寿命，社区发展受到阻碍。而体制转型后，住房的市场化，解决了住宅投资的良性循环，通过市场交换房地产商获得利益回报，而购房者则拥有了自己的住房，政府也从住房福利的包袱中得以解脱。按照公房出售、货币化分房政策的改革趋向，社区住房产权结构还将继续向住房产权个人所有的方向更进一步。

（2）社区间居住环境质量分异度的两次反复

解放前上海城市社区居住条件相差是比较悬殊的，社区总体结构内部存在明显的结构差异。低标准的社区地点偏僻、居住环境差、交通不便、建筑密度高。其中的住宅质量差、层高低，有的楼梯宽度只有 50～60cm，采光通风不良，日照条件差，夏天闷热，冬天不见阳光，没有卫生设备。而一些高标准的花园洋房、高级里弄社区，则环境幽静、交通方便、用地宽敞、独门独院。当时上海城市社区居民的居住条件相差是十分悬殊的。

新中国成立后，政府非常关心下层劳动群众居住条件的改善，对上海大量存在的棚户、简屋，政府一直投入大量财力，努力改善普通老百姓的恶劣居住条件，分阶段解决了居住条件较差的社区，使大量普通老百姓的居住环境水平得到提高。政府在住宅建设上作了很大努力，投资建设了大批住宅，许多居民迁入新居，改善了居住条件。而当时大量新建的居住社区，按照国力和当时的社会经济发展水平，同一时期建设的社区在建设标准上基本没有实质性差别。总体上，各类社区居住条件的原有差异被逐步拉平，社区结构势差很大程度上缩小了。

改革开放以来，随着体制转型的逐步深化，特别是进入 1990 年代以来，城市居民收入差别迅速加大，短短二十余年，我国已从居民收入基本平均的状态成为一个贫富相差比较悬殊的社会，人们收入上的差距体现在衣食住行的各个方面，社区的档次差别就是以"住"的形式体现出来。上海中心区的一些条件比较好的地段，出现一些价格不菲的高级社区（社会上称为"高尚住宅小区"），而一些待改造的老社区经过多年的使用，住宅结构老化，居住标准相对较低，差别渐渐拉开。社区的总体结构差异再次开始显现。

（3）不同社区区位属性的两次逆转

解放初，上海市区面积约 84km²，住宅建筑面积共 2359.4 万 m²，其中包括公寓式住宅、独立式花园住宅、新式里弄住宅、旧式里弄住宅和简屋、棚户等类型。[①] 在市区环境较好的西南地区如徐汇区、静安区、卢湾区，以及虹口区，主要有房屋质量较好、建筑标准较高的公寓、独立式花园住宅和新式里弄住宅；在市区中心的商业地带如黄浦区，一般为旧式里弄住宅；在市区边缘闸北区、杨浦区，工厂、仓库、车站、码头附近，大多为简屋、棚户。很多住宅与工厂交错混杂，居住环境恶劣，缺少各类必要的服务设施。各类社区的区位分布遵循土地价格的机制作用，分布于特定的城市空间区位。

而在计划经济体制下，这种居住社会的隔离现象逐渐弱化，城市社区的空间分布基本按照上海城市总体规划总体安排，均衡分布。由于土地实行行政划拨，土地原有的价格级差机制得不到体现，土地价格杠杆失效，社区分布及空间扩展方向没有特别的差异。

但是进入 21 世纪，随着房地产市场的活跃，一方面原有内环线的城区，发生了某种程度的复归，上海人观念中的"上只角、下只角"（上只角一般指徐汇、静安、卢湾等区，下只角一般指杨浦、闸北等区）再次以价格形式表露无疑，原租界内新开发建设的商品化社区成为热点，每平方米住宅建筑面积售价平均也达到 2～3 万元以上，而一些交通不便、环境较差的地段，售价则低得多。另一方面一批新兴的社区随着城市开发建设出现，如虹桥地区、浦东陆家嘴地区的高级社区在一些环境条件优越的城市区位中渐成气候。土地区位级差机制发挥着越来越显著的作用，人们普遍意识到社区所处特定的区位，意味着特定的价格和社区档次。

---

① 叶伯初等编．上海住宅（1949～1990）．上海科学普及出版社，72.

（4）社区内部社会结构的两次变化

解放前的上海，高收入阶层住在高标准的社区中，下层居民居住在条件差的社区里，一些中级标准的里弄式住宅，主要是中小资产阶级、高级雇员及医生等自由职业者居住。社区内部社会关系是住房租售市场买卖双方选择的结果。里弄社区的社会结构通过住房租售市场的选择聚合起来，一定阶层的市民居住在一定档次的社区中，以此为基础发展出了上海传统里弄社区中特有的人情关系。

建国后，里弄社区成为过去一个时代的产物，五六层的多层居住小区成为社区发展的主导形式，虽然内部居住条件改善了，但传统社区曾有的亲密社会关系却在很大程度上消失了，社区的家庭是通过"单位"的纽带联系在一起，大部分当时形成的社区，同单位的居民聚居在一起，收入水平、文化程度都比较接近。

改革开放以后，随着住房分配体制的终结，价格门槛将社区内部社会构成按收入分开，客观上使同一收入阶层的社会群体在对应社区空间聚居。社区社会构成以对等层次收入结构分层状态。如上海1990年代以来形成的一些商品房社区，居民从事各行各业，文化程度、生活方式都可能存在很大差异，社区社会构成出现较大的异质性（表2-1）。

体制转型与上海城市社区变迁   表2-1

制度形态	半殖民地的资本主义市场经济体制阶段	社会主义计划经济体制阶段	社会主义市场经济体制过渡阶段
1. 社区住宅的产权构成	归属市场主体	归属国家或单位	趋向市场化，归属市场主体
2. 社区社会结构的分异度	社区差别悬殊	平均化趋势	差别开始拉开
3. 不同社区的区位属性	空间体现级差	土地行政划拨，不体现明显差别	空间级差开始凸显
4. 社区内部的社会构成	市场选择形成的社会关系	单位分配形成的社会关系	住房分配体制松动，社区社会由居民自主选择构成

上述比较表明，上海近代以来先后经历了两次制度变迁，从以前的半殖民地资本主义市场经济体制，到新中国成立后计划经济体制建立，再到改革开放，确立社会主义市场经济的改革总体方向，社会经

历了两次显著的体制转型，而社区发展也先后经历了两次变迁，社区的产权构成、结构势差、区位属性和社区社会关系都相应发生了根本的变化，从而实证地表明社区变迁的主导动力乃在于体制转型。由于社区变迁与当前从计划经济体制到社会主义市场经济体制的变迁有紧密的联系，因此研究社区规划与社区发展问题，不宜就事论事，必须将体制的因素考虑在内，寻求适应社会主义市场经济体制要求的社区规划对策，才是解决之道。

2.2 体制转型机制的深层次分析

归纳起来，导致社区变迁的体制转型机制主要表现在四个方面：一是社会贫富差距加大。伴随从计划经济体制向社会主义市场经济体制转型，当前城市居民收入差距加大，社会的利益格局出现分化，这对城市社区造成了深刻而巨大的影响。二是城市社会关系变迁。在体制转型的推动下，计划经济体制下的社会关系逐渐解体，个人与单位的联系纽带受到冲击，社会关系的变迁对社区的影响不可忽略。三是社会价值观多元化。经济基础的转变也推动了社会上层建筑的变迁，人们的社会价值认同、道德观发生变化，社会开始承认合理的个人利益，商业意识、经济意识得到强化。社会价值观的改变反映在了当前人们对社区形态的文化意义的追求。四是住房政策与社区政策的改革。我国从计划经济体制向社会主义市场经济体制的改革，是一项庞大的系统工程。而其中有两项是与城市社区变迁关系最为密切的，分别是城镇住房体制改革和社区管理体制改革，这两项改革的具体方案的内容与落实，直接决定了当前社区的构成方式与未来发展趋势。

上述各个机制都是在计划经济到市场经济的体制转型过程中内生出来的具体作用机制，是导致社区变迁的直接因素。

2.2.1 社会贫富差距加大

我国目前处于社会转型期，整体政治与文化资源的配置和重新安排都是以经济资源在社会成员、社会各群体之间的配置或重新安排为基础，它是我国目前整个社会利益格局的核心成分和支配力量。

20 世纪 80 年代，中国城市经济体制改革虽然举步维艰，但是最先改变的是权力对经济体制的控制。经过长达 20 多年的改革即形成了多种所有制经济形式并存的局面。容许一部分人先富起来的政策率先在原有的社会分层格局上打开了缺口，由经济因素促动的社会分化在一定范围内又重新出现了，并以日益强大的力量重新整合原有社会的分层格局。由于社会成员在经济体制转型过程中所扮演的角色不同，对新的经济环境的理解程度不同，以及适应新的经济环境的能力不同，其获得收入，财富能力和条件就出现了较大差异。目前的社会现实证实，在全体社会成员当中，收入、财产的差距有着扩大的倾向，社会贫富距离开始拉大，一部分人成为社会上的富裕层，而另一部分人则转变为低收入层甚至贫困层①。

收入是衡量社会成员经济资源占有量的一个重要指标，也是社会分层的一个重要标准。收入在社会成员之间的分配状况，实际上是在社会分层或社会结构的一个重要维度上，形成一种重要的社会利益格局。这里分析的我国城市居民的收入及其差距，可大致反映我国城市居民在收入这个维度上的利益格局②。国际上通常用基尼系数（Gini Coefficient）衡量贫富差距程度。基尼系数是个在 0 到 1 之间的数值。基尼系数为 0 表示绝对平等，即财产或收入等完全平均分配；基尼系数为 1 表示绝对不平等，即全部财产或收入都集中在一人或一户手中。国际上通常认为，系数在 0.2 ~ 0.3 之间为比较平均；0.3 ~ 0.4 之间为比较合理；0.4 ~ 0.5 之间为差距较大。我国城镇居民个人收入的基尼系数，在改革以前的 1978 年，据世界银行测算是 0.16，在全世界几乎是最低的。这说明当时我国平均主义体制盛行。1980 年代中期以后，收入差距开始迅速拉开。据世界银行资料，1994 年我国城镇居民家庭人均收入的基尼系数为 0.37。可以看出进入 1990 年代后，贫富差距有加速拉大的趋势。2004 年全国城乡家庭户收入基尼系数已经超过 0.465，这已超过了国际上通常认为的基尼系数在 0.3 ~ 0.4 之间的中等贫富差距程度。劳动和社会保障部劳动工资研究所研究出一

① 厉以宁. 转型发展理论. 同心出版社，1996. 22.
② 同上，30.

套针对中国国情的"居民收入分配预警系统",这一系统显示,城镇居民最高组与最低组之间的收入之比从 2002 年的 5.2：1 扩大到 2003 年的 5.4：1。2003 年后,中国的收入分配差距拉大,已进入值得警惕的"黄灯"区。专家提醒,如不采取相应措施,到 2010 年后将进入"红灯"范围(新华网,2005 - 08 - 19)。这样,在短短的几十年间,我国已经从一个平均主义盛行的国家,转变为超过了国际上中等不平等程度的国家,这样快的变化是值得忧虑的[①]。

改革以来居民家庭收入差距的变化打破了"低"而"平"的分配格局,收入差距逐渐拉大。随着市场经济的进一步发育成长,城镇居民更为直接地面对市场,那些在市场中占据有利位置,条件优越的社会成员,就更容易在市场经济中获益,占有更多的收入资源,从而与其他城镇居民收入拉开距离。如民营企业主、个体经济主体、兼职人员、外资企业雇员等,就成为主要的获益者[②]。国有单位职工在改革前属于中高收入群体,改革后相对收入地位下降。在我国近年来收入比较突出的是三资企业、大型私营企业的中上层雇员。这些人的收入高于一般国有、集体企业职工,属于中等偏上的收入层。在三资、大型私营企业中还有一个高级雇员层,大多是公司的经理、副经理或部门经理,他们收入远高于一般雇员,是一个富人阶层,不过这种高级雇员的人数不多。

长期以来,城镇居民的贫困问题并没有成为一个引人注目的社会问题。但是随着经济体制的转型,城镇居民收入差距的扩大,通货膨胀的加剧以及分配不公现象的出现,一些居民的生活水平下降。无收入的老年人、残疾人以及离退休职工、下岗妇女最容易成为贫困层中的新来者。原有的社会救济体制越来越不适应新的形势。这样,城镇居民的贫困问题开始浮到社会表层,日益成为人们关注的社会问题。

社会贫富收入差距的加大,导致的直接后果在社区层面上表现为,不同收入的家庭在城市中分区居住越来越普遍,城市的贫困问题

---

① 郑杭生.转型中的中国社会与中国社会的转型.首都师范大学出版社,1996.14～16.

② 同上,10～11.

也在一些社区中集中体现出来，社区与社区之间的差别也呈现同步扩大趋势。

2.2.2　城市社会关系变迁

计划经济体制向社会主义市场经济体制转型对城市社会关系的影响体现在两个方面，一是城市社会的现代化进程加速，促成了新的人与人的关系，对社区产生影响；二是计划经济体制被打破后，个人与单位关系出现变化，对社区产生影响。

2.2.2.1　城市社会人与人的关系

为了便于明确阐述体制转型期的社会关系问题，这里引用社会学的两个概念：首属群体和次属群体。首属群体是由少数人组成的，他们在一个比较长的时期内，在亲密的、面对面的基础上发生相互作用，群体成员彼此相识，无拘无束地发生相互作用。例如，家庭、由朋友和同伴组成的集团和小社区都是首属群体。次属群体由许多人组成，他们完全是暂时的，彼此可以不知姓名，是在非个人的基础上发生相互作用，群体成员或是彼此之间素不相识，或是至多只知道对方的某些正式角色，却并不了解对方的全部为人。次属群体通常是为着特定的目标而建立起来的，人们对次属群体往往不像对首属群体那样有着感情上的联系[1]。

在现代社会中，稠密的城市人口使得社会生活远不及以前那样具有个性特征。人们往往是以有限的和特殊的角色发生相互作用的，邂逅相逢，以后可能再也不会见面，人们之间的相互作用，许多都涉及次属关系。次属群体的发展和次属关系的倍增是现代社会的显著特征之一。

美国社会学家沃思认为都市社区里，家庭、邻里和传统的作用在削弱，原来的亲密关系淡漠了。美国都市社会的高频率流动，使美国成为"陌生人的国度"（A Nation of Strangers）[2]。托夫勒认为当代西方社会人与人之间的关系表现出突出的"短暂性"。人际关系的短暂

---

① ［美］伊恩·罗伯逊，黄育馥译. 社会学. 商务印书馆，1994. 108.
② 黎熙元，何肇发. 现代社区概论. 中山大学出版社，1998. 260.

性最初来源于城市生活方式。托夫勒认为社会在向现代化的迈进过程中，短暂性的人群聚合体越来越多，从而形成了各种各样的短暂性的人际关系。现代社会生活中的人际关系的平均持续时间越来越短，这是人的关系的数量增长造成的必然结果。正在增大的地理性流动也加快了人的流动，驱使人的关系向更加"短暂"的趋势发展①。这都表明了一个趋势，即现代城市社会中人们的交往不再局限于某个地区，也就是说围绕社区地域形成的邻里关系不再是都市人社会关系网的主导方面。

在我国的城市现代化进程中，面对城市社会激烈的社会竞争，个人在城市社会中的生存与发展主要依赖于城市中的制度体系创建的生活秩序和个人创造的"关系网"，而传统意义上的邻里关系降到次要地位。随着城市社会结构的变迁，城市社会分层层次增加，城市人对居住安全性和私密性要求越来越高，自身主观产生与他人隔离的要求。在整个社会从传统社会向现代社会转型的过程中，城市社会活动必将更加广泛和多样，社区关系淡化是一个普遍趋势。

2.2.2.2 个人与单位关系的新表现形式

改革中的市场化进程造就了一些相应的社会组织，如私营企业，外商独资、合资企业等，在政府允许并鼓励多种经济成分并存的政策下，单一公有制形式被打破了。这些社会组织是在公有体制外或该体制边缘成长起来的，称之为"体制外"社会组织。那些还处于原有制度结构内的社会组织，如党政机关、国有企事业等，我们称之为"体制内"社会组织。这就形成了中国社会转型期特有的"体制内"与"体制外"并存的二元模式。"体制内"单位与"体制外"单位与职工个人的关系有所不同，因此需要区别来看。

"体制外"的单位，企业同国家的关系主要受市场规律和法律的调节与制约，企业同个人以雇佣和被雇佣关系为主导，受到劳动合同制约，双方都有选择与被选择的自由。在上述变化的基础上，形成了新的社会群体，例如私营企业主、个体户以及各种在非国有单位中工作的社会成员。他们的社会地位及其资源占有，不是按照国家行政关

---

① ［美］阿尔温·托夫勒. 未来的冲击. 贵州人民出版社，1985. 91.

系决定的，而是对市场机会的掌握①。"体制外"单位基本上是通过货币化形式直接体现出个人贡献的大小与重要程度。"体制内"的国家机关、企事业单位组织的性质也发生了变化。这类组织的成员虽然对组织的依赖性依然很强，但这种控制大为弱化，组织控制的重点向专业化方向发展，单位角色更加职能化，单位责任更加具体化与内向化。这种变化使组织成员的自由度和选择性大大增加，其成员对组织的全面依附关系已经改变。

"体制外"单位基本上是通过货币化形式直接体现出个人贡献的大小与重要程度。个人与单位之间的关系更具市场化特征。"体制内"单位与个人的关系虽然尚未完全剥离为职业关系，但在很大程度上也在从原来的大包大揽，向更为专业化的方向转变。居民的八小时以外的生活越来越成为居民个人控制的范畴，社区与单位的关系也逐渐脱离直接的关系，成为居民自由选择的生活空间，社区的社会基础也在此过程中完成组合，同单位职工聚居的社区将不再是社区构成的基本方式。

2.2.3 价值观念及行为规范

2.2.3.1 对个体利益的理性关注

计划经济体制下，在个人与社会的客观关系中，过于强调组织中的集体主义精神，强调个人对组织的无条件服从，不分具体情况要求个人作出牺牲，因而压抑了组织成员的积极性与创造性。随着市场经济运行机制逐渐成为社会历史活动的主导因素，等价交换原则内含的需求利益观念渗透甚至动摇了人们传统价值观念所依托的根基，使个体在相当程度上从对组织整体需求、政治利益的完全和单纯的依附关系中摆脱出来，转移到对自身需求、利益的重视与关注等新的基点上，社会开始承认个体需求和利益存在的合理性。市场经济确立了个人的经济地位，也唤醒了人的个体意识，社会个体对自我利益的追求与角色意识的崛起开始为社会所认可和推崇②。

---

① 袁方等著. 社会学家的眼光——中国社会结构转型. 中国社会出版社，1998. 216.
② 郑杭生. 转型中的中国社会与中国社会的转型. 首都师范大学出版社，1996. 168.

市场经济的基本前提是公平竞争，所谓竞争事实上是社会个体对其利益的追求，而旧有价值评价体系对社会个体利益是贬斥的。个人的努力，亦即社会个体对自己利益的追求，是一种极为重要的行为动力源。"追求正当的社会个体利益"，是人们发自内心的呐喊，向旧有价值评判体系发起了猛烈冲击。在这一冲击下，旧有价值评判体系开始动摇，难以为继。在一些市场化程度较高的社区，这种社区的角色意识逐渐崛起，人们开始对个人所属的社区利益关注。

这种变化在我国虽然才开始不久，但社会观念的快速变迁、社会主流的文化淡化足以说明这点。人们在感受丰富多彩的精神文化产品的同时，也使人们比以往更讲究实效，人们在很多方面已经不受传统文化思想的禁锢，更注重现实的生活质量和金钱的魅力。城市社会为其成员创造了个人奋斗的"压力体系"，使城市社会成员凡事更讲究实际的效益，使城市社会成员对他人的评价逐渐摒弃传统的道德标准，而往往以他的实际工作能力与工作效果作为标准，这就是所谓的"市场性取向"。这种影响使城市社区更强调特定生活方式的表达，社区居民对社区涉及自身利益的部分更为关注。

据《南方周末》的一则报道，广州荔湾广场社区的业主委员会，纯粹是自发的。因为业主认为，他们在购楼后所遇到的种种不公，只有业委会能够解决。荔湾广场成立业主委员会的原因并不复杂。荔湾广场位于广州最昂贵的黄金商业地段，从动工之日起，在房地产开发商的引导下，就被公认为"高尚住宅区"，然而当业主们走进那套数倍于市场平均价格的房子时，问题就出现了：建筑面积为 $89m^2$ 的房子，实际可用的只有 $58m^2$；合同书里写的柚木地板、柚木实心门变成了杂木；还有逾期交楼等等。利益被侵犯的人们，不约而同地聚到了一起，向开发商争取应有的权益[①]。这反映了，市场化后通过货币交换的住房，产权属于具体的个人，住房与社区同个人利益紧密联系起来，消费者必然会为自身利益而组织起来，这一组织区别于行政组织；同时也表明社会总体价值观中，对维护合理的个体利益已得到社会普遍认同。

---

① 杨海鹏. 沪穗宁社区改革起波澜. 刊载于：南方周末，2000 – 3 – 31. 第 6 版.

2.2.3.2 社会文化现象的世俗化倾向

在西方社会学理论中"世俗化"（secularization）是指一种文化、价值观逐渐脱离神学的束缚，转变为平民文化价值观的过程。西方社会学家把世俗化确定为"一种社会变迁过程"。丹尼尔·贝尔认为"资本主义的文化正当性，已经由享乐主义取代，即以快乐为生活方式。"贝尔对当代资本主义的评价，说出了现代社会变迁的价值取向。文化的世俗化在我国城市社会集中表现为文化的"商业化"，以及近年来广受羡慕和推崇的"白领文化"现象。人们目睹这些出入高级写字楼、出入高档场所的消费群体，同时从电视传媒上众多以白领为题材的电视连续剧、产品广告领略着白领阶层的生活方式。特别是一些高档住宅区的宣传海报上，几乎缺少不了对白领生活方式的宣扬。白领阶层的出现与商业社会创造的经济奇迹密切联系。这个阶层的人数在不断增长，他们在外资公司、合资公司、文化传播、商业交通以及第三产业的各个部门，从事着非直接生产性的管理工作。这些人并不拥有显赫的地位和权力，似乎是微不足道的普通人，但对一般劳动者说来，他们又是成功者的象征：他们衣着整洁、举止高雅地出入于高级写字楼、银行或会所，稳定的收入使他们衣食无忧①。

在1990年代，由于市场经济的发展，我国城市中产阶层得到了发展，虽然尚不具发达资本主义国家的规模，但"中产崇拜"与白领趣味却已经先期而行。流行的白领趣味有多种多样，但都与高价位的消费相联系，比如打保龄球、高尔夫球，到酒吧独坐或听CD消磨时光，到精品商店购物，经常出入美容院等，他们住在高尚社区，普通民众对中产阶层怀有普遍的艳羡，甚至看成是成功人生的表征②。从社区角度看，这种"白领化"领导着目前社区发展时尚。这种时尚主要表现在社区外部形态的精致化、装饰化，以体现"高级别"、"高品位"、"地位和身份的象征"。这些都是社会文化的世俗化在社区形态上的体现。

2.2.3.3 转型期社会价值冲突与摩擦的凸现

我国当前社会随着商品经济大潮的涌起，社会日益分工，激烈的

---

① 孟繁华. 众神狂欢——当代中国的文化冲突问题. 今日中国出版社，1998.135.
② 同上，137.

市场竞争造成了巨大的生存压力，事实上的不平等，社会关系的物质化等等，都激起或诱导人们盲目地追求物质生活的完美。当主观的期望与现实形成巨大反差，必然造成人们心理上的失衡。当这些物质利益欲望不能通过正常的手段和渠道获得时，违规行为就发生了。失范的概念是由杜尔凯姆（Emile Durkheim）引进社会学的，他用它来描述当社会规范不得力、不存在或相互矛盾时，在个人和社会中都会出现的混乱状态。在杜尔凯姆看来，社会结构的转型和骤变会使个人欲望失去社会约束。生活条件变了，约束人们欲望的标准也不能保持不变。旧的标准打破了，新的标准又不能立即建立，只要失控的社会动力没有达到新的平衡，这段时间各种价值观都无一定，规则标准也无从说起①。

改革开放前，我国是一个高度组织化的社会，组织成员的流动十分困难。在户籍制与人事档案的双重作用下，人们的活动空间被压缩在一个十分狭小的领域里，人们之间的交往是相当"透明"的，一个人一旦触犯社会规范，人事档案将会有完整的记载，单位同事会知道，左邻右舍也会知道。在这种体制下，犯罪成本是很高的。而且在计划经济时代，金钱的作用十分有限。在那个时候，人们的经济收入十分透明，如果有人以非法手段获取经济收入，他也会发现这笔收入既不能用来买肉、用来买布，甚至不能用来买粮食，因为这些东西是凭票供应的。犯罪获利不大，加上很高的犯罪成本，较低的犯罪率是自然而然的。

随着我国推行市场经济体制，上述社会控制的作用和条件不复存在，社会多元化和经济双轨制的存在，犯罪获利提高，刺激了犯罪率的上升。根据犯罪心理学规律，人们在分析犯罪成本时除了法律惩处，还有良心惩处。良心惩处是一种内在惩处，它借助的是罪犯本人内心的力量，惩处的表现形式是使罪犯产生焦虑、不安、懊悔等情绪体验。良心惩处的力量来源于本人的人生观和价值观与社会倡导的人生观和价值观之间的差距。经济体制转型时期，与计划经济相适应的那一套人生观与价值观逐渐失去行动准则作用，新的不具有足够的约

---

① 宋林飞. 西方社会学理论. 南京大学出版社，1997. 44.

束力，人们处在所谓的"价值真空"里，良心惩处的作用大大减弱。城乡壁垒打破，户籍、人事制度的控制作用日渐衰退，人员流动的自由度大大增加，社会流动性增强，社会控制出现"空挡"，也是促使犯罪率提高的一个因素①。从 1978 年到 2006 年，我国人均国民收入从 315 元上升到 1700 美元，相应的，每万人的刑事立案率也从 5.6 件上升到 35 件，上海、广州、北京和天津等特大城市这个数字都在 56～66件之间。以这一现象为根据，有学者提出经济增长与犯罪现象之间存在着一种"同步效应"②。

近些年，城市社区治安已经上升为广受社会关注的一个问题，特别是我国东南沿海城市，住宅楼从上到下，罩上了一个"铁笼子"，景观形象不佳自不必说，它充分说明城市治安状况存在的严重问题。这也恰恰符合了前文所述，犯罪现象与经济的"同步效应"，东南沿海地区是我国经济发展最旺盛的地区和开放程度最高的地区，其社会治安状况也是偏于严重的地区。这充分反映出转型期社会价值观的变化与社会规范的冲突与摩擦。这一问题在社区上的直接反映就是社区治安问题变得突出，居民安全感的下降。

2.2.4 住房政策导向

社区从物质形态角度讲最基本的还是其中的住房，因此特定的住房政策，决定了人们通过何种途径获得住房，决定了总体的住房自有率水平，这些都对社区有重要影响。

我国由于过去多年实行高积累、低消费、高就业、低工资的计划经济体制，住房建设统一按国家基本建设计划进行安排，各级政府和国有企事业单位住房建设的资金来源主要（90% 以上）靠财政拨款。国家通过单位将建好的住房以低租金（每月仅 0.1 元/m^2 左右）分配给职工居住。改革开放以来，这种住房制度的弊端日益明显，国家财政难以满足职工日益增长的住房需求及庞大的住房维修和更新支出；职工将国家分配的住房视为私有，即使长期出国不归或到外资企业赚

---

① 郑杭生. 转型中的中国社会与中国社会的转型. 首都师范大学出版社，1996. 214－218.
② 中国青年报，2006－2－20.

取高薪也不愿交回；有些干部以权谋私，多占住房，甚至为儿孙和亲友强占公房，形成严重的腐败问题；这些都说明旧的住房制度难以适应社会发展需要，同时制约了社区潜在功能的发挥，压抑了社区活力，必须进行改革①。

我国城镇住房制度改革从 1979 年试行全价销售住房开始，至今已走过了近 30 年的历程。根据成思危等学者的研究，一般将我国房改过程大致划分为以下五个阶段：

（1）试点售房（1979~1985）1978 年全国城市住宅建设工作会议传达了中央领导通知关于解决城市住房问题也要发挥个人积极性的指示后，国务院确定了容许私人建房、买房的政策。

（2）提租补贴（1986~1990）配套补贴售房政策，有关各方开始研究改革公房租金的可能性。这一措施在试点城市的实践证明，提租不仅保证了现有房屋的维修养护和折旧费用，而且较为有效地抑制了不合理的住房需求。

（3）以售带租（1991~1993）1991 年 6 月，国务院发布《关于继续积极稳妥地进行城镇住房制度改革的通知》（国发［1991］30 号），在继续提出合理调整现有公房租金，出售公有住房的同时，强调实行新房新政策，以使新建住房不再进入旧的住房体制。

（4）全面推进（1994~1998）1994 年 7 月发布实施的《国务院关于深化城镇住房制度改革的决定》，强调建立与社会主义市场经济体制相适应的新的城镇住房制度，在政策取向上则强调全面推行公积金制度，建立经济适用房与商品房两种住房供应体系。

（5）住房分配货币化（1998 年至今）1998 年 7 月国务院确定了深化城镇住房制度改革工作的目标：停止住房实物分配，逐步实行住房分配货币化，建立和完善以经济适用房为主的多层次城镇住房供应体系。这标志着一个新的改革阶段的开始。以往由于没有从根本上转变住房的实物福利分配方式，市场高房价与福利低房价形成的鲜明反差，不仅加大了单位的住房资金负担，而且刺激了人们的观望情绪，

① 成思危主编．中国城镇住房制度改革——目标模式与实施难点．民主与建设出版社，1999.5.

实践使改革者认识到理顺分配关系的重要，于是形成了停止实物分房，实现住房分配货币化的改革思路。这样既可以切断职工在住房上对单位的依赖，不让新房再进入旧体制，又有利于减轻住房的苦乐不均，纠正住房分配中的不正之风，建立与社会主义市场经济相适应的住房制度[①]。

纵观近 30 年的住房政策改革，虽然其中多波折，但总的方向是提高商品房的比例，政府介入越来越少，人们的住房需求主要通过住房市场交换得到满足。就社区来讲，商品住宅小区将越来越成为社区构成的主流形式，也是社区变迁的一个基本方向。这与西方发达国家住房政策近年总体发展趋势不谋而合，即住房供给越来越多地由政府或非营利组织转向私营开发部门，政府直接参与的越来越少。随着我国住房商品化的发展，新增住房中商品房的比重将逐渐提高，为此应建立以开发商为主体的住房供应体制，政府将主要承担微利房及廉租房，而单位将逐渐退出住房供应系统。开发商将在政府政策的引导及金融机构的支持下，逐渐成为住房供应的主力。

专栏 2 - 2　中国住房政策改革进程与一个普通城市家庭的住房变迁

自中华人民共和国 1949 年成立起，"单位制"就是国家安全严格的人事管理制度的主要支柱。通过住房将职工维系在单位正是保持国家在个人生活中占主导作用的关键，而这也是中国中央集权的计划经济运行的关键。然而，在过去改革开放前的近 30 年里，这一制度未能给中国不断增加的城市人口提供足够的住房。在 1950 年代早期，城市人均住房面积为 $4.5m^2$，但到了 1970 年代，这一数字下降到 $3.6m^2$。与住房数量不足相对应，住房质量也不尽如人意。各家各户的住宅仅仅是维持在可以居住的低水平，楼梯和入口等公共空间则极其破烂不堪。楼道里的灯光昏暗、肮脏，并堆满自行车及杂物而难以通过。

---

① 成思危主编. 中国城镇住房制度改革——目标模式与实施难点. 民主与建设出版社，1999. 7～14.

1980 年代初期，政府开始认真思考对住房制度进行重大改革。邓小平在 1980 年就指出，应当鼓励城市居民购买住房。随着住房制度改革的不断推进，几乎普遍困扰城市工薪阶层的住房问题发生变化。贾女士一家就是千万个普通城市家庭中的一个。

贾女士 1950 年代中期从她的上海老家搬到北京。她和她的丈夫都是政府研究机构的研究人员，1958 年他们的单位分给他们第一套住房。他们的家位于木樨地，只有一间没有暖气的房子。同一院里的人们共用一个公共厨房和一个公共厕所，自来水龙头在室外。1962 年，这对夫妇幸运地分配到一套本该分给更高级别的人的住房，是一个两居室的单元。贾女士回忆道："我们其实还不够资格分到这么好的住房，但是我们有一个男孩和一个女孩，他们应该分室居住。就这样，房子分给了我们。"直到 1979 年，她家才搬到位于北京中心地区的前门附近。这次他们住房使用面积达到 $57m^2$，而房租每月只象征性收费 5 元。当她家在 1997 年从这里搬走时，月租金也仅仅提高到 27 元。他们的新居有 $123m^2$，3 间卧室、1 个厨房和 2 个卫生间。最重要的变化是，贾女士夫妇成为了这套住房的主人。正如中国千百万其他百姓一样，贾女士一家被单位要求买下他们的房子，或者以高得多的租金继续租住。房价的计算是以每平方米 1450 元为基准价，然后根据住宅使用年限、区位等因素做出调整。由于他们两人的工龄和高级职称，使他们的房价大打折扣。最后总共只需付大约 83000 元即可获得房屋的产权，因此他们不需要多犹豫就买了下来。

从贾女士一家的住房变迁经历了从计划经济体制下的公房租住到目前的自有住房。可以看到在计划经济体制下，租户和房产所有者双方都处于一种被动的租赁关系中。任何一方都没有改善或维护住房的动力，因而也鲜有资金的投入。社区只能维持在较低的居住环境水准。而随着住房体制改革的推进，住房的自有化程度大大提高，不仅个人住房条件有了较大的改善，而且社区整体环境水准的提高也是必然的。

（资料来源：特德普莱夫克（Ted Plafker）. 住宅私有化——中国人的新梦想. 城市时代，1999 春季刊）

2.2.5 社区建设管理政策导向

1954年12月，第一届全国人大常委会第四次会议通过了《城市街道办事处组织条例》和《城市居民委员会组织条例》。按照规定，10万人口以上的市辖区和不设区的市，应当设立街道办事处。街道办事处与公安派出所的管辖区域一般相同，其任务是办理市、市辖区的人民委员会交办有关居民工作的事项；指导居委会的工作，反映居民的意见和要求[①]。

计划经济体制下，街道承担的功能并不多。街道办事处是区政府的派出机关，具有集行政管理、社会管理于一体的政社合一的特点，但相对而言，街道工作行政管理功能偏强，社会服务功能比较薄弱。城市的街道办事处在当时的情况下是以单位体制的辅助性行政管理体制的方式来发挥基层社会组织的功能。那些无法由单位解决其生活福利保障问题的孤寡老人、残疾障碍者、军烈属、特困户，均转移至街道组织内来解决。这样，街道组织实际上除了承接各项由上级行政部门下派的事务工作以外，同时还承担了那些单位体制无法覆盖的社会成员的生活保障工作，亦即承担了一部分单位体制的剩余功能。

城市居民委员会是我国特有的城市社会基层组织。根据宪法和中国城市居民委员会组织法，居民委员会是居民自我管理、自我教育、自我服务的基层群众自治性组织。在实际运作中，居委会接受街道办事处的领导，承接了大量的社区工作事务，是社区工作的实际操作者。虽然居委会是法定的自治性组织，但由于计划经济体制下整体社会环境的限制，居委会在接受街道的领导过程中，往往成为街道管理功能的缩影，因此同样具有政社合一的特点，行政管理功能偏强，社会服务功能比较薄弱[②]。

我国社区发展走了一条与其他国家不同的道路。在计划经济体制下，街道和居委会也和其他社会单位一样，纳入行政体系，虽然在为当地居民的服务方面也做了许多工作，但因受体制的束缚，难以取得

---

① 中共上海市委组织部，上海市社区发展研究会编．城市社区工作读本．上海交通大学出版社，1999．26．

② 同上，27．

长足的发展。

体制转型以后，单位原有的行政管理职能、社会管理职能剥离后，企事业单位出现功能单一化的趋势，不再直接管理社会性事务，无法像过去一样为职工解决各种问题，这些转移出去的功能就自然转移到街道办事处，社区的管理与服务功能必然加强。社会主义市场经济体制也带来了一些新问题，在激烈的市场竞争中，社会风险加大，企业破产、职工下岗、失业显性化、贫富差距拉大等社会风险需要大量的社会性工作来减少阵痛。由于社区工作体制尚未完全摆脱原有的"剩余体制"的位置，它在职能转换的压力下，无论从体制、运作机制、还是操作方式上，都需要改变过去依靠行政方式的局面，而转换为行政、法律、经济、社团并存的操作方式多元化的机制①。

社会主义市场经济的建立，使除市场自发配置资源、国家有计划分配资源之外，利用社区这种形式来开发、利用地方上的民间资源，解决本社区的种种问题，成为城市基层工作的重要任务②。为此，民政部在近几年来大力提倡和扶持城镇社会事业的发展，同时，希望社区事业走出完全依赖政府的老路，寻求社区自身发展的新模式。近年来在社区建设中街道与居委会的作用不断得到强调，职能得到强化，日渐成为社区发展的主导。

专栏 2 – 3　上海"两级政府，三级管理"社区建设改革

根据上海市委提出的积极探索社会主义市场经济条件下城市管理新路子的要求，从 1995 年第二季度开始，上海 10 个中心城区（以后又新增了浦东新区）分别选择 1 个街道，开展"两级政府，三级管理"新体制的试点工作。上海探索"两级政府，三级管理"新体制的试点工作，大致经历了三个阶段：

1. 起步阶段（1995 年 4 ~ 5 月）

---

① 中共上海市委组织部，上海市社区发展研究会编．城市社区工作读本．上海交通大学出版社，1999. 28.

② 同上，79 ~ 80.

1995 年 4 月市城区工作经验交流会召开后,相关部门分别走访了 10 个中心城区分管地区工作的领导,本着"有所侧重,全面兼顾",即选择有一定工作基础的街道进行单项试点,兼顾中心商业区和新村集中地区、新城区和老城区、经济条件较好和一般的地区,确定了 10 个试点街道名单,分别是徐汇区田林街道、长宁区新华街道、普陀区长寿路街道、闸北区临汾街道、虹口区乍浦路街道、杨浦区殷行街道、黄浦区人民广场街道、南市区豫园街道、卢湾区五里桥街道、静安区静安寺街道。后来又增加了浦东新区潍坊新村街道。市区处 1995 年 5 月 29 日召开了由各区地区办和试点街道负责同志参加的第一次试点工作联席会议,试点工作由此正式启动。

2. 推进阶段(1995 年 6 月~1997 年 3 月)

各试点街道结合各自工作的实际,于 1995 年 7 月底前提出了初步的试点工作方案。黄菊在 1996 年 1 月党政负责干部会议上提出各区要积极探索市区"两级政府、三级管理"体制,试点街道实行重心下移、立足基层的管理模式,形成条包块管、以块为主的管理格局,构筑小政府、大社会的管理框架。

大部分试点街道在社区管理委员会下建立了市政管理、社会发展、社会治安综合治理、财政经济委员会。至 1996 年 6 月底,警署(派出所)、工商所、房管办、环卫所的对应设置工作在大部分试点街道基本完成。派出机构实行双重领导。各区相应扩大了街道和派出机构的管理权限,管理重心向第三级管理层——街道下移。如虹口区在扩大街道管理职能的基础上,1997 年在工商部门初步建立起"小局大所"的管理模式。各试点街道建立各类专业性服务公司,组建清洗服务公司、家电维修公司、快餐公司等专业性服务公司。

3. 深化阶段(1997 年 4 月至今)

1997 年 4 月市城区工作经验交流会召开后,上海市委、市政府大的政策基本出台。各试点街道主要针对地区工作难点和居民反映的热点问题,理顺政府机关行政管理职能和社区社会化管理的关系,将政事分开逐步向政社分开拓展,充分发挥居委会和社会团体的作用,让社团组织在社区环境管理、社区服务网络、社区劳动就业等工作中起到积极参与作用。1995 年以来,街道先后建立了六个中介机构:劳动服务所、社区服务管理所、法律事务所、城区管理服务所、社区文化管理所和市场服务所。依靠六个中介机构来承担地区性、群众性、社会性事务。建立"六所"后，使街道从具体事务中解脱出来，集中精力谋划地区各项事业的发展。"六所"实行有偿或低偿服务，基本做到自负盈亏，在取得较好的社会效益的同时，也取得一定的经济效益。如殷行街道6个专业服务所创办以来，1997年完成产值585万元，安置就业人员300多人。各试点街道还积极探索社区服务走社会化的道路，充分挖掘地区人才资源，组建社区志愿服务队，平均每个街道人数已近8000人。在1997年度文明社区评选中，有6个试点街道（田林街道、临汾路街道、人民广场街道、半淞园路街道、五里桥街道、潍坊新村街道）获文明社区称号。

（资料来源：施凯，潘烈青. 两级政府，三级管理——上海社区管理体制改革试点成果汇编. 上海人民出版社，1998年版）

专栏2-4 上海社区建设管理政策改革的社区建设成功经验

试点街道的成功经验为上海全市其他街道的管理服务体制提供了借鉴。上海社区建设步伐加快。以下提供几个社区建设的优秀实际案例。

1. 闵行区华坪路街道"远亲不如近邻"

在闵行区华坪路街道，有一支以里委干部和党员为骨干的、628名人员的社区志愿服务队。实现"晓千家事，解千家难"承诺，从细微着手，开展为民排忧解难的服务，社区"凝聚力工程"、"爱心工程"搞得有声有色。

自1995年以来，新村下岗人员数量逐年增加，给收入减少的家庭带来了许多困难。小下是上海轴承滚子厂职工，丈夫收入也不高。她下岗后，连女儿上学的学费也无法负担，夫妇俩愁眉不展。居委会得悉后，设法为她介绍了清扫员的工作，使她每月增加400元收入。虽然钱不多，但使她家度过了"经济危机"。生活在新村的老人们都称赞居委会是个温暖的家。有一位92岁的蒋阿婆，平时和70岁的媳妇靠300元退休金度日。由于孙子经营不善，欠了三万多元的债，重孙上学，更给家庭雪上加霜。居委会干部得知后，积极为这个特困家庭四处奔走，帮助把蒋阿婆送进一家收费较低的郊县敬老院，还每月定期补贴100元，直至老人去世。沈阿婆的女儿远在美国，而75岁的老人独居上海，居委会把沈阿婆列为助困户，由干部随时解决她遇到的困难。当女儿考虑到母亲年迈，要接老人去美国居住，老人高兴地对女儿说："在上海我有许多亲人相助，我没有后顾之忧，新村才是我真正的家。"

2. 晋阳居委会的应急服务队

晋阳居委会地处提篮桥街道东南，是旧式石库门和小洋房混杂的住宅区。多年来，居委会从本地区实际出发，建立了以在职为主的志愿者应急服务队，积极提供医疗、水电修理、家电维修等应急服务。自1991年起，连续三年，服务队走家串门，为地区居民进行水电修理593次，泥木修理152次，义务随诊456次。

在创建安全小区的活动中，某居民提出安装急难求助和安全警铃的要求，应急服务队主动设计了一套科学合理的联网装置和施工方案。水电修理服务队的三位工作人员，利用早晚及休息日连续奋战两个月，终于为70户居民安装了急难求助和安全警铃。1993年，受台风影响，惠民路74弄许多居民家中进水，不少家电遭到不同程度损坏，居委会摸清情况后，立即组织水电应急服务队，上门服务，受益人数达34人之多。

如今，服务队已从当初寥寥几人发展到36人。由于工作出色，晋阳居委会的志愿者服务队在1994年被评为全国"志愿者应急队伍"先进集体。

3. 人民广场街道的"流动医院"

人民广场街道占地1.34km²，60岁以上老人有1.4万余人，一些老人因为无人照顾，行动不便，生病就诊十分困难。针对这一情况，街道民政科及时与广场地段医院取得联系，派出一名医生和一名护士，街道社区服务重新出资添置了一辆黄鱼车，改装成大篷车，还聘请了一位踏车工，从此开始了串街走巷的"郎中"生涯。7年间，医疗大篷车抢救了200多名危重病人。一次，居住在延安东路的一位90岁老人冠心病发作，高热中已经昏迷。邻居一个电话打到大篷车，半个小时内，医生和护士就赶到他家中，使其转危为安。

延安东路高架道路建设，广场街道大批居民动迁到梅隆紫藤小区，地段医院耗资 20 万元，又添置了一辆大篷车，开赴梅隆地区。居民门看到熟悉的大篷车时，倍感亲切，纷纷相告：我们的流动医院又来了。

4. 大宁街道街企共建、资源共享

彭浦工业区和新开发的市北工业区使大宁街道 6.18km² 的辖区内拥有了丰富的社会资源。大宁街道借助区域优势，采取打破界限，实行街企共建、资源共享、稳定持续等一系列措施。经过实践，居民赞不绝口，企事业单位拍手叫好。如燕毛湾地区居民居住分散，设施不配套，老年人洗澡很不方便，而临近的华通开关厂由于企业转换机制，精简职工，原可容纳 400 人的浴室利用率不高。共建以后，建立了华通开关厂社区服务站，浴室不但对社区开放，服务站还针对老年人多的情况增设老年人体检的服务项目，受到居民好评。

积累了一定经验后，大宁街道又先后与上海大学、风华中学、闸北区实验小区、重型汽车厂、明珠休闲城、中亚商业集团、水工机械厂等单位达成协议，共建社区服务站。通过联手发展社区服务，街道和企事业单位达成了默契，共同营造出社区大家庭的氛围。

（资料来源：施德容等．上海市社区服务手册．文汇出版社，1999 年版）

2.3　体制转型导致的城市社区变迁特点

伴随我国社会主义市场化的稳步推进，处于转型期的城市社区在表现形式和特点都与以往的发展不同，表现出新的形式和特征。

2.3.1　社区分层与隔离的加剧

美国社会学家布劳认为社会结构分化有两种一般形式，一是异质性，二是不平等。异质性是水平分化，不平等是垂直分化[1]。社会不平等通常不是表现为个人在地位上的差异，而是表现为整个一类人的

---

[1]　宋林飞．西方社会学理论．南京大学出版社，1997.219.

地位高于或低于其他类人的地位。这种不平等已被构筑于社会结构之中，社会中的人被分成"层"，社会作为一个整体来说是分层的。处于同一阶层的人有着相似的生活机会。人们通常把本阶层中的其他人看成是和自己平等的，认为处于较高阶层的人在某些方面是高级的，处于较低阶层的人则在某些方面是低下的。[①]

在强调竞争和市场作用的现代城市中，收入是体现社会经济差异的最重要指标，从以芝加哥学派为代表的城市空间结构及其发展的研究成果来看，无论是伯吉斯的同心圆分区理论模型，还是在其基础上发展起来的轴线发展理论模型，霍特提出的扇形理论模型，以及哈瑞斯和乌曼针对上述单一中心模型的局限性提出的多核心理论模型，都把不同收入阶层形成相对独立的居住区的居住差异作为重要的方面。不同居住区之间不仅在可达性、生活环境质量、就业和受教育机会等方面存在差异，而且具有社会经济地位差异的社会标签作用。

我国城市社区的分层已经初露端倪，由于城市社会正处于转型当中，新的市场因素不断强化，社会收入差别拉大，不同社会群体收入差别的扩大，直接体现在消费方式、生活方式、思维方式等各个方面，社区是以"住"的空间形式体现出来的差异。我国城市社区的隔离与分层主要存在两种作用形式：①"上升"的移动。部分社会群体在收入提高后，迁入城市优越的地段，选择高档的社区居住，案例中介绍的海丽花园就是一例，其生活配套设施非常齐全，除一般的服务设施外，还有花店、酒吧、咖啡厅、美容院、面包房、洗衣处、外语幼儿园等高档设施，小区有严格的的保安管理，管理小区进出的车辆和人员。②"下沉"的移动。近些年来，城市建设速度加快，随着旧城改建、市政动迁及住房市场的完善，城市居民住房条件得到不同程度的改善。而部分中低收入的社会群体，无经济能力改善个人住房条件，继续居住在原来的社区中，居住水平相对城市总居住水平的提高而相对下降。一些传统社区如南市区的一些里弄社区，居住条件通常在城市平均居住水平以下，几家合用厨卫设施、住房结构老化、居住拥挤的情况比较普遍。社区周围的街道显得嘈杂，沿街是一些小的烟

---

① ［美］伊恩·罗伯逊，黄育馥译．社会学．商务印书局，1994. 301.

杂店、油酱店。社区中打发时间的离退休老人和下岗职工比较多，社区发展的停滞使得社区处于相对的衰落状态。

城市社区的分层与隔离是一个复杂的社会现象，传统体制下社区差别是存在的，但计划经济体制下社会总体的平均主义倾向，使多数城市居民的居住条件差别不大。进入社会转型期，单位为地缘联系的社区还存在，但已不再是社区构成的主导方式，收入的差别，城市身份的有无，构成了我国目前社区的分层与隔离的主导方式。在对上海及北京城市社区的调查中，社区间的差异有非常显著的表现，不同档次类型的社区，不仅居民的收入水平有高低之分，而且社区环境、社区服务管理水平、居民的交往都有很显著的区别。如高档社区整体环境水平更好，居民对社区服务功能要求较高，社区管理水平较高，居民邻里交往比较薄弱，居民邻里间的戒备心理较强。反之在中低收入阶层聚居的社区，整体环境、社区管理水平则逊色些，邻里交往频度更高些。

专栏 2－5　顺天村和海丽花园比较，收入差别与社区差别隔离

1. 概况介绍

黄浦区顺天村建于 1941 年，占地面积约 9209 平方米，由 20 栋低、多层住宅组成，建筑面积约 8022 平方米。海丽花园建成于 1997 年 12 月，位于上海卢湾区打浦桥的"斜三"基地上，打浦路与徐家汇路交界处，毗邻海华花园、海兴广场，占地面积 1.89 公顷，建筑面积 10.4 万平方米，包括 3 幢 31 层内销住宅楼，1 幢 22 层涉外办公楼及沿街 5 层裙房。

2. 居民收入比较

凡是有能力的家庭都已经搬到更好居住条件的小区。顺天村中很多的老人在此已居住了三四十年，对这小区极有感情。他们不太愿意迁出居住，但他们的子女大多迁出居住到居住条件更好的新村，顺天村居民家庭月收入多在 3000 元以下。而新建的海丽花园由于是层次较高的商品房，住户基本上以私营业主、单位领导、企业经理等为主，根据问卷统计，海丽花园房主家庭月收入 5000 元以上的占将近

50%（保守数字）。

3. 社区差别比较

由于顺天村建设年代早，又经历了建国后上海市城市结构的盛衰，一些房子结构老化，人口居住密度非常之高。顺天村的厕所为三四家公用，无浴室，夏天洗澡是一个大问题。厨房虽有七、八平方米，但几家公用，油盐酱醋、液化气、灶具一摆，主妇就只剩转身之地了。居住条件达不到基本水准。而海丽花园内的生活配套设施较为齐全，消防、通讯、监控、花店、酒吧、咖啡厅、美容院、面包房、小吃部、洗衣处等一一俱备，附近有顶顶鲜超市、麦当劳等设施，周边教育设施有英语幼儿园、卢湾中学等，较为完备、便捷，小区内的安保管理非常严格，出入小区的车辆、出入楼房的人员都要过安保人员这一关。小区的物业管理在1998年曾被评为"全国城市物业管理优秀示范住宅小区"，业主可直接或通过业主委员会与物业管理部门沟通。

实际上顺天村尚不算上海最差的一类社区，而海丽花园也不能算标准最高的社区，但已经可以看出城市社区存在的巨大差距。在改革开放前，这种现象是不可能存在，但短短十几年，与人们收入差距拉大几乎同步，社区的差别已越来越明显地表现出来了。

（资料来源：1999年上海新村社会调查报告）

专栏2-6 无城市身份造成的社区隔离——北京城市边缘的"浙江村"

这里提到城市边缘有两层含义：一是指"浙江村"位于城市边缘；二是指"浙江村"位于城市社会的边缘，没有真正被城市主流社会所接纳。从1980年代初以来，大批浙江人涌入北京城，聚居在一块，正是这一带被北京本地人称作"浙江村"。从经济学角度看，它是进京的浙江人从事经济活动的场所，是一个经营上有明显分工的服装加工生产基地，北京市场上的大批中低档服装源源不断地从那里生产或经那里涌入。但实际上"浙江村"的性质已经超过经济活动范围，具有社区的特点：它是一个浙江人高度集中并在那里开展大部分生活活动的地域空间，覆盖20多个自然村，主要分布在丰台区南苑乡大红门地区一带；自己拥有一定的服务设施，能自主地满足集聚在那里的人们的主要生活需要，如饭店、理发店、菜市场、诊所等等；那里的浙江人在各种互动中，形成不同层次的社会关系和联系，由此出现一个较为完整的社会关系网络。但与通常的社区相比，"浙江村"又不是一个完整、稳定的社区，没有规范化，自身没有形成相配套的制度、规范和管理体系，而是由特定的一部分外地流动人口到北京形成的团体。"浙江村"的居民人数从1980年代中期的几千人，到1990年代初增加到7、8万人，增长速度是极快的。特别是1990年到1993年的3年时间里。像浙江村核心地段的马村，原只有164户村民的马村容纳了300多户温州个体户和近2000外来人口。为了接纳更多的温州人，马村村民傍自己的房子向小巷拓展，搭起简易的棚屋供出租，使本已很窄的小巷愈显狭小。房租随温州人的不断涌来而猛涨，1984年每间厢房的月租金仅四五十元，后来已涨到四五百元以上。温州人为了节省房租费的开支，便尽可能缩小租房面积和间数，浙江村的住房越来越拥挤。大部分浙江村居民七八个人甚至十多人同住、同工作在一间房子或院子里，不但用水、烧饭困难加剧，而且噪声很大、空间小、卫生条件差。

由于浙江村是在体制外自发形成的，其居民的政策性身份仍是农民，因而得不到社会体制的有效支持，无权享受国家给予城市居民的各种待遇。用浙江村居民的话说："北京的医院是为北京人开的，北京的学校是为北京人的孩子办的，我们都是外来人，根本享受不到这些待遇"。在北京城市社会中具有明显的边缘性，买菜买粮难、看病难、孩子上学难是浙江村首批居民首先碰到的重大困难。温州人善于观察行情，适应浙江村的发展需要，浙江村从事托运服务、长途电话服务、饮食业、卖菜、理发、办诊所、办幼儿园等行业的人数增加到约占总从业人员的22%。浙江村成为一个相对完整的社区。实际上浙江村与北京城市社会的隔离，不仅体现在空间与服务上，而且表现在观念的认同上。浙江村居民之间具有很大的认同感，对外言必称"我们浙江人"，在心理和观念上没有认同于北京，北京有关管理部门对他们进行管理，他们往往认为是北京人对他们监督和歧视。同样北京人也有很强的地缘意识，这进一步强化了他们的浙江认同感。

（资料来源：根据王春光《社会流动和社会重构——京城〔浙江村〕研究》有关资料整理）

2.3.2 社区内部异质性的加深

20 世纪 20 年代以来，帕克和沃思等人就对城市的异质性这一问题进行过深入的研究。芝加哥学派社会学家沃思的《作为一种生活方式的城市性》是对城市特有属性分析的重要贡献。沃思通过城市与乡村的比较，提出城市由"异质性群体"构成的观点。他认为城市越大，城市社会分层及存在系统越复杂，在一定人口密度和规模的前提下，形成城市社会异质性社会结构关系[①]。一定人口数量决定城市社会结构复杂程度与互动规模，但是这个"规模社会的特点不在于巨大的人口数量，或者说不是只在于人口数量，而在于人口的集中和密度。"（丹尼尔·贝尔）城市规模增加往往带来城市社会人口的高密度，城市高人口密度及拥挤现象会带来一系列的社会问题[②]。城市人口异质性对社区产生的影响，西方社会学家对此作了大量的研究。沃思认为，城市的规模、高密度、高社会复杂性使得个人在城市中简直无足轻重，而且只能认识城市中的极少部分人。在沃思看来，城市是由大批身在熙熙攘攘的人群之中、实质上却感到十分孤独的人组成的，尽管他们在身体上彼此十分靠近，在社会上却相距甚远[③]。

城市的高人口密度是造成城市内部高异质性的重要因素之一。城市不仅人口数量大，而且密度高，差异性较高。农村社区大多由自然村落组成，这些村落少则几十人，多则也不过千人，而城市社区则一般以千或万计。上海市区平均人口密度为每平方公里 2.75 万人，南市、黄浦两区及其紧邻的 21 个街道，每平方公里多于 10 万人。人口密度最高的金陵东路和吉安街道，每平方公里均达 16.6 万人[④]。高密度是城市人口的一大特质。

我国城市处于社会结构转型阶段，社区的内部构成逐渐多元化。个人直接面向房地产市场购买住房，这样形成的社区，其居民构成无论何种职业、何种文化程度，甚至有无城市身份，只要能够支付社区

---

① 张鸿雁．侵入与接替——城市社会结构变迁新论．东南大学出版社，2000．133．
② ［美］伊恩·罗伯逊，黄育馥译．社会学．商务印书局，1994．60．
③ 郑杭生．转型中的中国社会与中国社会的转型．首都师范大学出版社，1996．91．
④ 上海城市规划设计研究院赵万良等．《上海城市社区及指标体系研究》课题报告．

住房价格即可入住，打破了计划经济体制下居民以单位为纽带的同质属性，形成了社区内部的异质性。我国改革开放以来，各种社会控制逐渐松动，社会流动性加强、可选择的范围扩大，城市人口的流动性迅速地提高了，城市异质性进一步凸现出来①。城市人口的高流动性，城市人口中移民比重大，也是造成城市社区内部异质性的因素之一。城市移民来自不同的地方，必然带来不同的民俗民风、生活方式等。一是城市间的对流，如发展相对滞后的城市人口会向发展相对快速的城市流动，我国城市内地人口向沿海城市的聚集现象；二是乡村向城市的流动，城市农民工的数量增加，工业化引起的城市化运动，使人口大量往城市集中。因此在我国城市中特别是一些大城市中，外来人员主要包括两部分，一部分是从其他城市吸引来的有一定技术、学历的外来人员，这部分人经济收入比较有保障，甚至高于本地居民的平均收入，有稳定工作。如上海近年来随着观念的开放，吸引了不少内地人才落户上海，大量外地大学生、研究生都在上海找到施展才能的机会，安家落户在上海的社区中。由于语言、文化、生活习惯不同，可能会有小的摩擦，但一般与本地社区成员基本能够共处。但另一部分外来人员，主要是从农村涌入大城市打工的民工，由于中国社会长期的二元社会隔离，致使他们在收入、身份、教育程度上普遍低于本地平均水平，似乎在融入本地社会比前者遇到的阻力大得多。正如学者王春光所指出的，浙江村居民因为长期外出务工经商，对农民身份认同变得越来越淡薄，相反，他们感受更多的是作为"异己分子"的外地人身份。当他们以分散的形式租住位于城市边缘价格便宜住房的社区中，原有的城市居民对"外地人"就产生了异质感，形成一定的戒备心态和不安全感。由于城市居民对农村人口的歧视以及农村人口对城市社会不认同，因而对自己的行为没有自律性约束，从而发生许多摩擦、冲突等②。这些社区内部群体的差异是显而易见的。社区内部人群的差异可能引起居民心理上的相互不认同，从而易引发矛盾与摩擦，这关系到一个社区的生活品质和社区的稳定。

---

① 黎熙元，何肇发. 现代社区概论. 中山大学出版社，1998. 256.
② 王春光. 社会流动和社会重构——京城［浙江村］研究. 浙江人民出版社，1995. 251~253.

专栏2-7 从永和二村的治安问题看社区的异质性

　　永和二村位于上海市闸北区彭浦镇，东邻原平路，南接永和农民新村，西至高平路，北靠交城路，占地约17hm²。小区以5~6层行列式住宅为主，共计134幢3250户，目前实住2800余户，9000人左右。该区属于动迁安置型的小区，1995年建成。居民大多数是从黄浦、静安两区搬迁至此。可以说，永和二村是上海这几年旧城区改造建设、市中心人口大量往郊区、近郊区迁移形成的社区。

　　社区居民中38.5%的居民住房来自单位分房，7.7%的居民是自己购买的商品房，30.8%的居民是租用或借用的住房。还有一部分是继承父母的住房、自有房和其他来源的住房。可见租住住房的达到将近1/3，造成社区流动性高，居民结构不稳定。

　　由于永和二村位于城市边缘地区，城市居民、农民、外来人员混和居住，对小区整体居民生活造成了影响。由于城乡居民生活方式和传统习惯的不同，难免会产生一些矛盾，外来人员在小区内租房暂住也增加了居住环境不安定因素。失窃遭劫等治安问题造成的混乱，使小区居民产生了不安全感，很多住户养起了狗（整个小区估计有一百条左右），来自主解决治安问题。

　　永和二村的一户家庭是一对老年夫妇，双双退休在家，退休前两人均是工厂职工，他们所居住的是一套两室一厅的住房，房子是单位分的，他们也属于动迁户。被访问的老俩口认为小区内很不安全，平日自行车失窃的情况乃是家常便饭，甚至小区内还常有住户家中被盗，使人对小区内的治安管理产生很大的疑问，不安全感由此而生。

　　据调查统计，有56.72%的人认为社区治安需要加强，将近20%的居民认为"不安全"。事实上，由于外来人口的借住，这些人多半教育程度不高，在居住区外经商。由于社区居民生活习惯、文化观念上的隔阂，导致了邻里交往上的戒备心理，拒绝与周围邻居交往，本地居民也对外来人员存有戒心，构成了社区不和谐气氛。这是由异质性导致邻里交往障碍和相互很难认同。

　　（资料来源：1999年上海新村社区调查报告）

2.3.3 社区脱离单位控制、市民利益社区化

根据华伟、李路路等学者的研究，建国以后城市社区与单位存在明显的依附关系。很多单位中设有家属委员会机构，在单位居住区中行使类似于居委会的职能。"政府把所有的社会资源集中到自己手中，这样就断绝了社区自行发展的可能性；政府又把掌握的资金最大限度地投入了直接生产部门，极不愿意向城市基础建设和生活福利事业投资"，导致单位办社区，社区依附于单位的特点①。在住房制度改革以前，城镇建设投资90%以上由各级政府解决，75%以上的公房都分配到各个单位管辖。进入1980、1990年代后，"单位制"社会受到冲击，首先是单位体制外组织的萌生和迅速发展，单位成员向体制外流失；二是单位自身大量破产、改制，瓦解了单位社会的牢固基础；三是单位部分社会职能的分化，以及向社区和社会转移。城市中的单位部分解体，社区组织发展获得机遇，日益壮大，开始向独立主导地位发展。

随着企业制度、福利制度、医疗制度、住房制度的改革，大多数居民的利益从单位剥离出来，并转移到社区中。其中最为关键的是住房分配制度改革和住房建设的市场化趋势。住房建设的市场化，使许多人成了业主。业主同分配住房的住户相比，有一个极大的不同，即业主个人非常关心自己的物业以及与其相关的社区利益。分配制度下的住户最关心的是何时还能分到更好的住房，至于现住房子的维修、防火的成本有多少、清洁费用怎样支付是不需要担心的，这一切都由单位包揽。住房的自有自用，使居民的利益空间和居住空间合二为一，真正词源学意义上的"社"和"区"成为现实。通过市场购房的个人自主选择，住房成为个人财产后，随着产权的明晰化，人们对自己居住的社区才有了真正意义上的关注。1999年12月16日《中国青年报》曾热情地报道了沈阳市春河社区完全由居民自主投票产生社区居委会的过程。对于这种全新的居民自治组织的诞生，民政部一位官员发表评论："沈阳市春河社区迈出了一小步，而中国的民主进程

---

① 袁方等. 社会学家的眼光——中国社会结构转型. 中国社会出版社，1998. 120.

却是一次历史的跨越。"中青报为此配发的评论《从凤阳到沈阳》认为，沈阳社区管理体制改革的意义，和当年凤阳的改革和农村实行自治制度的意义，可以相提并论（《南方周末》2000 年 7 月 7 日）。社区居民自治是居民利益社区化的客观要求。

近年来社区业主委员会日益引起政府和社会的重视，它的出现反映出居民维护自我权利的意识。当社区中的住房成为个人所有后，社区成为其中居民的共同财产，在共同利益纽带的前提下，社区成为正在有社会学意义的组织。开发商及物业管理公司作为市场的理性主体，在争取利益最大化的过程中，有时就会采取一些不规范的行为，如偷工减料、实测面积缩水、物业公司垄断性低质高价服务，侵害了业主权利。这不同于单位分配的住房，居民只是住房的使用者，当然不会去过多关心这些问题。商品住宅社区中，如果出现这样的情况则意味着社区居民利益受到损害，业主委员会就是代表他们争取社区业主应得的权利。《南方周末》有关于上海万科城市花园《民选"业委会"无处栖身》、广州荔湾广场《业委会主任辞职》的报道①，业委会在性质上初步具备了一些社会中间组织的特征。业主委员会的出现说明，随着个人住房及社区的产权明晰，激起了人们资产自我保护的意识。

2.3.4 现代城市社区邻里关系的淡化趋势

根据零点研究咨询集团与第一财经年度合作编制发布的《零点宜居指数——中国公众城市宜居指数 2006 年度报告》，55.5% 的市民不知道邻居户主的工作单位；42% 的市民不知道邻居户主的名字；33.3% 的市民不知道邻居家庭有几口人；甚至有 10% 的市民不认识自己的邻居。邻里之间的相识存在着巨大的偶然性和间接性：22% 的市民是在电梯里或小区里和邻居偶然相识的；6.6% 的市民是通过自家的小孩或老人才和邻居间接相识的②。在近年形成的大批新的住宅小区中，住宅套间为单元的结构，左邻右舍没有任何亲缘、业缘关系或交往历史，造成了新型住宅区居民之间邻里关系的淡漠。据笔者 1999

---

① 刊载于：南方周末，2000 – 3 – 31，第一、七版.

② 零点研究咨询集团与第一财经年度合作编制发布的《零点宜居指数——中国公众城市宜居指数 2006 年度报告》.

年 8 月参与主持的对上海全市 17 个城市社区调查，统计结果显示在大部分 1970 年代以后，包括 1990 年代以来形成的社区中，邻里的社会交往非常有限，80% 左右的居民"一星期平均到邻居家不到一次"，人们在遇到困难时，首先想到的求助对象第一、第二位的多是亲戚或单位，邻居则排在后面。社区在从传统向现代的发展过程中，社区邻里关系的淡化成为一个普遍现象。传统社区与现代社区相比，邻里交往差异的其他原因主要有以下三方面。

（1）居住年数和居住密度

一些传统社区，人们在其中居住了十几年、二十几年，一些老人甚至居住了三十年以上。长期的接触和了解，人们彼此知道各自家庭情况，相互了解、相互信任，从而建立起了稳固亲密的邻里关系。调查统计也表明，邻里交往与居住年数呈正相关关系，居住年数越长，邻里越了解，因而来往相对多。改革开放后的社区居民居住年数显然不及传统社区。社区形成历史越长，社区交往频度一般也越高。

居住密度来看，传统社区居住条件差，普遍比较拥挤，如几家合用厨房、合用卫生间客观上也造成居民较高强度的接触，因此一些传统社区中邻里和睦互助的例子很多，当然发生激烈矛盾的情况也较多。而后来建设的社区，居民居住条件相比传统社区无疑提高了一大步，住宅成套率接近 100%，这是符合人们对居住隐私需要的，邻里接触强度降低后，减少了家庭生活中不必要的邻里介入，但也造成邻里关系淡漠的状况。许多居住了多年门对门的邻居，也不知道对方的姓名。另外从社区空间来讲，在容量相同的情况下，传统社区是低层高密度，而现代社区是相对层数高而密度低，传统社区中那种比较亲密的社区空间不复存在，也对邻里交往造成了一定影响。如上海里弄社区鱼骨式的主、支弄，结构清晰，形成从马路、主弄、支弄到天井的有机空间序列，不仅有交通功能，而且是孩子玩耍、晾衣、甚至淘米洗菜的空间。而在目前最常见的住宅小区中，交通上有类似的小区主路、支路、宅前路这样的结构，但空间关系由于尺度的扩大，使得社区感弱化，交通空间主要解决交通功能，其他功能于无形中丧失了。

（2）居民社会特征

学者张鸿雁认为"地域社会具有明显的传统性，越是不发达的城市社会结构体，对本地域社会关系与资源依赖程度越高。同时，文化教育水平越低的群体，也对本地域社会关系有较强的依赖。"① 我国目前正处于社会经济结构、社会结构的剧烈调整期。一些社区特别是传统社区和1970、1980年代形成的工人新村，聚集了大批的下岗职工和离退休职工，他们在社会结构转型中成为社会弱势群体，比较依赖本地域社会关系和资源，也就是社区关系和资源。因而居民对社区的依赖和期望比较高，居委会发挥着重要的社会联系作用，社区的社会关系成为居民所关心的事情。而在一些中高档社区，居民普遍充分就业，他们的社会关系主要在城市更广阔的范围，人们所依赖的资源主要不是社区而是以亲戚、朋友、同事等构成的社会关系资源，社区充其量不过是一个生活居住的场所，并不具有明显的社会意义。居民由于社会地位不同，占有调动社会资源的能力不同，对社区的主观期望有很大区别，总体来讲低收入阶层社区居民相对于高收入阶层社区居民，对社区的依赖程度更高，发展邻里交往的主观积极性更高。一些高收入阶层的社区居民具有普遍的淡漠与戒备心理，对社区来讲他们更多是需要社区提供一个安静、安全、卫生、舒适的生活环境。

（3）现代社会生活方式

就目前城市社会的转型时期来看，社区邻里交往的淡化，还有更深层次上的原因。张鸿雁等学者认为，随着城市生活节奏加快，城市人对家庭的休闲功能更为重视，在社区里使精神得到放松，对住所的私密性要求越来越高，相当部分现代人似乎更乐意保持社区中的匿名性，没有精力和兴趣发展邻里交往关系②。一般来讲高收入阶层，对应其收入必然付出更多的脑力劳动，来自工作压力也大。因此回到社区希望得到一个完全放松的环境，对居住安全性和私密性更为重视，自身主观产生与他人隔离的要求。所以在这类社区中社区交往是最弱，邻里间往往比较淡漠，对他人的介入也显示出较强的戒备心理。1999年暑期进行的上海社区调查，其他类型的社区都按计划进展，惟独高档社区受到很大阻力。在对海丽花园进行一些情况的询问时，一

① 张鸿雁. 侵入与接替——城市社会结构变迁新论. 东南大学出版社，2000. 93.
② 同上，137.

些居民甚至认为这种社会调查工作侵犯了他们的权利，他们已经向业主委员会反映。这从侧面说明了这些居住在高档社区居民比其他社区居民更强调自我保护意识和戒备心理。

城市社会的家庭生活越来越技术化和高科技化，家庭困难需求的技术含量也越来越高。由于社会分工决定的某些问题只有具备专业技能才能完成，如家庭电脑修理、家电维修、孩子培养、健康咨询等，求助邻里往往于事无补，只能求助于专业人员和专业组织。城市社会整体成员的实际收入增加或工作负担较重，使城市人知道求助邻里的"时间成本"、"人情成本"，往往要高于商品交换意义上的成本，因此会倾向于选择后者。如一个中国家庭要搬家，如果请熟人帮忙需要至少5、6个人，时间要大半天。若吃一顿饭还需要花费600～700元，还欠下人情。而找搬家公司只需300～400元，要2～3个小时就可以完成。显然后者更省时省力。同时，现代城市人帮助他人也有明显的"社会限制"及"生活成本限制"，社会工作压力使得城市个体没有更多的时间和精力去帮助他人。对目前社会志愿者的调查，表明志愿者大多数是在校学生，或热心公益的离退休人员。也就是说他们或者尚未踏进社会，或已退出，而真正忙碌的上班族很少，也许实在是"无暇顾及"。现代社会生活的社会化趋势是社区邻里淡化的深层原因。

专栏 2－8　长乐村与海丽花园邻里交往比较

海丽花园前面曾经介绍，建成于 1997 年 12 月，位于上海卢湾区，新建的海丽花园由于是层次较高的商品住宅小区，住户基本上以私营业主、单位领导、企业经理等为主。从收入水平来看，海丽花园居民家庭月收入 2100 至 5000 元的占 40%，5100 至 10000 元的占 50%。居民收入水平高于上海平均水平。

长乐村建于 1936 年，位于上海卢湾区陕西南路 39 弄，近淮海路，原属法租界，多为二层联排式别墅，由于历史原因，原完整的别墅单元均被割成多户居住。长乐村整个小区内共有 140 幢式样不一的西班牙式花园住宅，建国前曾是法租界中的高级住宅区之一，现被列为保护建筑。小区总建筑面积为 19781 平方米。居民中除有不少离退休老干部外，由于历史原因，居民成份较为混杂。由于建成年代较久，居民的住房条件不佳，居住拥挤。长乐村居民家庭月总收入 800 至 2000 元的占到 56.4%，2100 至 5000 元的占 35.9%，明显低于海丽花园。

统计数据显示，长乐村大部分居民认为邻里交往是必要而有意义的，而海丽花园居民对此分歧较大。长乐村 63.9% 居民认为邻里交往重要，仅 30% 左右认为无所谓或无意义；而海丽有 54.5% 认为无所谓、45.5% 认为重要。另外一项数据表明，旧式住宅区邻里交往频繁于新建区。长乐村 55.3% 居民经常往来一两家居民，34.3% 家庭与三家以上邻居密切往来；海丽有 54.5% 居民与一、二家邻居往来，36.4% 家庭基本与邻居没有来往。形成原因也是多方面的：

从居住年数来讲，长乐村 61.5% 居民在此生活长达 25 年以上，另有 23.1% 居民在 10～25 年间，邻居可谓三代共同生活，彼此间相互了解颇深，为邻里交往创造了条件，并形成一定氛围，居民中各代均深切体会邻里融洽益处，感受其必要性，并在彼此长期磨合中建立一定感情；相反，海丽花园改造时间不长，业主均入住 5 年以下，相互间缺乏历史渊源与深刻了解，缺少对邻里交往受益的经历与体会，54.5% 的居民对邻里关系无所谓，只是其中的一些年长者出于对原先搬入前旧宅邻居的眷恋，认为仍应保持邻里交往的占 45.5%。

从居住密度来讲，长乐村 89.7% 的居民住房面积小于 $70m^2$，生存空间狭小，海丽 81.8% 为 100～150m^2 住宅面积，生存空间宽松；长乐村尚有 42.5% 家庭须共用卫浴设施，客观上造成人际交往频繁，因此旧式住宅在一定程度上其不完善性为邻里交往创造了许多被动联系的机会，在同一空间中发生的不同日常琐事将许多家庭维系在一起；而新建住宅功能完善，独门独户，邻里间已极少发生被动关联的事件，交往更趋向以主动方式维系，因此邻里趋于淡漠。

从居民社会特征和生活方式来看，长乐村居民闲暇生活更丰富：28.6% 看电视，32.1% 读书看报，7.1% 升学或参加业余培训，6% 体育锻炼，3.6% 走亲访友；海丽花园居民出于种种原因，诸如工作压力大、业余时间缺乏、经济富裕，更多集中于看电视（38.9%）、打麻将玩牌（38.9%）及外出旅游（16.7%），工作的繁忙导致走亲访友、公益活动的缺乏，乃至对读书看报的忽视。此外，长乐村居民心态更趋平民化，由于生存空间的狭小，邻里间熟悉及彼此经济状况与家庭消费品结构相似，居民间并不忌讳串门等交往活动，亦多共同话题。海丽花园业主多为私营企业主与三资企业职员，心态较封闭。工作压力、其所处圈层的社会阅历、隐私意识加强均促成该人群特有的自我封闭与排斥性。

这两个社区居民在面临困难时的求助对象是不同的。海丽居民在困难时寻求帮助的对象多为亲戚（占55%），向邻居求助仅占9%，向居委求助仅占18%；而相反地，长乐村居民在有困难时有46%会向居委求助，向邻居占28%，向亲戚求助占36%。也就是说长乐村居民对社区更为依赖和信任，而海丽花园居民则倾向于社区以外的社会资源。

从结果上看，长乐村在邻里交往较海丽密切得多。海丽花园的居民一周去邻居家不到一次的多达91%，四次以上的没有，而长乐村居民一周去邻居家不到一次的为54%，四次以上的有15%。其中差距显著，海丽居民认为邻里交往有意义的占45%，无所谓的有55%。长乐村居民认为其有意义的占59%，认为无所谓的占26%。从这里已经能看出两个社区居民对邻里交往主观意愿上的差别。

（资料来源：1999年上海新村社区社会调查报告）

2.3.5　社会问题在社区的非匀质显现

城市是一个复杂的结构体，随着城市规模的扩大，其社会问题不是以算术级数增多，而是几何级数扩大。社区作为城市的基本细胞，折射出城市的社会问题，但在当前的社会转型期，城市的社会问题在不同社区间并不是匀质分布的。如老龄化问题、治安问题、就业问题在某类社区表现的相对另一类社区会更为突出。这就是社会问题在社区的非匀质显现。

2.3.5.1　老龄化问题的非匀质分布

随着工业化和城镇化程度的进一步提高，家庭历史上作为功能齐全的社会机构的一些重要性质，不再能满足成员的所有需要，家庭对其成员的吸引力和约束力下降，家庭生活使家庭成员失去满足感。美国社会学家索罗金说："家庭主要的文化功能会进一步削弱，直到家变成一个主要是两性关系的非常短暂的居所。"索罗金是针对美国当时家庭发展的状况说这番话的①。在中国目前的城市社区中，家庭也在经历小型化的过程，但仅家庭"核心化"的趋势不能完全概括目前中国家庭的全貌，因为家庭结构与家庭收入多少是密切相关的。现代城市家庭生活追求较高的生活质量，由于代际间生活方式及生活观念都有很大差异，容易产生矛盾，一般来讲老一代和成家的年轻一代愿意分开住。但能否达到分户，则取决于家庭经济条件。如果年轻一代可以通过单位分房、或通过货币购买得到住房，多半会与老人分户居住，相当比例的老人会继续留在原来居住的社区里。而经济条件不容许、也没有其他途径获得另外住房的家庭，即使有意愿分户居住，也只能选择大家庭合住的方式。无形中就使家庭"核心化"在不同类型的社区间有明显差异的分布，同样原因也导致老龄化分布的非匀质。就是说，在某些社区中有更高比例的老年人，而在另一些社区中老年人口的比例明显低于平均水平。

总体来讲中高收入阶层构成的社区，因为多数与老人分户，家庭核心化比例较高，这些小区的老年人口的比例相对低，而一些传统社区以及一般的工薪阶层居住的社区，老龄化问题相当突出。高收入社区家庭核心化程度往往比中低收入社区的核心化程度高，老龄化程度也多明显要低于中低收入社区。也就是说在中低阶层社区中，家庭结构更为多元化，往往有相当比例与老人合住的大家庭，以及老年夫妇构成的"空巢"家庭。例如长乐村与海丽花园相比较，长乐村作为传统社区其老龄化程度明显高于新兴的像海丽花园这样的中高档社区。海丽花园多以三口之家为主，即核心家庭占73%。而长乐村家中三代同堂的占38%，核心家庭仅占26%，家庭构成较为多样化，且家中与老人同住的占到92.3%，可见社区中老人的比例较之海丽花园高很多。再以瑞福里为例，改造后的瑞福里绝大部分居民为原瑞福里的拆迁户。现在居住的一般是原旧城居民中的第一代、第二和第三代，在年龄构成上明显偏高。据统计，小区内60岁以上的老年人约占全部人口的23%。与老人同住的三代家庭的比例占了20.8%，此外还有

---

① ［美］阿尔温·托夫勒. 未来的冲击. 贵州人民出版社，1985.91.

相当部分的"空巢"家庭，即老夫妇俩构成的家庭。

总体来说有两类社区是老龄化突出的社区，分别是位于旧城的传统社区和位于城市外围的中低价位的商品房社区，可参见案例，其中瑞福里小区是一个典型的旧城传统社区，张扬路小区属于离上海浦西中心城区较远的中低价位商品房社区。具体来说，这两类社区老龄化表现形式又有区别，共同点是社区居民收入层次普遍偏低，不同之处是位于旧城的传统社区老龄化以传统大家庭的形式存在，几代同堂的现象很多见。而位于城市边缘价位比较低的社区中，老年夫妇的"空巢"家庭比例较高。由于老人退休在家，不需要考虑上下班距离远近的问题，因此老年人退休家庭比中青年家庭更可能选择距离远一点的社区，而距离远，价格上要便宜更多。随着城市建设力度的加大，动迁了大量传统社区，而动迁过程也是传统家庭解体的过程。一般家庭中的年轻一代夫妇考虑到孩子读书的方便、上下班的方便，多分户居住到靠近中心城的社区（除非经济条件不容许），退休的老人随动迁安置搬到边缘社区。这样边缘的社区成为老年人比较集中的地方，以"空巢"的老两口家庭为多。如金杨二街坊目前老龄化现象较为突出，总人口中老年人约占22%，且多是夫妇老两口的家庭。其他一般的社区随着社区家庭平均收入水平越低，老龄化程度越高。

专栏 2-9 张扬路小区的两户家庭

浦东新区张扬路北侧小区，位于第一八佰伴对面。该小区居民家庭月收入在1000元以下的占20%，1000~2500元的占40%，2500~5000元的占25%，5000元以上的占15%。居民收入中等收入居多，低收入与较高收入均占一部分。目前的房型90%是一室一厅或两室户。由于住房建筑面积较小，普遍存在分户的需要，但愿望能否实现，则取决于经济能力。这里有两个实例。

实例1：这户家庭三代同堂，老年夫妇，儿子媳妇与孙子共5人，老夫妇退休，儿子下岗，只有媳妇一人工作，家庭月总收入在1000~2500元。现住房为两室户，迫切需要增加住房面积，达到分户居住，但限于经济收入限制，无力自我改善居住条件。

实例2：该户原来也是三代同堂，老年夫妇，儿子辈与孙子辈，以前也住在张扬小区，周围邻居文化层次相对较低，此户居民经济收入有较大提高后，儿子媳妇和孙子一家迁至浦西"上只角"，希望为孩子寻求一个良好环境。留下老夫妻继续住在这里，节假日时，儿子一家经常回来探望老人。

上述案例具有一定代表性，一个是传统家庭，迫于经济条件的限制，只能三代同堂居住在同一屋檐下，另一个是位于城市边缘社区传统家庭经过家庭解组，形成年轻一代的核心家庭和一个老一代"空巢"家庭。

张扬路小区位于浦东，在建设当初与"浦西"的中心城区距离较远，档次也属于中档偏低。从社区中有老人的家庭来看，一是受经济条件所限的传统家庭，如实例1；二是有条件分户的家庭，形成的"空巢"家庭，如实例2。总体上无论何种形式，在分化的过程中，家庭的老年人都留了下来，导致这类社区老龄化程度较高的现实。

（资料来源：1999年上海新村社区调查报告）

专栏2-10　瑞福里小区的老龄化问题

瑞福里小区位于市中心，占地 $6200m^2$，是1980年代末1990年代初上海最早改造的棚户区工程之一。根据调查表的统计数据，瑞福里小区绝大部分居民为原瑞福里的拆迁户。现在居住的一般是原旧城居民中的第一代、第二和第三代，在年龄构成上明显偏高。据统计，小区内60岁以上的老年人约占全部人口的23%，约有一半以上的家庭有老人居住。与老人同住的三代家庭的比例占了20.8%，而在夫妇两人、夫妇俩和孩子的家庭中有很大一部分家庭也是原旧城居民中的第一代夫妇，甚至是第一代夫妻老俩口单独居住，年龄也已接近或超过60岁。瑞福里的居民基本上是以前棚户区的老住户，大多经济条件不佳。改造后，基本上仍是一户好几口人挤在一起，并不宽裕。随着经济条件改善及小家庭的分离等变化，住房条件稍为宽松，但仍然有个别住户存在拥挤的状况。另外，外迁的大多是年轻人，留下的是老人，瑞福里的条件又不足以吸引新的住户，将来的人口老年化现象将是社区中的重点问题。

瑞福里是一个旧城的传统社区，在其发展过程中，随着年轻人口的流出，老龄人口的稳定存在，其老龄化程度呈现越来越高的趋势。

（资料来源：同上）

2.3.5.2 社区治安的非匀质体现

社会处于转型期，是一个社会利益格局发生大的变动的时期，通常这个时期也是犯罪率升高的时期。近些年社会治安情况的普遍严峻，入室盗窃、入室抢劫、行骗案件的比例上升很快，如著名作家戴厚英在寓所被害，虽然是一个偶然的现象，但从侧面反映出城市社会治安问题的严峻。这里所要强调的是，社会治安作为一个社会问题，在城市不同社区是非匀质分布的。从 1999 年暑期对上海 17 个社区的典型调查中，人们的安全感程度是有很大差异的。如前面提到的位于城市边缘的永和小区，居民就有较强的不安全感。而一些高档社区由于有严格正规的物业管理，24 小时门卫制度和实行全封闭的物业管理。因而居民的安全感比较好。如前面提到的海丽花园 82% 的居民认为小区还是比较安全的。

传统社区虽然没有严格的门卫制度和物业管理，但社区居民多年交往形成的邻里关系，邻里彼此熟悉，加上传统社区空间的邻里属性，对外来陌生人在心理上形成隔离，降低了犯罪的可能性。如花衣街 60 弄是典型的上海传统里弄社区，尽管居民收入普遍不高，生活设施条件也较差，要共用厨房、没有卫生设备，但居民的安全感却很高。95.6% 的居民认为小区安全性尚好或尚可。

治安情况最不好的有两类社区。一是位于城乡结合部的城市社区，这类社区人员构成复杂，社区管理环节也较为薄弱，导致犯罪率高。如浦东金杨二街坊位于浦东杨浦大桥东南方向，处于城市外围地区。根据问卷统计，居民认为社区物业管理目前最突出的问题就是治安问题，远远高于绿化、环卫、社区服务等其他问题。小区居民白天都宁可呆在家中，而不到室外活动。79% 接受调查的居民认为社区治安存在问题，这也不利于居民的正常交往。另一类社区，属 1970、1980 年代建成的大片多层居住新村，居民收入中等，邻里关系的密切程度不如传统社区，一般没有封闭式物业管理，犯罪分子容易趁虚而入。

2.3.5.3　失业问题在社区中的非匀质体现

随着国有企业的改革推进，精简富余人员成为企业发展的一个必要步骤。1970、1980 年代随着在城市外围大片工业区的开辟，形成了大量的配套完整的居住区和居住小区，上海的鞍山新村、彭浦新村、延吉新村等都是当时建成的工人新村。而现在随着国有企业职工下岗，这类新村成为下岗人员集中的地方。如上海延吉五村，由于下岗分流、许多工人闲置在家，妇女居多。延吉五村的下岗人员约占人口总数的 19%。很多下岗人员由于技能单一，找不到合适的职业，而又有心理优越感，不愿从事保姆、清洁工这样的工作，宁愿赋闲在家。社区虽然已开展帮助下岗职工的再就业工作，但 40 岁以上的人再培训上岗困难还是很大。实际上许多城市边缘社区多是原动迁户的安置地方，在动迁过程中，社区社会解体、重组。在这一过程中经济上有条件的另谋出路，其余的只能动迁到外围，这部分人一般收入不高，且有一定比例的下岗人员，下岗再就业问题就随之转移到这些边缘社区中。如前面提到的金杨二街坊 43% 家庭收入最高者职业类型为工厂职工，74% 的被调查居民家庭月收入在 2000 元以下，24% 的被调查家庭存在下岗人员。可见下岗问题在不同社区反映程度不同。而在一些中高档社区中，社区居民收入较高，有稳定的职业收入，生活节奏快，工作压力大，他们一般适应社会能力更强，文化素质也更高，社区几乎很少有下岗问题。

认识城市社会问题在社区的非匀质分布现象，为针对不同类型社区提出不同的发展对策提供了可能。

2.3.6　城市更新过程社区弱势社会特征的延续

在社会学上有一个代际流动的概念，是指上一代与下一代家庭成员的地位变化幅度，一般父辈与子辈的社会地位有一定的联系，或发生向上的流动，子辈的社会地位超过父辈，也可能发生向下的流动，子辈的社会地位低于父辈。代际流动的研究表明了一个基本事实，即父辈社会地位与子辈的社会地位是有密切联系的。美国著名人类学家、社会学家刘易斯（Oscar. Lewis）1959 年出版的《五个家庭：关于贫困文化的墨西哥人实例研究》一书中论证说，穷人由于长期生活在贫困之中，在世界各资本主义国家的穷人群体中有一种强烈的宿命感、无助感和自卑感。他们目光短浅，没有远见卓识，不能在更广泛的社会背景中去认识他们的困难。在这样一种文化中长大并将它的规范内化了的人，对参与到更大的社会中去准备不足，因此贫困往往是代代相传的①。如果将代际流动与社区更新的进行类比，社区也有一个"流动"的概念，但通常来讲，社区原有的弱势社会属性在更新过程中还会得以延续，许多当初由政府福利投入改造的社区，在经过一段时期后，仍会回到再改造的老路上。因为这些弱势社区似乎存在一种惯性，社区弱势社会特征呈现出一定的延续性。

从我国城市社区更新的现状来看，一些弱势社区的更新是由政府推动的福利型改造，因此是保留原有社区社会结构的福利式社区更新。一般来说，拆除旧房建设新房，土地使用性质基本维持原状，住房中近 80% 的居住单元还原给先前的住户，迁入社区的新住户的比例只有大约 20%，可以说旧的社区结构基本未改变。作为投资建设的部门，主要是想通过改造旧区，获得部分住房单元，以解决本系统工作人员的居住问题，并无市场上获利的动机。但这种改造方式存在越建密度越高的问题，而且由于资金的限制，往往只能解决一些近期和眼前的困难，随时间推移可能再次落入待改造对象。此类更新多以政府福利性投入来推动，投入多而产出主要是社会效益，因此资金往往比较紧张，以尽量降低资金投入缺口，照顾不到社区更长远的发展需要。表现之一就是弱势特征并没有因改造而得到解决，不长时间后，社区再次成为被改造对象。如案例中介绍的福利式社区更新的瑞福里，其房型问题、环境问题、社区人多地少问题在改造完成的 10 年后，又再次体现出来。蕃瓜弄则是上海 1960 年代改造完成的一个当时的优秀范例，发展到现在，户外空间狭小、绿地严重不足、住宅拥挤，社区仍主要以低收入家庭的聚居为主，社区发展困难重重。

无论是发达国家还是发展中国家，许多城市中弱势社区面临同样

---

① 郑杭生. 转型中的中国社会与中国社会的转型. 首都师范大学出版社，1996. 64 ~ 65.

87

的难题。如西方城市中心区"贫民窟"一直是许多国家政府颇为头疼的问题。通过城市复兴运动虽然改善了部分社区物质生活环境，但大部分"社会住宅"社区的社会问题仍很难有起色，一些社区甚至成为吸毒、犯罪等社会问题滋生的地区。我国城市中这些改造的社区虽然不像西方国家城市中"社会住宅"社区的社会问题那么严重，但在社会的快速发展过程中，不少早期改造过的社区仍是社会弱势群体积聚的地区，相应的居住条件差的问题、失业问题、老龄化问题也表现得比较明显。

专栏 2-11　福利式社区更新：瑞福里

瑞福里小区位于上海的老城区，人口密度极高，大部分居民是祖祖辈辈居住在此，人口不断增长，但又无能力购置新房，存在大量人均居住面积不足 $4m^2$ 的特困户。为了改变恶劣的居住条件，1989 年瑞福里进行了全面的改造，拆除了原来的旧屋，建成了两幢 23 层的高层住宅，总建筑面积约为 $21000m^2$，其中有 600 户（占原住户的 80% 以上）居民迁回原处，从改造性质来讲属于政府福利性质的改造。但由于资金的限制，政府只能本着"解危不解困"的原则进行改造，瑞福里小区依然存在人均居住面积标准偏低、人口密度较大的特点。从目前来看，存在以下问题：

1. 房型问题：旧城区的居住密度高，当时为了在有限的土地安置下大量的拆迁居民，瑞福里改建除了采用一梯 15 户的高层形式外，在房型设计上也是尽量节约空间。住房中有 2/3 的为一室户或两室一户，且在建筑面积上，标准也较低。最大房型的建筑面积约为 $75m^2$，而大量房型建筑面积仅 $45m^2$ 左右。此外，为了极大限度地利用日照面，房间采用一条线的并列放置，基本上每一户平均只有一间朝南的房间，面宽约为 3～3.6m。这便产生了大量的无自然采光的暗房、暗厨、暗厕。从现阶段看来，这种标准已经远不能适应居民不断提高的生活水平。

由于现在瑞福里处于市中心区位，地价高，对高层住宅进行重建的可能性不大，因此只有对现有的房型进行改造。在调查中，已有居民采用两套合一套的方式来增加居住面积。

2. 社区环境问题：由于瑞福里位于中心城区，市中心密集的道路，繁华的商业为居民们的日常生活提供了便捷的交通条件和良好的购物环境。此外，居住小区附近历史悠久的格致中学、光明中学、上海大学、体育学院也为居民的子女教育创造了一个良好的氛围。还有医院、超市、书城等一些配套设施齐全，无不创造了一个十分方便的生活物质环境。社区外部的环境条件很优越，但社区内部环境则被认为是"太槽糕"。小区绿化、活动场地严重缺乏，尤其是老年人活动场地。在这个"寸土寸金"的地段，瑞福里小区已被限制在一个极其局促的地块之内，小区内已是少得可怜的空地上，除了一块几十平方米的花坛外，还插入了一个变电站，尽管它对居民生活并无造成太大的噪声、环境污染，但小区内不用说活动场地，就连花草树木的绿地也是无处容身。

瑞福里居民老年人比重高且具上升趋势的特点，使得居民迫切希望能有一定的绿地广场、活动中心，为老人提供一定的交往、活动机会。由于空间的限制，使得小区没有多余的空地来满足这种需求。在调查中笔者也发现居民，尤其是老年人在闲暇时间，最主要的活动只能是看电视、读书看报。在老年人不断增加，且独居的老人数上升的情况下，户外公共环境的局促对老年人的交往、活动形成极大限制。这对于老年人的心理、身体健康将是很大的不利影响。小区空间的局促也造成停车问题，只能在小区内外的道路旁划定停车位解决停车。随着经济水平的提高，私家车数量的增加，小区已经无多余用地解决这个问题。

瑞福里是黄浦区拆除后重新建造的住宅小区之一，由于它处于繁华的市中心区"黄金地段"，地价高，重建住宅意味着投资大，而经济效益并不高。在当时的情况下确实是极大地改善了当地居民的生活条件，但限于政府资金条件的限制，规划设计者较大地注重了拆迁户的数量，而无法顾及生活方式的发展对住房水平要求不断提高的趋势。随着时间的推移，瑞福里又被加上了"高层棚户区"的称号。实际上在上海的中心城区，如黄浦区、南市区，都有大量历史遗留下来的棚户、旧里弄住宅，虽然房屋质量差，环境脏乱，但由于是在中心黄金地段，地价非常高，拆迁资金来源没有保障，难度很大，迁后居民安置也很成问题，大多人不愿迁往城市外围地区，而在原地造住宅又非常不经济，因此只能选择这样"高层棚户区"的社区更新方式，基本保存了原有的社区社会结构，但社区居住环境得不到根本改善，社区不是没有发展，但改良式的更新使社区跟不上社会经济发展总体水平，过去的低层棚户区成为现在的"高层棚户区"，典型反映了社区弱势社会特征发展的惯性。

（资料来源：1999年上海新村社区调查报告）

专栏2－12　蕃瓜弄的今昔

蕃瓜弄是旧上海遗留下来的较大棚户区之一，位于上海闸北区中部，上海火车站东侧，东临共和新路，南临天目西路，西侧为大统路，北沿沪宁铁路线，是在抗战期间逐步形成的。解放前，弄内密布半人高的"滚地龙"，地势低洼，环境肮脏。解放后市政设施和环境卫生均经改造。1963年政府对蕃瓜弄进行了彻底地改建，将原有棚户简屋完全拆除，改建为新型工人新村，使该地面貌焕然一新，居民生活条件得到了根本改善。改建前的蕃瓜弄草棚占63%，建筑密度高达64%，居住状况相当拥挤，原有住户1964户，8771人，人均居住建筑面积仅3.0m²，且绿化少，公共服务设施缺乏。改建后，由于全部为5层住宅，居住建筑面积61820m²，回迁住户1818户，8024人，平均每人居住建筑面积7.7m²，居住水平显著提高，建筑密度也由64%下降至35.4%，公共服务设施基本齐全。蕃瓜弄居住区用地面积5.2hm²，为了尽量提高建筑密度以增加居住人口，住宅布置较为紧凑，单体设计采用了大进深，长体型的方法。居住区内无集中的公共绿地，而是尽量利用宅旁弄侧的有限空间进行绿化种植，达到美化环境的目的。有效地解决了当时在较小地块上解决众多人口的居住问题和提高居住生活水平的要求。在1960年代经济不发达，人民生活水平较低的情况下，它是一次较为成功的建设活动。

1960年代至今，蕃瓜弄的布局和建筑结构没有发生多大变化，只是对外部环境进行了整治和美化，经过30余年的发展，尤其是改革开放以后，随着社会生活水平的普遍提高，人们对于居住条件的要求也就不仅仅满足于使用功能，而更加追求方便、舒适、安全，这些新的要求。社区越来越与时代格格不入，新一轮的更新改造迫在眉睫。

以住宅单元设计为例。设计户室比例为 1 室户 40%，1.5 室户（小室）45%、2 室户 15%，建筑面积 40m^2 以下的占 87%，说明多数人居住条件相当紧张。多数住宅无生活阳台，均无起居、贮藏空间，更重要的是，按当时辅助设施标准，采用 2~3 户合用厨房及卫生设备，这给居民生活带来了极大的不便。厨卫设施的公用还导致了邻里矛盾，影响和睦氛围。

居住条件的不佳使得不少居民产生了外迁的念头，尤其是年轻人，他们不习惯这种老公房的拥挤与不便，纷纷搬到外面的新居住区，经济条件好的在外购房，老房子里留下老人或者出租，因此，蕃瓜弄居住人口由最初的 8024 人减至 5033 人，但户数并未减少，居住条件也未有本质改善，在时代的发展面前，居住区绿地不足，公建配套不完善以及外围干扰等问题也日渐突出，新的改造计划已被提上议事日程。

用地的局限是另一难题。蕃瓜弄三面为铁路和城市干道所包围，除掉必要的防护绿带面积之后，所余面积并不宽裕。最初改建时采用了各种办法来争取建筑面积，如适当缩小住宅间距；采用点式住宅以互借建筑空间，增加建筑密度；采用大的进深；部分南北向条形住宅，等等。这些措施在当时条件下，最大限度地利用了用地，并满足了居民生活的要求，达到了当时的居住标准。在今天，居住标准的大大提高，使得原有建筑面积标准偏低，有限的用地日益成为重要矛盾。

摆在蕃瓜弄改造计划面前的是资金的匮乏和用地的局限，这两大问题使得旧住区改建只能停留在意向阶段，无法付诸实施。据居委会干部介绍，蕃瓜弄居民大多为中低收入阶层，从问卷调查结果来看，月收入在 800 元以下的困难家庭达到 38%。根据这样的财力大多数家庭无力出资进行大规模的改建。小区居委曾经设想过居民集资改造的计划并请人完成了方案设计，但由于资金无法落实，计划只能搁浅。

　　总的来讲，蕃瓜弄这一改造棚户简屋的成功范例，发展到今天已逐渐不能适应社会经济的发展和人民生活水平的提高，存在面积指标偏低、使用不便、功能欠缺等多种问题，这就使得部分有能力的居民迁出，居住区老龄化程度日渐加深（目前老龄人口22％，有明显增加趋势），居民综合素质停滞不前，住区无文化及低文化的人口偏多。不从根本上改善居住环境，重新形成吸引力，将不能适应时代的发展，并导致社区的衰败以至解体。事实上，城市中心的众多旧住区大多存在类似情况，即居住拥挤、设施落后，有的房屋破旧，但限于资金、用地，以及动迁安置等种种困难而无力改造，因而生活条件下滑，环境水平低下，社区走向衰败。

　　（资料来源：同上）

3

快速城镇化进程
及其对城市社区的影响

上一章重点讨论了从计划到市场的体制转型对城市社区的影响。本章承接上一章的内容，研究社会转型期快速城镇化对当今城市社区规划和建设的影响。将社区这一主题放在快速城镇化的时候背景下进行考察研究，除了通常的居住区、居住小区规划设计考虑物质环境的规划建设外，还从居民的社会心理角度和需求出发，从社区规划的本质内涵出发，研究如何更好地营造积极向上的、稳定和谐的生活社区。

3.1 快速城镇化对城市社会和社区的影响

3.1.1 快速城镇化导致城市居住人口的巨大压力

3.1.1.1 快速城镇化导致人口的区域性迁移，城市人口数量猛增

若以城镇非农人口占总人口比重来衡量城镇化水平，那么，2002年中国的城镇化水平已经达到37.01%。这一水平是1978年12.5%的3倍! 根据研究预测，到2060年，我国的城镇化水平将达到67%，将有10亿人居住在城市，其中居住在特大城市、大中城市的人口将达到9亿之多[①]。

根据有关城镇化水平的研究结果显示，城镇化水平从30%左右到70%左右的发展阶段，是城镇化水平的快速发展阶段，其发展速率呈快速上升趋势。所以，我国目前的发展阶段是处在城镇化的快速发展阶段，本文称之为"快速城镇化"发展阶段。

1990 年中国城乡人口分布和 2060 年预测 表 3 - 1

项目	特大城市	大中城市	小城市	广大农村地区	小计	城镇化水平
1990 年人口	1 亿	1.5 亿	1 亿	7 亿	10.5 亿	约 33%
2060 年人口	7 亿	2 亿	1 亿	5 亿	15 亿	约 67%

资料来源：Richard. L. Meier，沈青. 中国沿海城市远期发展的规划设计思想探索. 城市规划汇刊，1990（6）.

处在快速城镇化发展阶段的城市，人口规模急剧增长，区域农村人口不断向城市涌入。近年来我国城市人口迅速增长证明了这一趋

---

① Richard. L. Meier，沈青. 中国沿海城市远期发展的规划设计思想探索. 城市规划汇刊，1990（6）.

势。区域内人口流动的原因来自于两个方面的：一是由于种种原因农村人口向城市集聚；另一方面，城市凭借其种种优势，成为人口迁移的必然趋向。其中，对于我国农村人口向城市集聚的主要原因，有学者研究归纳为以下四个方面[①]：①各种自然灾害，使全国每年占总人口的 1%～3% 成为受害者，遭受灾害的农村人口向各级城市迁移；②1950～1960年代鼓励生育的政策造成了今天数量巨大的剩余劳动力，他们将给开放的沿海城市带来大批的流动人口；③农村地区的扫盲识字使一部分人有能力外出寻找就业机会，如到城市里从事比较简单的体力劳动；④中高等教育的推广则使一部分农村人口来到城市定居，成为城市的组成部分。

笔者认为，除了上述原因外，还有三个重要的原因。

第一，现阶段我国农村生产力水平的不断提高，大量的农业劳动力从土地上解放出来，成为农村剩余劳动力。这些人口不再务农，进入城市成为城市的新移民，这些新居民也要成为城市社区的主要居住对象之一部分。外来的新移民对原有的城市社区生活产生一定的影响；

第二，农业劳动的间歇性使得在农闲时候大量农村劳动力有可能外出打工，而越来越发达的交通条件使得这些人口的流动成为可能。但由于他们每年在城市务工的时间较长，作为城市的暂住人口，从而成为城市居住人口的组成部分。

第三，农业生产和工业生产产品价格的剪刀差，使得从事农业生产的收入赶不上从事工业生产和第三产业的收入。许多农村劳动力放弃农业，涌向城市从事非农产业。由于当今中国城乡社会经济发展的不平衡，导致了地区之间人民生活水平的差异。随着城镇化进程的步伐加快，将有更多的农村剩余劳动力涌向城市。但是由于他们中的许多人由于所受教育程度相对较低，经济积累基础薄弱，所以在城市中他们只能从事相对简单的体力劳动。他们对居住条件和居住环境的选择也是十分有限的。

---

① Richard. L. Meier，沈青. 中国沿海城市远期发展的规划设计思想探索. 城市规划汇刊，1990（1）

　　除了上述农村人口向城市涌入的动力原因，城市的发展对周边农村同时也产生辐射和吸引。在快速城镇化阶段，由于城市产业结构调整对第二、第三产业劳动力的大量需求，特别是对以商业和服务业为特征的第三产业劳动力的需求，吸引农业剩余劳动力向城市迁移。同时，城市的经济、文化和科技的发展，以及城市现代化管理的需要，客观上急需专业人才，吸纳外来人口。例如上海城市根据自身发展的需要，确立了知识经济的发展战略，建立"人才高地"，相继出台"人才留沪"政策，如一个时期"蓝印户口"政策等，鼓励外来人士到上海投资、创业，吸引了大量外来人口。

3.1.1.2　人口压力导致的城市社区问题

　　快速城镇化给城市的发展带来了机遇，同时也带来了严峻挑战。早在 1987 就有学者指出："城镇化将是中国未来面临的严重的社会问题之一"（郭彦弘教授，R. YIN – WANG. KWOK）[①]。根据上海城市社区近年来建设状况的考察研究，城镇化带来的人口压力所导致的当前城市社区问题主要表现在如下几个方面：

　　（1）城市住房需求压力增加

　　城市外来人口剧增产生了城市住房的压力，加上城市原有居民对改善住房条件的需求，刺激了城市房地产开发建设，特别是带动了城市住房租赁市场的迅速发展。

城市居民消费意向调查　　　　　　　　表 3 – 2

消费意向	购买商品房	购买家庭轿车	旅游	出国留学
调查结果比例	71%	54%	36%	25%

　　（资料来源：居民生活头等大事是什么，新民晚报：2000-01-14，第七版）

　　（2）城市社区管理的压力增加，传统管理模式受到挑战

　　大量迁入城市的外来人口，其流动性较大，人员结构复杂，贫富差距明显，犯罪率上升。随着各具特色的新型社区不断涌现，城市社区问题对原有的管理模式提出了新的要求。原来计划经济体制下以单位为基础的社区模式，受到了市场经济体制下居民自主选择定居环境

---

① 　郭彦弘（R. YINWANG. KWOK）.

的挑战。"这些新型社区是现代市场经济的产物，不同于传统计划经济时期形成的社区，认识和管理传统社区的知识和手段已经不足以使人们理解和解决新型社区碰到的种种实际问题了"①。

（3）社区公共设施建设压力增加

由于城市居住人口增加，原有的社区公共设施在功能和规模、用地等方面已经不能较好满足居民新的需求，亟待更新补充。如进城务工人员的就医困难、务工人员子女就学困难，已经引起社会的关注。

3.1.2　快速城镇化对城市居民精神生活的影响

3.1.2.1　城市居民精神生活方式的转变

快速城镇化对城市居民的精神生活产生较大影响。特别是大城市和特大城市，快节奏的生活方式，市场机制下的激烈竞争，高密度的城市人群，复杂的社会交往关系，这种城市的工作和生活环境给人们心理上带来巨大压力，深刻影响着人际交往的模式。

在这种现代城市环境中产生的人际交往模式是十分特别的。它完全不同于传统社区中的状况。在低密度人口的传统社区中，群体内个人的联系是频繁的，人与人是熟知的，个人是完全被了解的。人们在血缘、亲缘、族缘、地缘的关系及宗教信仰等因素所建构的社会秩序中形成了特定的社会组织。然而，在现代都市高密度城市环境中，人际关系是很疏远的。刚从传统社区迁移到现代城市，人的个性还无法迅速与工业化或后工业化社会所代表的新环境相适应。由于现代都市人口规模和用地尺度规模巨大、居住稠密，人们转瞬之间就要被动地与很多人和事发生联系和接触。所有这些联系和接触都形成了作用于个人的刺激。大量的刺激超出了个人愿意感知和接受的限度，容易造成逆反心理，导致心理和行为上的抵触。个人在城市中是"隐姓埋名"的，即个人作为社会职业的角色而存在，隐去了个体角色的姓名，也不在乎个人的姓名。现代城市中这种社会交往关系的契约性，使得个人不是以特殊的个人被认识，而是作为一个体系中的角色和功能而存在。人们对事物愿意做出合乎理性和逻辑的反应，而不是感情用事。

---

① 费孝通. 当前城市社区建设的思考. 文汇报，2000 - 7 - 15.

与我国当前的快速城镇化阶段相比较，西方发达国家较早地遇到了城镇化与社会生活关系的问题并进行了研究。例如，早在 1902 年德国著名的社会心理学家齐美尔（George Simmel）就发表了著名的《大城市及其精神生活》一书予以深入的阐述。他认为，生活在城市的居民经常受制于兴奋或焦虑的神经刺激，从而逐渐使得人们对周围的世界抱以玩世不恭、冷漠固执的心理态度，以此来对待应接不暇的刺激①。现代城市用地和人口规模尺度巨大、人口密度高，远远超出了传统社会的尺度，超出了个人愿意并可能感知的范围；人口的多元性比传统社会要丰富得多，人们在快节奏的生活中无法把握复杂的社会关系，最终导致了放弃，而倾向于建立以职业为基础的社会角色的交往。Claire Renzetti 等在《生活社会学》（Living Sociology）一书中举了一个经典的例子，假如你去饭店用餐，服务员说："你好吗？我的名字叫杰克"。那么你是如何反映的呢？首先，你会认为这是出自服务员职业习惯的一般意义上的问候语，而不是真正关注你的健康。但是，假如你对服务员回答你详细的身体健康状况，那么服务员也许就会认为你这个人很奇怪了。其次，服务员杰克告诉你他的名字主要是想创造一个友好的气氛，你大可不必在离开饭店的时候还必须记住他的名字。因为，你和服务员这一关系的本质是商业关系，而不是友谊，即你是顾客，杰克是服务员。这是一种典型的城市交换：隐姓埋名的、以自我为目的、稍纵即逝的城市生活关系②。

城镇化给城市居民精神生活带来的影响是客观存在的，这种影响有消极的方面，也有积极的方面。在城镇化的进程中，社会成员由于他们的相互依赖和专业分工而组织一起。在城市社会中多元化的角色使得个人因为必需的商品和服务而相互依靠。如果这种现代城市生活中的多元和自由特征不是过快、过急的涌现，那么，这种社会转型将具有普遍的益处。③ 但杜尔凯姆同时指出，如果城镇化发生的速度过于迅速，那么既定的价值观和社会规范将无法有效地应对快速凸显的社会关系，从而导致社会秩序的失衡和混乱，导致社会规范错乱的状

① "客观化"的概念. 参见：George Simmel. "大城市精神生活".
② Claire Renzetti, Dan Curran. Living Sociology（生活社会学）.
③ 同上.

态。正是由于城镇化步伐"过于迅速",产生了社会秩序的失衡,从而成为多种城市社会问题的根源,诸如犯罪、酗酒、贫困以及家庭崩溃等。

德国滕尼斯和法国德克希姆关于城镇化和社会生活转型观点的比较　表 3 - 3

社会学家	主要概念		观点与结论
	描述对象：乡村社会	描述对象：城市社会	
Ferdinand Toennies (1855 ~ 1937) 德国	Gemeinschaft，相当于英语中的 community（社区）：具有亲密关系、强烈的亲属关系和社区感觉、很强特征的风俗习惯及其传统的社会组织，是由相同个体所整合的社区。这些个体所组成的群体是其社会生活的中心	Gesellschaft，相当于英语中的 association（社团）：是一种隐姓埋名式的社会联系，家庭和社区的联系是脆弱的，社区的共同方向失落了，取而代之的是个体的目标和愿望	(1) 城镇化带来了社会生活的重大转变。(2) 城市生活打破了原有的社会联系，取而代之的是一种短期的、隐姓埋名式的次级团体。城镇化毫无疑问对社会生活是不利的
Emile Durkheim (1858 ~ 1917) 法国	Mechanical social solidarity，程式化的社会共同体：组成的社会是"同质"的，人们具有相同的价值和传统，大多数人担当相同的角色。乡村社会具有这一共同体的特征	Organic social solidarity，有机的社会共同体：社会的成员由于他们的相互依赖和专业分工而组织一起。在城市社会中多元化的角色使得共同体的成员因为必需的商品和服务而相互依靠	(1) 在城镇化的进程中，程式化的社会共同体被有机的社会共同体所取代。(2) 城镇化带来了社会生活的重大转变。现代城市生活肯定了多元和自由，在一定的程度上具有普遍的益处。(3) 过于迅猛的城镇化速度，使得既定的价值观和社会规范无法有效地应对快速凸现的新的社会关系，从而导致社会秩序的失衡和混乱，并成为多种城市社会问题的根源

（资料来源：该表系本文针对文献综述的内容概括整理而成，2003）

3.1.2.2　城镇化带来城市社区观念的转变

城镇化给城市居民精神生活带来的影响也导致了人们对城市社区观念的变化。在快速城镇化的进程中，社区是否还将继续存在？城市居民精神生活的依托在何处？在这方面，西方发达国家的研究较我国早。西方理论界形成了三种不同的观点：①社区失落论；②社区继存论；③社区解放论。

其中，社区失落论（Community lost）的观点认为，社区是基于地域的一种特殊的社会关系体系。工业化和城镇化过程使社会流动加剧。一个社会经过大规模城镇化后，人的独立意识增强，居民的归属感、认同感已经不复存在，人与人之间以高度分化的社会角色交往，情感与交往相当表面化和粗浅，家庭、朋友与邻里等首属关系日益松弛，导致了居民的社区观念失落。这种观点的理论渊源可以追溯到滕尼斯、杜尔凯姆、齐美尔和沃思等社会学家对 19 世纪末、20 世纪初西方城镇化和社会意义的研究。这一思想认为：在前工业社会，普遍存在着小规模、关系紧密、同质性较强的人群，群体成员的思想和行为一致认同于共同的价值观和行为规范。随着工业化和城镇化的发展，经济专门化、交通运输技术不断创新，城市居民必然受到新的经济和社会组织形态的影响，人们逐渐形成了不同的生活方式、价值观念和理想模式。

社区继存论（Community of limited liability）的观点认为，在城镇化和工业化的影响下，以地域为基础的城市社区依然存在，虽然居民对社区的归属感和情感不同于传统社会，但人类社会中社区的情感和关系继续存在。社区继存论的观点最初由吉诺维兹提出，他认为，居民在社区的投入取决于社区在多大程度上满足了他们的需要，居住年数是社区投入的重要因素。在现代化的都市社会里，随着交通和通信技术的发展，居民的社会生活需求对邻里关系的依赖程度大大降低，所以居民对地域社区认同和归属是主动的，可选择的。

社区解放论（Community liberated）的观点是 1970 年代由费希尔（C. S. Fischer）、韦尔曼（B. Wellman）和雷顿（B. Leighton）等人提出来的。这一观点认为，在工业化、现代化社会中，人类在城市中生活仍然需要他人的关心，人们在心理上仍然依赖于社会关系网络，亲戚、朋友和邻里关系仍然很重要。人们是通过这些关系获得经济的、社会的和情感的支持。但是，与社会继存论所不同的是，这一观点认为，人们对于社区范围的认同不再是基于共同地域范围。换言之，在现代社会中，社区可以是散布于整个城市范围的一些特定群体，如有共同的爱好和价值观的人群组成的网络。这一观点认为，现代城市以共同地域为基础的社区中人们的社会关系是极其有限的。在现代城市社区中邻里、朋友和亲属关系只占个人所有社会关系中的极小部分，而且这些关系往往是不具有私密性。相反，对个人来说具有重要意义的社会关系分散在这个城市或更广的范围。社区解放论观点认为：现代城市中个人的大部分社会关系不再具有地域属性，个人对所在的地域社区也不会产生归属感，使人们产生归属感的是地域上不邻近的社区[①]。

综上所述，本文认为，在我国，尽管城市中人们交往的内容、方式和途径发生着变化，但是基于共同地域的社区形式将继续存在。这是因为：

①人类具有群居的特征。不管是低密度的乡村农业社区，还是高密度的现代城市社区，人们出于社会分工、协作和劳动交换的需求，出于社会心理的种种需求，群居的形式将继续存在。

②人类的社会心理需求。城市快节奏的工作和生活，市场经济下的竞争和压力，城市人心理压力增加。为了逃避或减缓这种城市工作的压力，人们特别需要有个安静舒适的居住环境。这些需求的提供可以通过社区来实现。不同人群对社区的需要有所不同。对于社区中的老年人和儿童人群，社区的关爱尤其重要。因为退休后的老年人和学龄前的儿童，他们更多的时间在社区中度过，社区的物质环境设施和活动交往对他们的日常生活具有十分重要的意义。

③城市现代化管理的要求。城市人口结构复杂，行政管理受到空前挑战。任何时期，各级政府出于城市事务管理的目标，均要寻找一种更为合理的方式进行高效率低成本的管理。然而随着市场经济的不断深入，单位包干制的管理模式终将被新的社区管理模式所取代。这是我国城市经济体制改革深化的必然趋势。基于共同地域的社区管理模式将成为我国新的历史时期的城市主要管理模式。

还应当指出，尽管城市社区将成为城市社会生活和城市管理的重要方式，但是由于当今城市人口的流动性大，市场经济下人们对居住地的选择性较强，对社会交往的需求也逐渐从依赖面对面的交往方式中解放出来，可以通过现代通信技术和互联网络实现交往的心理需

---

① 社区失落论、社区继存论和社区解放论．参见"城市规划相关知识"第244页．

求，在某种程度上不再需要面对面的交流。信息网络的发展使得人类交往将获得无限的丰富性、快捷性和选择性，人们的交往范围更加广阔。现代信息技术增强了人们跨越时空的能力进行非面对面的人际交往，然而，这种交流方式导致了人的孤独感和人与人之间的疏离，人们隐藏了真实的自我，疏远了个人与真实世界的距离，从而最终导致社区的结构解体和人际关系的不稳定。因此，网络时代人与人的交往方式是对传统面对面交往方式的巨大挑战。人们的交往概念发生历史性的变化。

3.1.3 快速城镇化导致城市社会空间结构的急剧变化

3.1.3.1 快速城镇化阶段城市社会空间结构的变化

所谓"城市社会空间结构"，是指在城市中不同人群的居住空间分布状况。随着住房体制的改革，住房商品化的纵深推进，城市人口对居住地的选择性大大增加。不仅是原有城市人口因改善住房条件而重新选择居住地，而且快速城镇化过程中城市外来人口的不断迁入对城市原有的社区和新建的社区产生较大影响。造成的结果是，原有城市社区的居住人口结构在发生很大变化，"单位社区"正在逐渐淡化。以笔者个人所居住的住宅楼层为例，当研究生毕业留校工作多年后被分配到同济新村的两室户一套住房，1999年入住时，同一个楼层的4户住家的户主均在同济大学里任职。但是到2005年，这4户都已通过自购商品房而搬出，他们又通过各种途径将住房出租出去。据调查，本幢楼共24套住宅，现在作为纯粹出租的已经有12套，占二分之一。如果加上原住户转让给亲戚（多半是老年人）居住的，数量还要增加。这一现象在同济新村比较普遍，居住人口的学生化和老年化特点逐渐明显。所以，与原来意义上与同济大学在职人员相配套的居住新村所形成的单位社区相比较，现在真实意义上的社区其居住人口结构发生了很大的变化。由于同济大学尚控制着新村的房产向社会销售，因此，所居住的人口多少还与同济有一定关系。但是，对于上海大都市的其他普通社区来说，社区人口结构变化的状况就将更为显著。

综上所述，笔者认为，由于市场化的作用和快速城镇化的推进，城市社会空间分布犹如被市场化的这一"磁铁"而磁化着，居住人口在依据一定的规律而不断流动着，而城市居住人群也在不断地流动中被重新"排队"、重新"洗牌"，被分层，甚至被"极化"了，结果形成了新的各类社区。快速城镇化加速了城市社会空间结构的变化。

3.1.3.2 城市社会空间结构变化带来的社区分类和社区问题

在快速城镇化的背景下，城市社会空间结构的急剧变化打破了原有城市社区结构的平衡。城市人口的居住流动正在重新定位新的城市社会空间，形成诸如"高尚社区"、"贫民社区"等一些新的不同的社区类型。新的社区问题随之相继涌现。1990 年代中期以后，我国城市社会转型和经济转轨使城市社会问题和矛盾越来越显著，诸如失业、流动人口、阶层分化、住房商品化、居住空间分化、城市管理等问题。居住在城市不同地区的人口与他们的经济收入、社会地位和职业特点之间有着密切的关系。这些社会空间的差异决定了城市社区的基本类型。在我国城市社会空间结构的研究中，与城市社区问题研究最为相关的是城市住房与人口分布的研究。有研究认为，在市场经济体制下，由于个人成为住房消费的主体，人们对居住地和住房条件的选择具有充分的自主权，因而，在不断完善的市场化过程中，这种不同的择居倾向所形成的城市社会空间结构，反映出形成这种社会空间结构的内在因素，如家庭的经济收入、职业特点、家庭结构和社会背景等等[①]。由于市场化的力量和城镇化的推进，使得城市社会空间结构开始呈现一定的规律性。

城市社会空间结构的分异还反映出城市土地价格差别的特点，导致了城市土地利用性质和用地结构的调整，从而带来了城市原有社区、特别是传统历史社区的更新或拆迁，这对城市传统历史社区的社会网络和社区结构的冲击是前所未有的。

此外，城市社会结构的变化加速了城市社会空间隔离现象。这一现象的含义是经济收入、社会地位和背景相同或相近的城市家庭相对集中居住在某一个地域空间内而与其他类型的城市居住地有相对隔离

---

① 上海中心城市的社会空间结构在 1949 年以前已经具有较为明显的规律。

的现象。例如，富人居住区、穷人居住区、外来打工人口居住区、艺术家居住区等。伴随着城市社会空间结构的转变，城市居民的社会阶层也开始分化。在我国改革开放 20 多年后，社会阶层已经由原来的工人阶级、农民阶级和知识分子等三个社会阶层，转化为今天的十大社会阶层[1]，它们包括：国家与社会管理阶层、经理阶层、私营企业主阶层、专业技术人员阶层、办事人员阶层、个体工商户阶层、商业服务人员阶层、产业工人阶层、农业劳动者阶层，以及城市无业失业和半失业阶层。这种阶层结构的多元化倾向，显示出中国社会的中间阶层正在迅速扩张。本文认为，不同社会阶层对城市住房和设施消费的不同能力和要求刺激了城市房地产楼盘开发档次的多元化，并进一步导致了城市社区类型多元化的趋势。

值得注意的是，城市社会空间隔离程度的加剧导致社会极化问题，引起城市社区之间贫富差别拉大。现阶段我国城市社会极化的主要原因在于"城市功能结构的影响、外国直接投资以及大量农村流动人口的涌入"[2]，而社会极化导致的城市问题之一是新城市贫困现象的出现。过快的流动人口增长是这种新城市贫困现象的根源。新的城市贫困现象，除了传统制造业部门下岗职位、社会福利保障制度不完美、公共福利设施短缺和个人意外事故外，主要在于大量流动人口充当廉价劳动力，从事简单、不稳定、临时的、无保障、非熟练的低薪工作。城市的流动人口和高收入的暴发户正在重构城市的社会阶层，并且通过社会空间分异影响城市的社会空间结构。新流动人口倾向于集中居住在那些拥有过剩廉价房屋出租的城市边缘地带，上海宝山通河社区的调查结果就显示了这一特征[3]。就空间结构而言，一方面制造业向廉价的劳动力和土地区位转移，尤其城市边缘地带；另一方面大规模服务业中心的集中，导致了城市原有社区的更新速度加快。在北京，商品房房价攀升迅猛，甚至房价平均指数已达到 11:1 的比例，

---

① 中国社会十大阶层形成. 文汇报, 2001 – 12 – 13.

② 现阶段我国城市社会极化的主要原因在于"城市功能结构的影响、外国直接投资以及大量农村流动人口的涌入"。参见：顾朝林. 转变中的北京社会空间结构. "中国乡村—城市转型与协调发展"国际学术会议论文，广州中山大学，1997.

③ 参考：同济大学建筑与城市规划学院等主持. 上海市宝山区通河社区发展规划. 新流动人口新流动人口倾向于集中居住在那些拥有过剩廉价房屋出租的城市边缘地带.

这意味着普通家庭的全部收入积累 11 年才能购买现在市场上的一套住宅。在上海，据不完全统计，最低收入家庭的比例占全市家庭总数的 10% ~15% 。上海杨浦区生活困难的弱势家庭比例达到近 20% ~25% （即人均月收入少于 280 元人民币的家庭）。这一部分家庭虽然享有城市最低家庭收入保障的政策，但对于住房解困来说是遥不可及。他们无钱买房，而且也无法获得银行贷款，即使勉强贷款，日后也无力还贷。因此，住房市场的准入机制基本上淘汰了低收入阶层人群。

3.1.4　社区规划面对城市社会空间结构变化的挑战

城市中具有一定历史的居住地在快速城镇化的进程中，正面临不同程度、不同规模的改造更新。一方面，自上而下地，政府实施总体规划，进行城市用地性质结构调整的需要而进行大规模的城市更新，对城市传统社区进行拆除或更新改造；另一方面，从物质环境条件来看，传统的社区因居住条件和基础设施水平较差而亟待更新，大量居住街坊、地段将全面拆除、易地重建。传统街坊社区除一些有建筑文化保护价值的社区以外，其余都面临城市更新改造。1980 年代前建成的一大批单位公房社区，也将陆续进入改造阶段。

值得注意的是，在居住地物质条件（硬环境）改善的同时，应同样注重非物质环境（软环境）的建设，即更谨慎地对待原有居住地的传统文脉，精心重建新生活家园。但是目前的城市建设，在旧区改造和新区建设两个方面，对社区非物质层面的考虑比较忽视。

一方面，由于当前城市改造过程中，较少研究其长期形成的社区内在邻里空间和社会网络。被拆除的传统居住区中，有相当部分是原有保存完好的里弄街坊，除民居建筑形式的建筑学和美学意义之外，其中还不乏值得保存和深入研究的地方民俗文化特色地段和城市发展的历史地段。这些特定的街区通过富有特色的户外空间形式展现其地方民俗文化和认知性，是可贵的社区文化的物质依托，也是未来重建时规划设计多样性的重要参考；另一方面，异地重建的居住区受到开发效益的驱动，一般情况下开发商按照规划建设的规范大量快速建造的标准化的住宅。虽然这一现象在近年来逐渐随房地产市场楼盘品牌的竞争而得以改善。但在总体上看，传统居住社区中具有价值的社会空间要素在新居住区中较少体现。这已经成为一个普遍的问题。

上海特征鲜明的石库门里弄住宅和建筑形式多样的旧住区，以及棚户简屋居住街坊，其居住水平设施标准不尽如人意，人口密度较高，居住条件较差。从物质环境方面看，它已不能适应当今城市居民日益增长的物质文化生活的需求。然而，从其社会学内涵上说，这些多样性居住形态和生活方式的存在，是构成上海城市多样化建筑文化、城市风貌乃至人文景观等不可缺少的内容。试想一下，如果上海市旧住区更新重建，到某一天把传统住区都拆了，取而代之以统一的"新村"模式，那么，虽然从表面上看的确现代化了，但上海特有的城市居住类型特征的多元化也会因此消失。城市的居住生活模式也将会过于单调统一，缺乏情趣，以致令人忘却居住生活原本丰富性与生动性的一面，并加剧工业化时代人口密集的大都市所滋生的趋同性、内向、孤独、冷漠和自私的行为倾向。

城市人口猛增急需住房的压力，加上开发利润的诱导，促成了一批又一批统一模式新建住区的诞生。然而，在原有的社会网络解体之后，大规模兴建的统一住区并未重视建立新的社区文化和社会网络的物质环境基础，而且，要真正建立新的社区文化和网络还需要居民自治组织的推动并需要相当长的时间。

3.2　转型期城市居民对社区生活的新要求

3.2.1　城市居民物质生活水平提高后的新要求

随着我国人民生活水平的日益提高，消费结构正在发生根本性变化，食品支出占家庭全部消费支出的比例（恩格尔系数）在逐年下降，用于教育、文化、娱乐和旅游方面的消费比重在逐年递增。这种消费结构的变化表明了家庭消费模式正在从温饱型向小康型转化。在我国沿海大城市居民的消费构成中，耐用消费品的消费基本趋于饱和。居民消费需求正处在向新的消费层次跃升的积累阶段，为住房消费打下了良好的基础。

近年来，上海城市居民消费结构状况已经发生了很大的变化。城市居民的消费观念和城市家庭的消费结构进一步呈现多元化格局。在1980~2006年26年间，上海城市居民家庭的恩格尔系数从56.0%，下降到35.6%。居民的消费结构从原来的"吃、穿、用"转化为"吃、玩、用"，娱乐、教育、文化、服务类和居住类消费增加很快①。在消费结构中反映了一些基本的社会心理要素起着作用，如居住生活安全感，消费时尚、趋同性、追求现代生活质量和情感需求，等等。

随着城市家庭收入水平的增长，城市居民的物质生活水平不断提高，人们对改善居住条件、选择居住环境提出了进一步的要求。收入水平与住房消费存在特定的相关关系。当收入水平达到一定程度时，居民在满足基本生活需求的基础上，对改善住房质量、对居住的环境质量，乃至居住地段的品位和档次，均会产生更高的需求。

从不同时期居住生活质量和价值取向的社会调查研究中可以看到，在不同发展阶段居民所关注的社区内容有不同的侧重。人们对于居住环境的要求，包括生理需求和心理需求两个基本的层次。当居住物质条件比较落后、无法满足生理需求的时候，人们通常注重居住物质生活条件的要素，因此，最大的抱怨问题也主要集中在这些方面。相比较来看，心理需求的要求排序较后，甚至人们很少关注心理需要的内容。但是，当居住物质生活条件一旦满足之后，人们内心潜在的心理需求就显现出来，并逐渐成为十分关注的焦点。如表2-4所示，不管在什么条件下，人们对居住生活质量的评价，具有一个共同的规律，这就是评价的要素都是从住房本身这一核心，不断向外延扩展；同时，评价的要素都是从物质要素向非物质要素扩展，如从住房条件向安全、社区管理、社会交往等等。这一社会调查的结果，给社区规划提供了重要的启示，即：①对社区物质环境的精心规划是社区规划的重要基础；②应在物质环境规划的同时，充分考虑人们心理需求的满足所需要的空间，例如邻里交往、社区活动等场所。

---

① 刘卫东，彭俊. 上海市居民生活方式和住宅空间研究. 同济大学出版社，2001.

上海市居住地不同时期居住生活质量的社会调查结果比较分析表（按最关注的、最大抱怨的问题排序） 表 3 - 4

问题排序	对象：上海市旧住区 1990 年 3 日调查（有效问卷 1011 份）	问题排序	对象：上海市旧住区 1996 年 12 月调查（有效问卷 350 份）	问题排序	对象：上海市普通居住区 1996 年 12 月调查（有效问卷 230 份）	问题排序	对象：上海市普通高层住宅居民 1998 年 3 月调查（有效问卷 400 份）
1	住房条件差	1	住房条件差	1	居住地环境卫生欠佳	1	住宅房型功能欠佳
2	市政基础设施欠缺	2	居住地环境卫生欠佳	2	噪声影响	2	公共绿地少
3	居住地环境卫生欠佳	3	外来人员杂乱	3	公共绿地少	3	电梯质量问题
4	交通不方便	4	车辆停放问题	4	住房条件差	4	大楼内公共部位环境卫生问题
5	公共活动场地少	5	住宅日照不足	5	市政基础设施欠缺	5	日照采光通风不足
6	住宅日照不足	6	交通不方便	6	公共活动场地少	6	噪声影响
7	安全感不足	7	噪声影响	7	社区管理不够	7	商业服务设施不足
8	社会交往不足、生活单调	8	公共绿地少	8	车辆停放问题	8	社区物业管理欠佳
9	噪声影响	9	公共活动场少	9	安全感不足	9	车辆停放问题
10	公共绿地少	10	市政基础设施欠缺	10	交通不方便	10	社会交往不足、生活单调、有孤独感

（资料来源：杨贵庆. 未来 10 年上海都市的住房问题和社区规划. 城市规划汇刊, 2000 (4) . 63）

城市居民物质生活水平提高后，不仅对改善自身的住房条件、选择新的社区环境具有各自的要求，而且对社会心理需求产生了新的要求。这些社会心理需求包括一定的社会交往、并从中获得社会尊重等等。这一发展的需要模式符合美国心理学家马斯洛的"需求层次论"的规律。在现实生活中，人类心理具有既渴望独立又需求交往的矛盾性。尽管现代城市人际交往具有职业化、劳动交换的特点，但是，在快节奏的城市生活环境中，社会竞争日益激烈，人们社会心理压力的缓解需要依赖一定的途径和环境。城市社区所提供的安宁的、温馨的和谐的生活环境，并促进人与人之间不带有功利和商业性质的社会交往，这使得社区成为平衡城市人紧张心理的理想场所。因此，对社区内人际交往的需要，是当前城市社区的功能应当予以关怀的。

3.2.2 家庭结构核心化趋势的新要求

"家庭核心化"的概念是指由父母与未婚子女组成的"核心家庭"成为全社会家庭结构主要类型。在快速城镇化的进程中,乡村社会向城市社会的转变过程中的一个重要的社会发展趋势是家庭核心化[①]。以上海为例,从社区成员个体来看,上海的家庭规模随着经济社会的发展和社会结构的转型出现小型化的趋势。例如,家庭平均人数 1980 年为 3.8 人,1983 年下降到 3.25 人,1990 年下降到 3.1 人,1995 下降到 3.07 人,而到了 2001 年末,上海全市户均人口为 2.8 人,中心区的户均人口已经下降为 2.79 人。从这一指标的变化还可以看出,核心家庭、夫妻两人家庭占了绝大多数,而传统的大家庭、主干家庭日趋减少。根据对上海市 9 个居住小区的抽样调查,核心家庭占了居民家庭总数的 45.4%[②]。

核心家庭对社区的住宅类型和公共服务设施的需求方面将具有某些特点,例如在公共设施配套方面的幼托和小学占有格外重要的地位。随着社会的整体知识水平的提高,面对未来社会的日益激烈竞争,加上我国实行"一孩化"政策,孩子教育已成为家庭在选择居住地时最为关注的一个问题。

3.2.3 家务劳动社会化趋势的影响

随着生产力水平的提高,城市居民生活水平和质量要求不断提高。家务劳动社会化、社区化的趋势已经出现。调查显示:上海市居民家庭的家务劳动社会化的趋势正在增强。调查表明:孩子上寄宿学习/幼儿园的占调查家庭总数的 43.2%;孩子每天上学,中午在学校/幼儿园吃饭的占调查家庭总数的 41.7%;孩子每天上学,中午在家吃饭的只占调查家庭总数的 13.4%。上海年轻夫妇有了小孩,孩子主要

---

① 唐子来. 居住小区服务设施的需求型态:趋势推断和实证研究. 城市规划,1999 (5). 北京. 城市规划,1999.

② 《城市小康住宅标准及规划设计导则》课题组(同济大学建筑与城市规划学院等). 城市居住小区规划设计细则. 2000 年小康型城乡住宅科教产业工程科技分项"居住区规划及工程设计导则"研究报告之五,1988.

靠女方或男方的父母帮助照看。夫妇和父母住在一起，孩子由父母照看的占调查家庭的 42.5%；不和父母住在一起，父母来帮助照看的占调查家庭的 11.9%；请保姆的占 4.8%；只有 37.5% 的年轻夫妇完全靠自己照看孩子。上海市城市居民中年轻夫妇的家务劳动，有 31.4% 的家庭是和父母住在一起，家务由父母做；有 3.7% 的家庭不和父母住在一起，由父母帮助做；有 4.3% 的家庭请保姆；有 4.8% 的家庭请钟点工。而 54.4% 的家庭，家务劳动完全靠自己完成[①]。社区应对家务劳动社会化、社区化的要求，将出现相应的从市场化的角度考虑社区服务设施的要求。

家务劳动社会化的趋势，将给居民留出更多闲暇时间，业余时间增多，进行多样化的社区文化、健身和娱乐活动，这将对人们交往的现状带来新的影响。家务社会化和人口老龄化，再加上实行"双休日"制度，使全社会的闲暇时间会显著增加。生活闲暇化的趋势方兴未艾，对于社区内住宅类型、生活内容及其公共服务休闲设施的需求也会显著增加。它不仅体现了市场经济下的供求关系，而且对于促进社区居民之间的交往，从而增加社区的归属感和凝聚力，强化居民的定居意识，具有十分积极的意义。总体特征是，家庭的需求和消费结构、生活观念和方式等也发生重大变化，家庭劳务的社会化趋势十分明显。

---

① 刘卫东，彭俊. 上海市居民生活方式和住宅空间研究. 同济大学出版社，2001.

4

社会转型期社区的
类型及空间分布结构

随着我国社会的市场化转型，城市社区在变迁过程中，不同类型社区依据各自不同的社会结构，呈现不同的特征，同时在城市不同空间区域内进行聚类。本章将深入探寻社区区位属性变迁的规律，根据各类社区的不同特点进行分类，并针对上海的城市社区进行实证研究，探求社区发展和规划所具有的重要现实意义。

4.1 城市社区的区位影响因素与聚类过程

4.1.1 社区区位属性的影响因素分析

不同类型的社区由于形成时代不同，社会背景不同，因而具有不同的区位属性。社区在城市的空间分布，主要取决于三方面因素：一是城市空间结构的历史发展惯性，城市社区不是在空间上任意分布的，而是在原有的城市空间格局基础上延续和发展；二是住房供给方，住房供给主体会依据所开发的居住小区的市场定位，决定在不同城市区位开发的产品类型和档次；三是住房的需求方，即社区主体，不同主体依据经济能力、偏好的择居行为，造就了社区内部各自特有的社会结构。

4.1.1.1 城市空间演变的历史惯性

事物存在本身也是事物继续存在下去的原因。事物一经形成，即产生使之继续存在下去的原因。新制度经济学称之为"路径依赖"（Path–dependence）。同样原理，城市空间结构一旦形成，即具备了沿最初存在方式继续发展的"惯性"。城市空间结构每一阶段的状态都是上一阶段空间结构状态的结果，城市结构在这样不断扩展和完善中形成。我国一般大城市，特别是一些特大城市的社会空间结构演化历程都有一定的相似之处。建国前留下的传统社区集聚的城区往往演变成为当前城市结构的中心城区或老城区。经过计划经济体制下30多年的发展，社区发展与空间按照社会发展总体计划进行安排，社区分布随城市空间结构匀质扩张。改革开放以后，社会、经济制度的转变，城市社会空间结构出现了剧烈的变化和调整。城市社会空间结构的变化，既涉及城市用地的重组，也涉及到整个城市社会的变化。但城市社区分布在空间上的扩展，以及由此引发的城市空间结构的变化，都是以原有城市格局为基础，适应新的要求和条件发展和变化的。城市空间结构演变的历史过程是研究现有城市社区分布结构的基础。如上海的徐家汇地区在上海的租界时期就是城市的"上只角"，虽经计划经济时期，"高尚"地位有所淡化。但在市场经济条件下，在上海新一轮的建设发展中，复崛起为城市的黄金地段，商品住房平均价格达到每平方米三四万元，甚至更高，城市空间演变的历史惯性由此可见一斑。

4.1.1.2 住房供给主体

住房供应机制在塑造城市居住模式中的巨大作用，已被学术界普遍认可。计划经济体制下，我国城市住房供给都是在单位层面上进行的。由于各部门和单位在权力、经营状况、经济实力等等方面的差异，使它们在住房投资方面的能力参差不齐，这样一来，部门和单位之间在获得住房的数量和质量上存在相当的差异。个人住房条件很大程度上受单位条件限制，就业选择机会的不均转化成住房条件的差异。这种差异不仅体现在住宅的居住面积上，也体现在空间上，经济实力比较强或者比较有实权的单位，容易获得与单位比较接近，地段环境较好的社区。而经济状况较弱的单位，则只能选择比较偏远的地段。在社会转型时期，住房社会供给过程市场化成为主导趋势，单位从住房供给渠道中逐渐退出。随着住房货币化政策的出台，单位直接分配职工住房的情况不复存在，社区开发的主体越来越表现为市场的选择行为。房地产开发商的市场定位不同，企业规模不同，决定了不同的市场客户对象和社区选址的偏好。T·J·巴尔沃德的研究表明，大多数小型开发公司热衷于在较好的城市地段建造高档的私人住宅，服务对象主要是高收入家庭。大公司为了在土地费、造价和经营规模上得到实惠，多倾向于在城市周边新开发区内大批建造设计统一的住宅区。这些住宅对中等收入家庭有较大吸引力[①]。

房地产公司在向城市提供社区的住房的同时，不同档次类型住房的选址即出现分化，如普通类型住房较多分布在土地成本比较低的城市边缘地带，而高标准的商品房更多位于区位条件较佳、土地成本高

---

① 田东海编著．住房政策：国际经验借鉴和中国现实选择．清华大学出版社，1998．90．

的地段。旧城改造由于成本投入高，一般倾向于市场回报比较高的高档商品房。住房开发商作为住房供给最具能动性的方面，决定了不同类型档次的社区在特定城市空间结构的分布。

专栏 4-1 不同单位社区分布地段比较

住房供给体制改革中我国城市社区的住房供给主要经历三种情况：一是实物分房，延续计划经济体制下单位直接供给职工住房，单位充当职工住房供给主体；二是补贴分配商品房，单位间接供给职工住房，单位从房地产商购买住房，再以优惠价卖给职工；三是货币分房，单位将职工住房消费理入工资收入，个人直接从住房市场上选择适合自己需要的商品化住宅。下文提到的案例：上海铁路分局上海站、上海市工商银行浦东分行、上海寰宇公司分别属于上述三种情况。

上海铁路分局上海站，位于上海天目西路，规模较大，共有职工2000多人。由于是国家重大基础设施单位，铁路上海站沿用住房分配制度，实行单位自建住房分配给职工。铁路局上海站所建的单位职工住房分布较分散，主要分布在闸北区彭浦、普陀区宜川新村，另外五角场国定路和徐汇区上海体育馆附近各有部分住宅。由于上海站职工经济来源主要是工资，经济收入有限，据调查显示，1998年职工个人购房可接受的房价多为2000元/m² 以下，难以承受更高的房价，因此多数职工只能依靠单位分房，职工居住需求只能在一个较低的层次上解决。

上海市工商银行浦东分行，位于浦东大道北侧东方路口。职工人数在800人左右。单位购房需求较大，普遍采取集团购买商品房的方式，利用住房公积金和单位自有资金补贴后，再低价售给职工。由于浦西在一般上海人心目中仍然是环境地段好，教育条件好、便利和富有吸引力的地段，因此该单位购买住房，仍乐于选择浦西内环线以内市中心的商品化住房。

上海寰宇公司，位于浦东开发区外高桥金桥一带，处于外环线以外，主要业务为进出口商贸，职工100人左右。公司职工住房一般为个人市场购买，因此没有集中的职工居住点，职工居住地较散。在个人购房时，单位根据职工工作情况进行一定补贴。该公司职工收入一般较好，属于白领阶层，购房能力较高，职工具有对住房的选择权。根据调查，即使上下班的距离比较远，公司职工也一般愿意选择浦西的静安、长宁等"高尚社区"作为购房的首选。

三个实例可以从侧面反映出单位在解决职工住房不同方式：可以看出在第一个实例中，是单位自建住房分配职工，因此社区分布是由单位决定的；第二个实例中是单位集团购买住房，低价售给职工；第三个实例职工住房选择完全依赖各自的偏好。

（资料来源：1998 年房地产课程上海社区调查报告，夏南凯教授主持）

4.1.1.3　住房需求方：个人择居行为

对个人择居行为的研究是以"居民有充分择居自由"为前提考察个人择居的影响因素。决定住户住房选址的因素很多，如住户收入、交通条件、服务设施的条件等，但在不同的经济体制下，这些因素的权重会有所不同。其中住户收入是首要因素，它决定了住户在住房、交通和其他商品上的消费能力。D・T・赫伯特认为，实际上人们的择居标准与自身的择居能力大有关系。择居能力较小的家庭多注重住宅的区位，公共交通的便捷、面积和花费；择居能力较大的家庭除了区位和面积外，还特别强调住宅的设计风格，周围的自然、社会环境[①]。

随着城市住房制度改革、社会体制的市场化转型，住户经济条件和住房消费之间的联系日益紧密，住户的收入将逐渐成为影响其住房选址的重要因素。城市中不同收入住户的住房选址趋向于同类相聚，空间地域分布趋于相对独立、相对分化。居民收入层次决定了居民的择居能力。城市住户收入的高低差距拉开，决定了高收入住户与低收入住户在住房支付能力上的差距，从而在空间上也趋于分化。居民择居的自由度越高，同类相聚的程度就越高。

除居住主体的收入水平外，还有一个影响择居行为的要素就是"家庭生命周期"。据西方的研究，认为居民个人一般在其生命周期中

---

① 李道增．环境行为学概论．天津大学出版社，1998.144.

的不同阶段，根据其需要变换其居住地与住宅类型多次。"家庭生命周期"（Family Life – cycle）各阶段对住宅需求的变化，决定了家庭的迁居行为。T·艾比·路霍德和 M·福勒以及 R·J·琼斯顿等人将家庭生命周期分为六个阶段：

①无孩期，多租住靠近市中心附近的便宜公寓；

②育孩初期，多租用公寓带外围的单幢住宅；

③育孩后期，购买新的郊区住宅；

④孩子成人期，或继续住在原住宅，或迁至高级住宅区；

⑤孩子离家期，较稳定，一般不愿迁居；

⑥晚期，夫妻健在的喜爱在公寓，丧偶者多与成家的孩子同住。

T·R·肖特还进一步分析了形成这种状况的原因。旧城或距市中心较近地段的档次多样的公寓，其特点是交通方便，住在这里的居民能享受到大都会中如万花筒似的物质和精神文明，这些都是住在郊区所享受不到的。因此一些年轻人或已婚尚未有子女的年轻或中年人就搬到这里居住。随着年龄增长，第二代的出生，家庭需要稳定性较强的私有住宅，这时会倾向于迁往城市环境较好的郊区。西方老人多与其子女分居，老人为图日常购物和生活上的方便，也愿回迁到城市中心区居住。美国的大城市如简单以同心圆来表示市中心和郊区的平面关系，没有抚育小孩义务的家庭迁入中心区，而有小孩的家庭迁往郊区[①]。Alonso 形象地以图来表示这种迁居的模式（图 4 - 1）。

还有研究者从家庭生活方式对择居行为的影响进行了研究。W·贝尔提出 4 种有明显区别的家庭：①天伦型的家庭观念十分浓厚，家长尤其重视孩子的教育问题。这类家庭迁居的动机常常是为了寻找有益于儿童身心环境或靠近某些声誉很高的学校；②事业型家庭非常看重成员的职业前程，热衷于不断提高自己的社会经济地位。工作岗位的变动、职务升迁是其迁居的主要原因；③消费型家庭以充分享受现代城市文明为生活乐趣，为了接近良好的文化娱乐和商业服务设施，他们往往乐于向市中心方向迁居；④社区型家庭重视居住区的综合社会、文化环境，倾向于居住在同等级类别家庭集聚的区域。上述生命周期、生活方式的思

---

① 张鸿雁. 侵入与接替——城市社会结构变迁新论. 东南大学出版社，2000. 333.

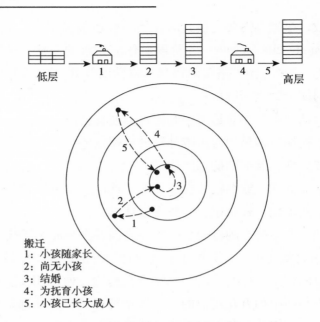

图 4-1　北美城市家庭的搬迁与所处生命阶段有关

（资料来源：引自 Alonso，Environment & Behavior）

路实际上又是相互交融共存，有一定的内部联系。

从我国目前城市居民择居行为的一般情况看，无孩期的家庭多属于消费型家庭或事业型家庭，一般考虑居住地与就业岗位的接近，文化设施比较齐全，因而愿意租住靠近中心城区的住房，租房灵活性大，可随就业变动而转移。当准备育孩或有了孩子转向天伦型家庭，就希望稳定下来，住在环境设施条件都比较好的社区中，除社区本身条件外，还会考虑户口归属（如上海城区户口与郊区户口在人们心目中，还是有差别的），教育条件（教学质量好的学校是社区吸引买家的重要因素）等。待居民退休以后，孩子离家，居住地与就业岗位的联系考虑不存在了，住的远近不是主要问题，空闲时间增多，在社区里的时间大大增加，具有社区型家庭的特点，对社区环境提出更高的要求。居民择居意向与心理的差异，决定了居民选择社区的不同取向，导致在社区空间分布上，不同年龄、收入、家庭类型的集聚分布。

4.1.2 城市社区聚类过程分析

随着社会的转型，社区发展打破了原有计划经济体制下均衡的格局，社区发展日趋多样，形成各种类型的社区，一定的城市区位往往分布着特定类型的社区，这种聚类过程可以借用人文区位学（human ecology）的有关概念来描述。

4.1.2.1 扩张过程（Expansion）

城市内部扩张力来自于三个方面：一是城市居住空间内部需求，为了尽快改善广大城市居民的住房条件，适应人们对居住环境不断提高的要求，住宅建设总量需求扩大，过去在城市内部见缝插针或在边缘区零敲碎打的做法，已不能适应需要。城市社区的建设选址在更广阔的近郊和远郊寻找发展空间，城市政策对于城市用地的扩展采取了较宽容的态度；二是城市新区的综合开发。如上海浦东新区开发建设，及各类高科技开发区的设立，从结构上扩展了原有城市结构功能布局，从而带动了社区空间分布的扩展；三是城市基础设施的大规模建设。内城道路拓宽、辟通工程，高架道路的建设，改造大量内城旧区，同时城市道路交通系统的整理和扩展，改善了城市近郊到中心地区的可达性，对居住用地在城市边缘的扩展产生了显著的外推作用。

在社区分布的空间扩张过程中，不同区位方向，交通条件、社会服务条件、土地价格均有不同，从而决定不同档次类型社区的分布态势。如上海西区依托虹桥开发区的发展，兴起了一些高档楼盘如古北小区、万科城市花园等，在与市中心距离相仿的北区靠宝山区，楼盘的档次价格相比较标准低很多。可见社区空间分布的扩张过程具有差异性。

4.1.2.2 入侵过程（Invasion）

这是一种社会群体在空间统治地位上相互替换的过程。这个现象在我国城市中有两种表现形式：一种是土地使用上的入侵。在中心区土地地价机制的杠杆作用下，居住功能让位于利润更高的商务功能。中心城区土地的区位价值随着城市中心地区的扩张而相对升高，土地经济杠杆的作用下，原有的社区功能被商业、办公及较高标准住宅等开发利润较高的使用功能取而代之，原来的社区组织解体；另一种是中高收入阶层的社区对低收入阶层社区的入侵，在中心城区的更新过程中，由于位于中心城区的土地的整体区位条件和可达性决定了在再开发中，总的开发成本昂贵，原有居民难以负担新住房的价格，于是迁向城市外围，新的较高收入住户迁入，原有的社区瓦解，新的社会阶层通过市场获得了对该地区的空间统治地位，新的社区结构逐步取而代之。这种入侵过程是特定地段的弱势社区让位于强势社区的过程。在入侵的过程中，部分中低收入社区从原有区位优势明显的地区迁移到其他地区，而高收入阶层的社区在这些区位条件好的地段积聚起来。

4.1.2.3 隔离过程（Segregation）

这是指各种社会阶层在城市空间上的隔离。社区的社会隔离的表现也是方方面面的，一是消费方式及场所的隔离与分层：不同档次的消费场所面向不同层次的消费者，如高消费场所面向社会的富有阶层，在此基础上社会阶层接近的社会群体结成稳定交往关系，对非同类阶层的社会群体产生排斥，如目前在城市高收入阶层中形成的"高尔夫俱乐部"、"名车俱乐部"、"名人俱乐部"等等，消费方式及场所的隔离造成了交往关系的隔离，群体的分化明显地与收入分层相关。二是居民居住区位的隔离与分层，城市社会高档住宅区和低档住宅区是城市物化形式之一，高档住宅区不仅强烈地表现出质量与豪华的特征，而且严格地表现出其私密性和对外的隔离。

计划经济体制的平均主义倾向，使得住房的标准，社会服务设施的标准等大体上都较平均。但改革开放后的几十年，市场机制在城市土地使用和住房供求中引发了各个社会阶层对城市空间的竞争和相互取代的现象。社区逐步分层、隔离对当前我国城市的影响越来越趋于深化。通过隔离过程，地位相近的社会阶层聚居于某类社区，层次接近的社区趋向集中在城市特定的地段。

4.1.2.4 过滤过程（Filter）

在城市开发而动迁形成的社区中，"过滤"过程有集中的反映。例如上海的永和小区居民大多数是随市政建设和旧城改造动迁，从黄浦、静安两区搬迁至此。社区位置相对比较偏远，服务设施、教育设施配套远不及原居住社区，治安情况也比较差。因此一些有条件的家庭，在动迁过程中就另寻出路，而余下的其他住户没有经济实力另找出路，也就随安置居住下来。经过这样一个解组与重组的过程，社区现有社会构成的居民平均收入水平相对原来收入构成水平有所降低，70%以上住户家庭月收入低于2000元，老龄化程度明显高于一般社区。还有部分位于中心城区保留下来的社区，其"过滤"过程表现为，一些经济条件好的家庭，为了改善居住环境，能搬走就搬走了，剩下都是无能为力的住户，收入低的住户、下岗住户以及老年人。在走访花衣街60弄时，居委会主任就不无感慨地说，原来花衣街60弄在解放初期属于中上等收入家庭的社区，居民教育素质要高于现在，后来随人口的不断增加，居住密度越来越大，居住条件逐渐下降，有条件的人家搬走了，留下越来越多的老人、下岗人员，以及文化程度不高、收入也比较低的住户。

当我国容许城市已购公房上市后，住房"二级市场"空前活跃。通过房屋置换，中等收入和低收入阶层可以通过购买"二级市场"的住房，力所能及地改善自身居住条件，而部分高收入阶层则可以通过卖出现有住房，进一步迁移到条件更为优越的社区。住房市场的开放和自由交易，为社区过滤过程提供了合法可行的渠道。

"过滤"是社区在不同人群之间的一个传递和流转过程，形成的结果就是各种优势在某些社区的进一步集聚，而劣势在另一部分社区中也在集聚，像"马太效应"所描述的情形。在美国的大城市中，郊区就遵循了前一种方式，由于拥有较强的购买力、优越的教育水平、有影响力的社会关系，郊区社区处于良性发展状态。无论优势积聚的良性发展还是劣势积聚的恶性发展，其发展都是通过过滤完成的，通过社区内部社会群体的流动与变化完成。这种过程在西方城市中有更集中的体现，案例中美国芝加哥南岸社区的兴衰过程就是这一过程的反映。

专栏4-2　美国芝加哥南岸社区的兴衰

美国城市社区之间存在着竞争，它们必须为资源、生意、人口、技术进行竞争。位于城市郊区的社区，由于拥有远远领先的购买力、福利、知识、政治关系以及群体影响力，所以能够吸引来最富有、受过最良好教育的居民以及最好的商店和最优秀的公务员，而市中心贫困的社区则与此无缘。社区是有生命的东西。社区永远在连续不断的发展或衰落。在一些社区建筑破败了，退出了舞台；而在另一些社区的建筑则正在拔地而起，出现越来越多的商机。类似不断的新陈代谢过程，城市郊区的社区，发展远远快于衰落。而在贫民陋巷，情况正好相反。

美国芝加哥的南岸社区经历的变迁，具有一定代表性。1940～1950年代，它是芝加哥范围内最有吸引力和最富于活力的社区。银行家和企业经营者住在这里，还有伊利诺斯州中央铁路公司的总经理也在此居住。第71街是密歇根大街外最体面的购物长廊，长廊在密歇根湖一端是南岸乡村俱乐部、精制的餐厅和豪华的皇家舞厅。但是随着第一批搬迁进来的黑人，社区开始走下坡路，仅仅10年的光景，社区所有原来的住户都搬走了，大约8万新居民搬进来了。第一批搬迁进来的黑人，他们有着中产阶级的收入和抱负，希望搬进中产阶级的社区来住，于是在南岸最不富裕的地点租下公寓。但是黑人和蓝领阶层的进入，大量的白人都搬走了，加速了南岸社区的衰落，南岸从纯白人中产阶级的社区变成了黑人和蓝领阶层的社区。该社区的均衡被打破，社区从高速发展的趋势逆转，直至跌入了衰落的漩涡。资金流向逆转，居民不再装修住所、拥有住房的出租者也不再维护他们公寓的建筑，商店的老板也停止了改善经营，纷纷关门或向芝加哥其他地区迁移。自信心消失了，南岸的所有机构——社区组织、商业协会，甚至学校和教堂都发出同样的信息：南岸社区的气数已经难逃废弃的命运。

可以看出在南岸这样一个特定的城市区位，社区的兴盛与衰落是一个动态过程，南岸社区的最初形成是一个扩张过程，其兴盛来自于城市富有白人阶层的居住，与城市其他社会地位低的阶层的隔离。随着第一批不同性质移民的侵入，社区的平衡被打破，社区原有富有阶层的居民纷纷迁出，通过持续的过滤过程，社区陷入衰败。

（资料来源：根据候玉兰，候亚非．国外社区发展的理论与实践．中国经济出版社，1998.58）

在社会转型期，社区变迁过程以较为剧烈的形式体现出来，社区通过扩张、入侵、隔离和过滤过程，进行重组聚类。相对于计划经济体制下的社区，社区与社区之间显示出更大差异。

4.2 城市社区分类及其比较

针对社会转型期的社区内部在城市空间、居民收入、社会结构层面的分化，使得不同类型的社区显示出不同的个性和特征，同类社区之间则存在相近的特质。本节运用类型学的方法，对社区进行分类研究，有利于更明确地认识当前的城市社区现象。

对社区进行分类是一件有难度的事情。过于细致的划分，虽然贴切，但类型过多，不宜从城市总体空间上辨识社区和认识社区分布的结构特色。过于粗略的划分，则容易忽略一些社区重要的特质。为此本文将社区总体上分为五个基本类型。

4.2.1 城市社区类型及其比较

4.2.1.1 城市社区的类型

我国城市社区的变化总体来看是一个由原有的均衡型社区向多层次、多类型社区转化的过程。随着市场化的进程，社会收入差别拉开，不同社会群体对居住的需求水平差异随之加大，社区转型从旧的均衡状态开始分化。首先随高收入群体的外迁，社会的高收入阶层从原有的社区格局中分离出来，同时快速的城市化进程，带来新的城市人口，社区的均衡状态被打破，构成了多元化的社区格局。不同社区的特征差异，将是针对不同类型社区，制订规划、提出规划政策建议的基础。

有关文献对社区类型已经有多种划分，本文在此基础上，结合实证调查，主要根据不同社区的形成年代、社区空间布局、设施状况、社区管理方式、居民特征等五个方面，将我国城市尤其是大城市的社区主要分为以下五种类型：

（1）传统街坊社区

这类社区是以城市旧城区的老街坊为主，有较长历史，其中很多居民是在城市居住了几十年的老居民。社区建筑形式和社区空间构成比较有地方特色和传统特色，建筑层数一般不超过 3 层。社区内社会结构较为紧密，居民之间形成了复杂的社会纽带，邻里人际互动较强。

（2）单位公房社区

建国以后，特别是 1970 年代末以来，在当时中心城区外围兴建的社区类型，常称为"某某新村"，如杨浦新村、甘泉新村等。这类社区一般按照"居住区—居住小区—组团"规划理念进行布局，居住环境尚好，生活设施配套，往往有多功能的小型商业中心。居民大多通过工作单位住房的分配获得住房。根据单位与社区关系的紧密程度又可划分为混合附属型社区和单一附属型社区。混合附属型社区主要指政府统一规划建设，通过住房指标下达到各单位，同一个"新村"往往由多个单位的职工住房组成。如上海彭浦新村、曲阳新村。单一附属型社区，一般是规模比较大的企事业单位，为解决职工住房而建造的，这类新村如同济新村、宝钢新村。

（3）高价格商品房社区

这类社区形成于改革开放以后，大部分是 1990 年代以后建成，是以房地产公司为开发主体投资兴建的。根据社区的建设标准和单位面积售价高低进一步划分为两类：高价格商品房社区和中低价格商品房社区。高价格商品房社区多位于区位环境优越、土地地价比较高的城市地段。社区环境设施条件以及管理条件都比较完善，社区居民以高收入群体为主。

（4）中低价格商品房社区

中低价格商品房社区与高价格商品房社区虽然社区住房的开发方式、运作过程是一致的，但由于两者内部居民的社会结构，社区环境及区位特点上都有较大的差异，因此将两者还是作为两种不同类型的社区看待。中低价格商品房社区区位环境条件不及高价格商品房社区。房价处于中等及偏低价位，居住者主要是工薪阶层的中等收入群体。

（5）社会边缘社区

社会边缘社区不仅指空间位置上有边缘属性，而且具有社会学上的边缘属性。社会学上的边缘属性反映在社会认同度比较低的特点。这类社区的管理通常没有纳入城市正规的管理渠道，没有正式社区管理组织。社区社会结构也有一定的边缘化特征，有较高比例的外来人员，不属于城市户籍管理范畴，流动性大。其中的城市居民多来自社会低收入阶层。由于其位置偏远，多位于城乡结合部，虽然社区潜在问题多于其他城市社区，但却通常被社会所忽视。

社会边缘社区包括两种类型，第一种是偏城市属性的社会边缘社区，位置较偏远。居民除部分城市居民外，还有就地安置的农民，此外还有比较多租房住的流动人口。社区内部社会构成比较混杂。第二种是偏农村属性的社会边缘社区，这是在快速城市化过程中，被包围进城市的原农村社区或依附于城市，由某地区外来人员集中聚居的社区（如北京的"浙江村"），部分保留了农村社区的特点，具有亦城亦乡，亦农非农特点。根据刘君德对这类社区的研究，城乡结合部由于土地批租、房地产开发而导致土地被划分得十分零散，城乡单位犬牙交错，"一地多主"的现象非常普遍，因此围绕区界的争执尤为突出，增加了治安、环卫、计划生育等社会管理难度，城乡结合部成为城市管理最薄弱的地带。

4.2.1.2　城市社区类型的比较

为了便于对上述五类城市社区进行分类研究，这里从形成年代、社区空间布局、设施状况、社区管理方式、居民特征等五个方面分别加以比较。

五个类型社区的横向比较　　　　　　　　　　　　　　　　表 4-1

社区类型	传统街坊社区	单位公房社区	高价格商品房社区	中低价格商品房社区	社会边缘社区
形成年代	建国前，城市发展保留下的住宅区	建国以后，20世纪70、80年代成为高潮，90年后开始逐渐减少	改革开放以后开始出现，近十几年越来越成为主导社区类型	改革开放以后开始出现，近十几年社区类型越来越为主导	形成年代主要是改革开放以后，在城市空间快速扩展过程中形成
社区空间布局	具有传统城市社区的特点。如北京四合院、上海的里弄等	基本按照居住区规划原理"居住区—居住小区—组团"的结构布局	规模一般不大，注重社区环境品质	规模有大有小，社区环境能符合居民日常生活要求	社区边界不清晰，没有经过一定的规划设计，自然形成，环境品质较差

社区类型	传统街坊社区	单位公房社区	高价格商品房社区	中低价格商品房社区	社会边缘社区
设施状况	房屋面临结构老化、设施不全的状况，部分急待改造	设施状况尚可，部分设施有待更新	设施档次较高，配置完备	房屋状况尚可，基本设施齐备	房屋设施状况参差不齐，部分尚可，部分还是农村社区，基础设施不齐备
社区管理方式	居委会管理为主导	居委会管理为主导	业主委员会发挥比较主导的作用	居委会与业主委员会以多种方式结合	社区管理漏洞多，较不规范
居民特征	居民收入水平比较低，居民职业构成多样。居民邻里间互动较强	居民收入水平中等。居民邻里间有一定的互动	居民收入普遍较高，居民邻里互动非常有限	居民收入处于中等水平，居民邻里间有少量互动	居民收入比较低，多数居民从事一般服务性或体力性工作。居民邻里间有一定互动

（1）从形成年代来看，传统街坊社区存在年代最长，多在建国以前形成的，单位公房社区次之，大多建于1970～1990年代之间。商品房社区和社会边缘社区是改革开放以后近十几年来出现的社区类型。

（2）从社区空间布局来看，传统街坊社区中很多具有比较明显的地方建筑文化特色，空间层次比较丰富。高价格商品房社区的空间布局往往较多吸收最新的社区规划理念，部分社区布局比较有特色。单位公房社区多是行列式布局，社区结构往往呈现"组团—小区"的基本结构特征。而中低价格商品房社区往往受到市场定位、成本效益的局限，虽然形成年代不长，但一些设计手法还采用比较传统的规划布局手法。社会边缘社区情况比较复杂，其中偏农村属性的社会边缘社区具有亦城亦村的社区类型，空间布局随意性大。

（3）从设施条件来看，多数传统街坊社区和偏农村属性的社会边缘社区的设施条件比较差，多数传统街坊社区由于存在年代比较长，不同程度地存在房屋结构老化，基础设施有待更新的状况。如上海部分里弄社区，至今还没有用上抽水马桶。社会边缘社区有些甚至是违章搭建的简屋，部分没有卫生设施、煤气设施，是城市规划管理的空白区域，不符合基本的间距和基础设施要求。单位公房社区一般房屋结构、基础设施条件均尚可，部分形成年代稍早的住房有待修缮更新。商品房社区一般设施齐全，配套完善，其中高价格商品房社区设施条件比较优越，有些还配置了智能化管理监控系统。

（4）从社区的管理方式来看，传统街坊社区和单位公房社区基本沿用了计划经济体制下居委会的管理模式。商品房社区或是居委会管理方式，或是业主委员会管理方式，部分社区两者兼而有之。在高价格商品房社区中业主委员会发挥作用越来越主导。社会边缘社区有些是"三不管"（居委会、业主委员会、村委会）社区，社区管理出现空挡，社区管理存在漏洞和矛盾仍比较多。

（5）从社区交往关系来看，传统街坊社区邻里交往频度较高，偏农村属性的社会边缘社区邻里交往也比较密切，单位公房社区邻里交往有所减弱，商品房社区邻里来往最少。

综上，目前上海商品房社区在城市空间中的分布最广，档次类型也多。住房建设进入 21 世纪后，随着货币化住房分配制度的实施，以及住房市场需求的进一步增加，商品房社区已经表现出更强的发展势头。传统街坊社区除一些有建筑文化保护价值的社区以外，其余都面临城市更新改造。1980 年代前建成的一大批单位公房社区，也将陆续进入改造之列。1980 年代后形成的单位公房社区目前已发展成比较成熟的社区，相对稳定。社会边缘社区还处在一种亦城亦乡、结构不稳定状态，易滋生社会问题，已逐渐引起社会的广泛重视。

4.2.2 上海城市社区类型的实证研究

我国城市，尤其是直辖市、省会城市等大城市和特大城市，虽然在历史上有不同的发展历程，社区发展本身存在新旧更替的过程，加上战争破坏等非正常因素，社区的存在一般不会超过一个世纪，随时间推移，旧社区会渐渐消亡，新的社区会不断生成。我国的很多城市也由于共同的社会背景，其中的社区状态具有一定相似性。多数大城市或特大城市，在建国前就有相当的旧城规模，建国后，在国家统一政策指导与部署下，城市依托原有旧城进一步向外围扩展。改革开放以后，社区发展逐步加快，随着住房制度改革的深化和居民住房市场化程度逐渐提高，因此市场化程度比较高的沿海地区大城市在社区发展方面更有代表性。上海建国前就已经具备东亚地区经济中心的实力，改革开放以后，通过住房制度改革的试点实现了住房市场的率先发展，商品房市场不断完善，社区空间布局结构具有典型性。

这里以上海为例，范围包括城市外环线以内的地区，来考察各类社区在空间上分布特征和形态特点。

4.2.2.1 上海城市各类社区简析

（1）上海的传统街坊社区

传统街坊社区形成于建国以前，就当时的上海来讲，解放前已是百万人口、经济实力雄厚的特大城市，加之当时作为东亚经济中心的地位，具有外向性特征，上海聚集许多外国领事馆、外国商人、官员、华侨、资本家都有在上海有自己的高级寓所，而下层普通老百姓，则居住在环境条件恶劣的地段。

上海的传统街坊社区内部具有明显的分化，可以粗略将其划分为四类，分别是简屋棚户区、旧式里弄、新式里弄、花园里弄四类。传统街坊社区是上海特定历史条件下的产物，现在看来，传统街坊社区主要分布在现有城市内环线以内。其中旧式里弄主要分布在人民广场以东地区，北至苏州河两岸地区，南至原南市区老城乡南端。新式里弄主要分布在人民广场以西的周围地区，包括卢湾区北部、静安区东部南部，徐汇区的东北部；此外沿四川路向北也有部分新式里弄。旧式里弄与新式里弄基本构成当时上海的主城区。棚户简屋主要沿当时的主城区外围分布，苏州河北岸旧式里弄北部，闸北区火车站地区、同时沿黄浦江向东北杨浦区南部；南市区旧式里弄向南，靠近浦江，也集中了大片的简屋棚户区，当时这些地区都不在租界内，是居住条件最恶劣的地区。花园里弄民居，分布在当时租界内，由于不在主城区内，地价相对便宜，居住环境比较优越，因此静安区南部西部，以及徐家汇地区，集中了较大量的花园里弄。从现在来看，上海徐家汇地区、静安寺地区已成为城市的黄金地段。建国以后，简屋棚户一直是地方政府改善上海居民居住环境的重点对象，时至今日，虽然已改造了相当部分，但仍有部分如杨浦区南部、原南市区东南部、卢湾区南部，均靠近黄浦江边，是亟待改造的简屋棚户社区。

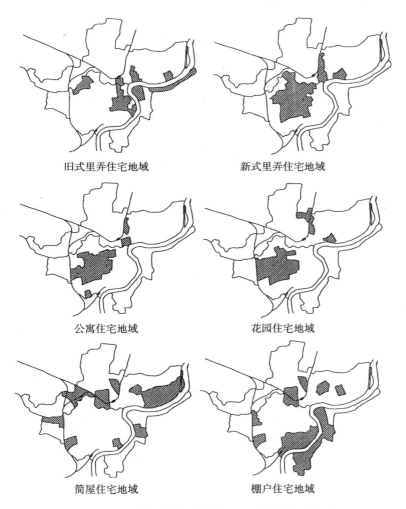

旧式里弄住宅地域　　　　　　　　新式里弄住宅地域

公寓住宅地域　　　　　　　　　　花园住宅地域

简屋住宅地域　　　　　　　　　　棚户住宅地域

图4-2　上海各类传统街坊社区空间地域分布示意

（图片来源：虞蔚. 城市环境地域分异研究—以上海中心城为例. 城市规划汇刊, 1987（2））

（2）上海的单位公房社区

由于传统街坊社区，基本占据了现有内环线以内范围，因此主城区范围内没有大规模建设住宅的空间，建国以后，按照当时的总体规划部署，成区成片规划建设的单位公房社区是当时住宅发展的主导方向。1950年代初期上海规划建设了9个住宅新村，长白、控江、凤城、鞍山、甘泉、曹杨、天山、日晖、长航新村，当时这些居住区都位于城市外围区，从目前的城市区位来看，除黄浦区的长航新村外，其他8个新村都沿现在城市内环线，或靠近环线内侧，或靠近环线外侧分布。1950年代后期，又按照当时工业分布的状况，陆续规划了一批住宅新村，如沪东工业区的玉田、大连、广灵新村；沪南工业区的天钥、龙山、东安、上钢、崂山、乳山新村；沪北工业区的广中、柳营新村；沪西工业区的宜川、石泉、武宁新村。这些新村建成后，沿现有城市浦西内环线的边界除部分工业区外，其他已经以带状居住区的形式基本已经完全围合起来。1960年代，上海市区工业布局有了较大的变化，开辟了一些近郊工业区，城市社区空间区位也随之有了比较大的拓展，随工业区呈跳跃式布局，如五角场工业区的工农新村、彭浦工业区的彭浦新村、桃浦工业区的桃浦新村、长桥工业区的长桥新村、高桥工业区的上炼新村等，这些新村现在看来大都位于城市内环线与外环线之间，桃浦新村的位置已经比邻现在的城市外环线。

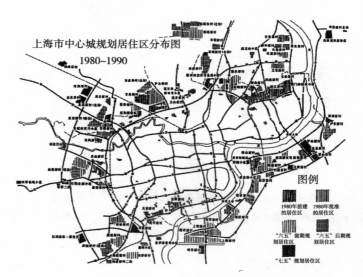

图4-3 上海1980、1990年代单位公房社区分布示意

（资料来源：叶伯初等编. 上海住宅（1949~1990）. 上海科学普及出版社）

至1980年代，上海住房急剧短缺，政府调集资金，建设了大批新村。这些新村大多利用原近郊工业区新村扩展而成，如工农新村附近开辟开鲁、民星、国和新村；玉田新村附近辟建曲阳、运光新村；

广灵新村附近辟建丰城、凉城新村；宜川新村附近辟建甘泉北块、沪太、管弄新村；曹杨新村附近辟建真西、真西北块、真西南块新村；田林新村加以扩展，附近辟建康健新村。浦东地区，上钢、沪东新村都有所扩展，同时辟建了一些完全新建的新村，如德州、雪野、临沂、塘桥、竹园、泾西新村等。浦东地区由于黄浦江在交通上的阻隔，居住区未向纵深发展，而是基本沿浦江"V"字形岸线内侧的浦东大道和浦东南路分布。

（3）上海的高价格和中低价格商品房社区

进入1990年代住房供给大部分已实现了市场化运作，即由房地产公司经营运作，政府通过规划和政策进行引导和调控，商品房社区成为社区建设的主导类型。根据笔者通过抽样调查对开发住宅楼盘区位定点，对售价归类统计，9000元/m² 及以上的高价格商品房社区，数量较多，开发规模一般比较小，多位于中心城区。中等价格的商品房社区多依靠交通的便利，如靠近地铁线、轻轨线，靠近重要交通干道。如地铁1号线莘庄方向桂林路至外环线段，交通干线延安路虹桥方向、共和新路彭浦方向、逸仙路高镜方向内环线附近集聚了较多的中等价格楼盘。9000元/m² 以上的高价格商品房社区，集中在中心城区，大部分是旧城改造基础上开发的，地价较高，投入成本高，投资定位一般都在高中档商品房。徐家汇中心商务区是一个高中档楼盘集中的区域；肇家浜路、陆家浜路至南浦大桥沿线地区；沿延安路高架江苏路、静安寺地区；长寿路、苏州河西段地区；四川北路、虹口公园及四平路地区；浦东的张扬路、东方路沿线等地区也是高中档楼盘集中的区域。

（4）上海的社会边缘社区

城郊边缘是城市快速建设和发展的一个副产品，数量不多，规模不大，比较分散。一些是原来的农村集镇，随城市的迅速扩展，纳入到城市发展范围中，社区管理比较混乱。如钦洋镇、高镜镇、大场镇、虹桥镇，以及一些散落在城市中的农村。城乡结合部是管理最薄弱的地带，在这个地带，农民往往大量建造违章房屋出租给外来人口，增加了城乡结合部的治安、环卫、计划生育等社会管理难度。在城乡结合部，土地多数预征完毕，失去土地的农民只能加入到城市化的行列。农民的就业、居住和撤队、撤村后集体资产的分配问题突现出来，处理不好会引发严重的社会问题。

4.2.2.2　上海各类社区的横向比较研究

1999 年暑期在对上海全市新村进行全面普查的基础上，选取 17 个社区进行了抽样调查，每个社区完成的问卷数量在 70～80 份左右，问卷涉及各个社区的居民家庭成员职业、家庭收入、社区住房属性、居住水平、邻里交往、社区管理等多方面内容。根据这些社区的调查统计资料，可以看出各类社区的不同特征。

17 个社区涵盖了五类社区，从中选择 9 个分别属于上述五种类型的代表性社区进行分析比较，如下表：

典型社区分类　　　　　　　　　　　　　　　　表 4－2

社区类型	传统街坊社区	单位公房社区	高价格商品房社区	中低价格商品房社区	边缘社区
社区名称	花衣街 60 弄 长乐村	延吉五村 临汾路 299 弄	海丽花园 凯旋公寓	龙南十村 金杨二街坊	永和小区

以下通过具体统计数据，分别对各类社区进行横向比较与分析。

上海典型社区调查各类社区问卷统计比较（一）　　表 4－3

社区类型	名称	家庭成员中收入最高职业者	家庭月总收入
传统街坊社区	花衣街 60 弄	分布集中，最多的是工厂职工 49%	<800 元 35%； 800～2000 元占 53%； 2100～5000 元 12%
	长乐村	分布比较平均。 机关行政人员 26%； 工厂职工 22%； 三资企业职员 13%	800～2000 元的占 56%； 2100～5000 元的占 36%
单位公房社区	延吉五村	分布集中。 工厂职工 55%； 机关行政人员 16%	低于 800 元的占 21%； 800～2000 元的占 59%； 2100～5000 元的占 20%
	临汾路 299 弄	分布集中。 工厂职工占 59%。 其余几类均在 10% 以下	低于 800 元的占 14%； 800～2000 元的占 65%； 2100～5000 元的占 21%

续表

社区类型	名称	家庭成员中收入最高职业者	家庭月总收入
高价格商品房社区	海丽花园	分布相对集中。 私营企业经营者占55%； 三资企业职员33%	2100~5000元的占36%； 5100~10000元的占45%
	凯旋公寓	分布相对集中。 机关行政人员占38%； 三资企业职员13%； 私营企业经营者占11%	低于800元的占4%； 800~2000元的占11%； 2100~5000元的占60%； 5000~10000元的占21%； 高于20000元的各占4%
中低价格商品房社区	龙南十村	工厂职工49%； 机关行政人员22%； 社会服务行业19%	低于800元的占21%； 800~2000元的占55%； 2100~5000元的占21%； 5000~10000元的占2%
	金杨二街坊	工厂职工46%； 三资企业职员、机关行政人员各15%	低于800元的占22%； 800~2000元的占52%； 2100~5000元的占26%
社会边缘社区	永和二村	分布集中。 工厂职工60%； 服务行业、机关行政人员各16%	低于800元的占43%； 800~2000元的占40%； 2100~5000元的占17%

上海典型社区调查各类社区问卷统计比较（二）　　表 4-4

社区类型	名称	居住年数	住房属性
传统街坊社区	花衣街60弄	分布极集中。 居住25年以上的占69%； 10~25年的15%	单位分配的住房占54%； 继承父母的住房37%
	长乐村	分布极集中。 居住25年以上的占62%； 10~25年的23%	单位分配的住房占67%； 继承父母的住房20%
单位公房社区	延吉五村	分布极集中。 居住10~25年的54%； 5~10年的占24%； 5年以下的占15%	单位分配的住房占59%； 购买公房的28%； 继承父母的住房4%
	临汾路299弄	分布极集中。 居住5~10年的占58%； 10~15年的34%	单位分配的住房占76%； 购买公房的10%

续表

社区类型	名称	居住年数	住房属性
高价格商品房社区	海丽花园	居住年数全在5年以下	全部为购买的商品房
	凯旋公寓	全部为5年以内	单位分配的住房占44%；购买商品房的52%
中低价格商品房社区	龙南十村	居住5年以下的87%；其余为居住5～10年占13%	租房住的占58%；单位分配的住房占24%；购买商品房的18%
	金杨二街坊	90%的居民居住在5年以内	租房住的占58%；购买商品房的占27%；单位分配的住房占12%
社会边缘社区	永和二村	92%的居民居住年数在5年以内	单位分配的住房占49%；租房住的占36%；购买商品房的占15%

通过比较可以发现，传统街坊社区和单位公房社区居民，在第二产业从业的比例比较高，大多数被调查居民家庭超过一半以上，60%的被调查家庭月收入在2000元以下。而高价格商品房社区的居民，私营企业、机关就业的比例明显较高，大部分家庭月收入5000元左右。社会边缘社区职业构成比较复杂，社区居民家庭收入是各类社区中最低的，家庭月收入1000元左右的占大部分。

从居住年数来看，以传统街坊社区居民的居住年数最长，超过60%的被调查住户居住超过25年，单位公房社区居民居住年数在10～15年左右。商品房社区和边缘社区居民的居住年数多在5年以内。

从住房属性来看，传统街坊社区大部分都是依传统体制下，单位分配的住房，单位公房社区中还有一定比例继承父母的住房。商品房社区中，高价格商品房社区，个人购买的比例占主要部分，而中低价格商品房社区的住房有相当部分是单位购买后分配给个人的。社会边缘社区住房属性比较混杂，其中有相当比例的动迁户。

上海典型社区调查各类社区问卷统计比较（三）   表 4－5

社区类型	名称	对现有住房的满意度
传统街坊社区	花衣街 60 弄	认为拥挤不便的占 60%， 且其中绝大多数人近年尚无能力改善住房条件
	长乐村	认为拥挤不便的占 54%， 且其中 90% 以上的人近年尚无能力改善住房条件
单位公房社区	延吉五村	认为尚可的占 72%， 22% 的认为拥挤不便， 且其中 70% 的人计划近年购房
	临汾路 299 弄	认为尚可的占 55%， 认为拥挤不便的 43%， 且其中 86% 的人计划近年购房
高价格商品房社区	海丽花园	82% 认为很好， 其余 18% 认为尚可
	凯旋公寓	认为很好的占 47%， 其余 53% 认为尚可
中低价格商品房社区	龙南十村	认为很好的 12%， 尚可的占 72%， 认为拥挤不便的 16%
	金杨二街坊	认为很好的 10%； 认为尚可的占 62%， 认为拥挤不便的 29%
社会边缘社区	永和二村	认为很好的占 18%， 认为尚可的占 58%， 认为拥挤不便的 23%

上海典型社区调查各类社区问卷统计比较（四）   表 4－6

社区类型	名称	比较熟悉的邻居	遇到困难寻找的帮助对象	社区安全感
传统街坊社区	花衣街 60 弄	一两家的占 65%； 三五家及以上的 33%。 67% 的人认为邻里交往很必要， 另 33% 的人认为无所谓	找居委会的 52%； 找邻居的 27%； 找亲戚的 19%	认为安全或尚可的占 96%
	长乐村	一两家的占 55%； 三五家及以上的 34%。 64% 的人认为邻里交往很必要，另 36% 的人认为无所谓	找居委会的 28%； 找亲戚的 22%； 找邻居、单位、朋友的各 16%	认为安全或尚可的占 35%； 其余 65% 的居民认为不安全

社区类型	名称	比较熟悉的邻居	遇到困难寻找的帮助对象	社区安全感
单位公房社区	延吉五村	一两家的占44%； 三五家及以上的36%； 与邻居基本没来往的占20%。 52%的人认为邻里交往很必要，另49%的人认为无所谓	找邻居的占39%； 找居委会的29%； 找亲戚的20%	认为安全或尚可的占93%； 其余7%的居民认为不安全
	临汾路299弄	一两家的占55%； 三五家及以上的21%； 与邻居基本没来往的占24%。 49%的人认为邻里交往很必要，另51%的人认为无所谓	找亲戚的31%； 找邻居的占21%； 找朋友的占18%； 找居委会的14%	认为安全或尚可的占73%； 其余27%的居民认为不安全
高价格商品房社区	海丽花园	一两家的占54%； 三五家的9%； 与邻居基本没来往的占36%。 45%的人认为邻里交往很必要，另55%的人认为无所谓	找亲戚的50%； 找朋友的占25%； 找居委会的17%	82%的认为安全； 18%认为尚可
	凯旋公寓	一两家的占36%； 与邻居基本没来往的占59%。 57%的人认为邻里交往很必要，另43%的人认为无所谓	找亲戚的37%； 找单位的22%； 找居委会的17%	认为安全的占43%； 其余57%认为尚可
中低价格商品房社区	龙南十村	一两家的占67%； 三五家及以上的24%； 与邻居基本没来往的占9%。 78%的人认为邻里交往很必要，另22%的人认为无所谓	找居委会的48%； 找亲戚的23%； 找邻居的占11%； 找朋友的占7%	认为安全的占24%； 尚可的占74%； 其余2%的居民认为不安全
	金杨二街坊	一两家的占69%； 三五家及以上的23%； 与邻居基本没来往的占8%。 64%的人认为邻里交往很必要，另36%的人认为无所谓	找居委会的43%； 找亲戚的17%； 找单位、朋友、邻居的分别占14%	认为安全的占12%； 尚可的占81%； 其余7%的居民认为不安全
社会边缘社区	永和二村	一两家的占41%； 三五家及以上的50%； 与邻居基本没来往的占9%。 71%的人认为邻里交往很必要，另29%的人认为无所谓	找居委会的27%； 找邻居的占23%； 找亲戚的18%； 找朋友的占16%	认为安全的占29%； 尚可的占53%； 其余18%的居民认为不安全

根据调查数据统计可以看出，传统街坊社区居民对现有居住条件的满意度是最低的，这也比较符合实际，与满意度形成反差的是居民主动购房的意向比较低，这一方面表明他们的购买力有限，另一方面也反映了这类社区居民一定的依赖心理，比如寄希望于政府动迁改造。单位公房社区和社会边缘社区的居民，对现有住房满意程度也比较低，但其中大部分家庭近年有购房计划，居民对商品住房越来越接受。商品房社区，特别是高价格商品房社区居民对现有住房条件的满意度比较高。

从邻里交往来看，传统街坊社区居民熟悉的邻居比较多，遇到困难会找邻居以及社区居委会，主观上对邻里交往也比较认同。而高价格商品房社区和单位公房社区居民的邻里来往最少，遇到困难的求助对象也一般是亲戚和朋友，主观上对邻里交往持无所谓的态度的比例较高，达到40%以上。中低价格商品房社区居民邻里交往介于两者之间。

从居民对社区的安全感来看，传统街坊社区与高价格商品房社区居民的安全感最好，前者依靠社区的邻里网络，后者依靠社区良好的物业管理服务。单位公房社区和中低价格商品房社区居民的安全感一般尚可。社会边缘社区居民安全感最低。

专栏 4－3　两个边缘社区的案例介绍

1. 浦东新区钦洋镇

钦洋镇原为川沙县洋泾乡，土地面积 15km²，浦东开发后归浦东新区管辖，1996 年 1 月更名为钦洋镇，按照规划，这里要成为大型居住区，因而随着土地的开发，其管辖范围越来越小，以至形成了"一地多主"的局面，由此带来的矛盾是：（1）物业管理混乱：多头开发而形成的多个住宅小区是由多家物业公司管理的，由于开发公司只重自身经济利益，不注重社会效益和环境效益，给当地政府留下了许多隐患，而镇政府又无权监督开发公司的行为；（2）人户分离严重：据估计，当地村民 1.9 万，但居住人口超过 20 万。城里动迁户因教育、商业服务不到位而不愿迁户，这给社区管理带来了难度；（3）外来人口众多：因土地已预征完毕，失去土地的村民大量建造私房出租给外来人口，给社会治安带来隐患；（4）农民就业门路窄：征地后，农民因本身的素质很难找到正当职业。

为解决"一地多主"管理矛盾，钦洋镇加强了城市管理职能，镇政府成立了社区管理委员会，统管全镇范围的社区工作，这样就形成了"镇管社区"的模式，有利于当地的长治久安。然而，由此引发的问题是：（1）人的观念跟不上：传统上城区属街道居委会管，镇管社区是个新事物，浦西动迁户和浦东老百姓都想不通；（2）镇管社区的经费问题：钦洋镇土地开发后变为居住、商贸区，这些活动与当地村民无关。实行镇管社区，实际上是要求镇政府列出一块财力专管社区。对此，镇政府和村民意见很大；（3）镇管社区缺乏法律依据：按现行法律，街道管居委会，镇管农村。而实行镇管社区法律找不到依据。

（资料来源：根据刘君德等《论制度创新与可持续发展——上海市城乡结合部的管理体制探索》有关资料整理）

2. 淞虹新村

淞虹新村是位于长宁区西部北新泾地区，是 1990 年上海市统一计划开发的 2 万亩（1 亩约等于 666.67m²）住宅基地之一，住区占地 40000 亩，规划可居住人口 10 万人。新村用地由市政府向原上海县政府统一征购，原计划以淞虹路为界划分为东西两块，分由中星集团（原上海市居住开发公司）和绿地公司统筹开发。理论上淞虹新村土地使用权已在征购后，以行政划拨的方式转移给上述两公司，新泾乡政府不具该基地的使用权，但在实际操作当中，新泾乡政府仍掌握了相当程度的支配权和主动权，土地使用权属不清，为以后的基地开发埋下隐患。

由于淞虹新村位于市政设施配套基础较差的城乡结合部，基地面积过大，前期开发费用高昂，要保证住宅与基础设施的同步建设需动用逾 10 亿元资金，即使资本势力雄厚的中星集团和绿地公司亦难以启动，导致该项目迟迟未能启动。新泾乡政府、生产队便自行主动与多家房地产开发公司合作，开发了基地内东块部分地块。1991 年新泾乡在行政区划调整过程中被划入长宁区，新泾乡政府又以同样方式继续开发基地内地块。至 1994 年底，淞虹新村东块 117.85hm² 用地中，通过这种方式零星开发的面积占总数的64.8%，剩余部分多是些开发难度大、效益低的农民宅基地及乡镇企业用地。中星集团根据经济测算，认为难以维持收支平衡，而不愿接受剩余土地的开发以及处理遗留问题，基地开发进度一再拖延，农民旧宅基地长期得不到改造，且处于新建住宅群的包围之中，导致旧有农村的排水、供电网络与新建居住区的市政设施系统相互矛盾。

由于缺乏统一规划，已建成的住宅组群存在道路不成系统、部分住宅定位超出道路红线、公共设施配套不到位、绿地指标偏低等问题，原本由乡政府与开发公司协议合作的市政设施亦因产生争议而滞后配套，引起入住居民的强烈不满。由于最早开发的几个住宅群仅需通过建筑质量检查即上市销售，住房销售完毕后开发商便彻底撤离，待发现问题时已难以追查责任。此外社区环境卫生、社区管理、治安等一系列问题一直得不到妥善解决，随时间推移矛盾日益尖锐。

淞虹新村西块的开发过程，亦出现了乡政府与十余家开发公司合作分散开发，公建与市政设施配套滞后、蚕食绿地等问题。据此长宁区规划土地管理局和长宁区城建综合开发办公室组织编制了淞虹新村的详细规划，梳理土地使用及市政设施配给系统，根据淞虹新村的规模合理培植了公共设施。此间长宁区政府曾与多家开发公司接触，但终因建设改造难度大、开发成本过高等原因，工作一直无法落实。

(资料来源：根据廖绮晶硕士论文中有关资料整理)

4.3　社会转型期城市社区的空间结构研究

本节将以社区为基本单位，研究不同类型社区由于各自不同的区位属性，在一定的城市空间中积聚，从而形成城市空间结构整体具有一定普遍性的分布特征。

居住位置是城市社会结构的表现之一。城市社区的位置、社区居民、群体及组织的空间分布及其地位和角色，构成城市的人文区位(human ecology)。这一词是从生物学上借用来，含有两种含义，"一是指地理上的区域或位置；二是久经形成的生活网络中，每一种生物所占的不同地位及所扮演的不同角色。"城市人文区位学理论的最早研究来自以帕克和伯吉斯为代表的芝加哥学派。他们认为人文区位学"是研究人类在其环境中的选择力、分配力和调节力的影响作用下所形成的在空间上的联系的科学。"①

4.3.1 我国城市空间结构的层次分析

为了研究城市空间结构的内部特征，这里将城市空间大致分为三个层次，分别是中心城区、外围城区和城市边缘区。从城市结构的三个层次分别探讨其内部的社区分布的结构特征。

4.3.1.1 中心城区——主要由传统街坊社区和高价格商品房社区构成，居民社会阶层两级分化

对于大城市而言，中心城区的改造始终是一个难题。随着城市中心地区商务功能的加强，过去遗留在中心地区的大片居住区的土地使用性质正发生显著的转变。一种是变更开发，纯商务目的的改造，原住户外迁；一种是复合开发，建成大量的商住办综合体，虽然部分保留了居住功能，但住房的标准多数面向高收入阶层，原中下阶层的旧式居住社区改建为中高收入阶层的居住社区。也就是说，中心城区的原住户，可能在旧区重建过程中被迫迁离中心城区。那些尚未改造的传统街坊社区居民，则需要忍受居住拥挤、设施不全的不良居住条件。这些住户居住水平通常大大低于全市平均水平，社区趋向衰落。那些改造后的新建社区，一般为高价格商品房社区，城市的高收入阶层迁入中心城区的社区。这样从整个中心城区来看，就形成了中心城区明显的两极分化现象。

在目前的城市中，中心城区的社会环境在整个城市空间结构是最为优越的，因为中心城区往往集聚了城市一流的购物设施、医院、教育设施，出行非常便捷。因此商品房价格最高的地段都集中在中心城区。如上海中心城区徐家汇地区的商品房，许多楼盘每平方米单价达到 20000 元以上。这些高价格商品房社区多是在旧城改造后形成的。由于旧城改造本身成本比较高，地价也高，因而房产开发多定位在高档社区的层次。这些社区环境优越、服务水平优良、居民居住条件舒

---

① 李道增. 环境行为学概论. 天津大学出版社，1998.

适。本节后提到的位于上海原南市区太阳都市花园就是一个这类"高尚社区"的实例。

而与此同时，中心城区还保留有大量年代久远的旧社区，包括部分棚户简屋，居住环境质量急待改善，居住环境在全市来看，也属于最差的行列。由于中心城区土地稀缺，这些社区居住密度大，空间局促的问题尤为突出。根据典型社区的调查，传统街坊社区居民对居住条件的满意度最低，一些社区达不到最基本的生活要求，人均居住面积低于 $4m^2$ 的特困户主要集中于中心城区的传统街坊社区，煤卫合用的状况还相当普遍。如上海市花衣街 60 弄、顺天村、长乐村等传统街坊社区，7、8 户共处一幢二层的里弄住宅并不少见。

中心城区由大量处于社区档次序列两端的新旧社区组成，从类型看集中了拥挤的传统街坊社区和高价格商品房社区，两者构成了巨大反差。西方发达国家的城市也经历过这样一个阶段，美国诗人惠特曼曾尖锐的指出纽约中心城区外围"一般收入的人可以用合理的租金找到居所，反观在纽约市内，不是宫殿般的豪宅，就是破烂不堪的贫民窟"，这深刻地反映了当时纽约市中心社区的两极分化[1]。

中心城区社区的两极分化，也造成了两类居民心理上的隔离，主要是来自优越群体对中下层群体的主观心理排斥。如位于上海市河南路、复兴东路以北的太阳都市花园，处于老城厢内，周围多是旧式里弄住宅区。定位于高档商品住宅区的太阳都市花园，其环境质量、居住条件与附近传统旧区形成强烈反差，沿河南路的花神广场、神牛广场建成后，附近居民亦常到此散步、游憩，甚至在夏夜衣着随便、携带躺椅聚集于广场喷泉旁，乘凉消暑，舞蹈游戏，引起太阳都市花园业主和开发商的不满，认为有损住区的高贵形象。反映出两类社区层次巨大差距，带来的心理上的隔阂，无法相互认同。

4.3.1.2 外围城区——主要由单位公房社区和中等价格商品房社区构成，是广大中等收入市民集聚的"中环区"

总体来看外围城区的社区主要是两类，一类是单位公房社区，另一类是中等价格的商品房社区。这两类社区，从居住环境、居住标准、居

---

① 张鸿雁. 侵入与接替——城市社会结构变迁新论. 东南大学出版社，2000.

民收入、文化素质来看没有实质的分别，基本处于中档水平，呈平均化态势。聚集于城市外围区的社区多是建国以后按照规划布局建设起来的，在以后的城市建设中，又不断扩充，不断填空补齐，到目前来看，大部分城市已经在外围城区形成了比较连续的，由单位公房社区和商品房社区构成的居住环带。由于外围城区地价不算太高，离中心城区不算太远，大部分居民上下班时间控制在可接受的程度之内（如上海上班单程出行时间不超过一小时）。部分形成于 1950 年代至 1970 年代的单位公房社区改造后，也多以中等价格的商品房社区为主。

在城市的五类社区中，其中单位公房社区和中等价格商品房社区在数量上占绝对优势，对应的城市阶层也是数量最为庞大的普通市民阶层。外围城区逐渐成为聚集人口最多、聚集社区最多的地区。这是该区域社区发展过程中两种作用力共同作用的结果。根据城市土地价格机制作用，使得城市中心因区位优势而具有的高昂土地价格，由此开发形成的商品房社区由于价格较高，将大量中等收入阶层排除在中心城以外；另一方面，由于中心城区毕竟文化设施齐全、社会环境优越，就业岗位多，交通便捷，又对居住人口产生内向的吸引力，促使人口具有向内集中的趋势。在这种中心城区的外推力和城市边缘区向内的吸引力作用下，就在外围城区形成了大量城市居住人口聚居的一个"中环区"，这里聚集了较大比例的城市人口和社区。

外围城区一般是城市单位公房的主要集聚区域，原本就是城市工薪阶层的社区集中地，同时外围城区开发的商品房价格一般中等收入家庭尚可接受，通过房地产市场中买卖双方的选择，成为中等收入或中低收入家庭首选的住房。因此总体而言，外围城区的社区基本能满足各个档次的普通城市居民的需要，从而成为城市广大中等收入阶层社区聚集的地段。

4.3.1.3　城市边缘区——社区多元化并存，结构尚不稳定

城市社会结构变迁的一个重要内容就是城市面积的扩大和城市郊区化的变迁，特别是城市向边缘扩展，已经成为城市化和城市现代化发展的一个普遍现象。位于城市边缘区的社区由多种层次和类型的社区构成，既有大量在城市建设动迁居民和低收入阶层构成的社区，也有部分郊区别墅等商品房社区，居住档次不等，集中反映了城市边缘

区社区分布的多元化特征。

人们对郊区型住宅消费的兴趣，主要有两种类型：一是经济居住型，主要考虑郊区房目前较低的价格，往往中低收入阶层的家庭经济承受得起，租金也相对便宜。因此在交通尚方便的城郊地段，吸引了不少买家和租房的住户。上海莘庄房地产开发的良好势头，一方面由于上海地铁一号线大大缩短了出行时间；另一方面则是莘庄城郊地区相对便宜的房价。二是环境消费型，这部分人的消费能力可以承受市区较高价位的住房，但相比起来他们对郊区环境、景观、休闲方式更感兴趣。另外从经济上讲，在市区买一套住房要花费两三百万，而在城郊结合部，同样的花费不仅可以住得更宽敞，而且还可以买一部小汽车解决交通问题。从经济居住型、环境消费型两种住房消费趋向也可以看出，城市边缘区可以吸引不同购买力水平的消费群体。

城市边缘区社区的多元化，还表现在社区内部人口构成的多元化和人口流动性大。根据 1999 年暑期调查，位于边缘区的商品化住宅小区，如龙南十村、金杨二街坊、永和二村都是在城市建设过程中，安置动迁城市居民形成的社区。社区住房除用作动迁安置外，其余作为商品房对外租售。调查显示，其租房住的比例明显高于其他社区，分别达到 58%、58% 和 49%。一方面这里外来流动人员租房的多，另一方面许多城市居民对边缘区社区发展的观望态度。许多家庭对边缘区社区发展不看好，不愿意投资这里的住房，若有更好的机会，也许就搬离，因此租房比较利于以后的迁移，部分边缘区社区处于一种比较不稳定的状态。城乡结合部是流动人口的主要集聚区域，因这些地区有较多租金低廉的住房、私房、农民住宅可供出租。

目前，我国大城市边缘区还有相当的高价格商品房社区，除了部分高档别墅型社区，还有一些高价格商品房社区。它们与位于城市边缘区的开发区的发展密切联系在一起[①]，如上海的虹桥开发区、北京的中关村地区、西安的高科技开发区等。房地产商在开发区内、高等院校周围的开发商品房社区，并以开发区和相关整体社会环境（如高档俱乐部、贵族学校）作为吸引客户的附加优势。

---

① 田汉雄等 . 上海城市发展，2000.

总体来看，经济居住型住房消费占城市边缘区社区的主体。边缘区大部分地区，一般来说交通条件、环境质量都不及中心城区，特别是在交通条件、环境质量较差的地带，居住了较多的中低收入阶层的家庭。相当数量的此类社区接纳了在开发和市政工程建设动迁过程中从中心城区迁出的城市住户，这类住户主要属于中低收入阶层。另外类似"浙江村"这样外来人员集中的亦城亦乡的社区，居住设施和环境条件与一般城市社区相比，可列为最差的一类，也以隔离独立的存在方式，分布于城市边缘区空间。随城市开发区崛起的中高收入阶层社区，及郊区别墅区，与一般城市边缘区的社区相隔离，镶嵌在广大的城市边缘区中。共同构成了城市边缘区社区发展参差不齐的多元格局。

4.3.2 上海城市社区总体空间结构的实证研究

改革开放以来，伴随上海的快速发展，城市总体社区空间结构及社区内部都在经历着转型的过程。本节着重以上海城市社区作为一个案例，系统地进行一些实证研究，以论证前述的主要观点。

4.3.2.1 上海城市空间结构的历史变迁过程简述

在鸦片战争以前，上海的地位几乎完全被掩盖在苏州、杭州这些繁华的江南重镇的名声下。1843年上海正式开埠，随后法国人、美国人也相继建立租界。租界不是旧县城的扩大，而是西方国家在中国建立的一块"飞地"。租界的意义对西方商人来说是一个新敞开的经济空间的门户，对上海城市来说是一个新时代的开端，它把上海引上了另一条发展轨道。

由于土地私有制和土地买卖，上海市城市土地价格十分清楚，如从1843年上海开埠到1937年，由于经济发展、币值相对稳定，上海中心土地价格从1843年每亩10两银子，上升到1933年市区"地王"，即现在的外滩和平饭店地块，标价每亩30万两银子。因土地交易频繁，土地级差现象十分明显。1949年上海解放以来，逐步限制土地交易[①]。上海解放前在地价经济杠杆作用下，不同社区的分布呈现与不同土地区位对应的特征。从社区外部形态来看，随着外国资本的

---

① 田汉雄等. 上海城市发展，2000.

输入和民族工商企业的发展，上海
经济日趋繁荣，人口大幅度增加，
住宅建设也空前发展。一方面，豪
华、优美的花园住宅和高级别墅纷
纷兴建，建筑新颖，千姿百态，形
成"建筑博览园"的景观；另一方
面，砖木结构的石库门房子和里弄
住宅也遍布全市，自成风格；棚户、
简屋到处搭建。建国前，上海传统
街坊社区的分布范围见图4-4。

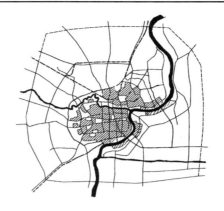

图4-4　上海传统街坊社区的分布

（资料来源：根据《上海房地产市场》
有关资料整理）

　　建国后，随着计划经济模式普
遍建立，计划经济模式在解决普通老
百姓的居住环境方面发挥了巨大作用。计划经济体制阶段城市社区的发
展是在上海建国初期形成的城市空间结构的基础上进行的，改变了上海
原有租界与华界，两级分化、不平衡的发展状态。解放后，随着国民经
济的发展，上海展开了大规模的住宅建设。当时按照"住宅新村距市
区要近，充分利用城市原有的市政公用设施和生活服务设施，住宅新村
配套要全，提供较好居住条件"的原则，规划了多处大型居住区。可以
说计划经济体制下的住宅建设基本构筑了目前上海城市社区发展的一个
基本框架。如今上海城市内环线附近基本是当时形成的单位公房社区，
当年随城市近郊、远郊工业区辟建，建设了一些新村，并在市政道路设
施、生活服务设施上大量投入和建设，为改革开放以后社区在城市外围
发展奠定了基础。改革开放初期直到1980年代后期，上海统一规划建
设了一大批住宅新村。上海单位公房社区的分布范围见图4-5。

　　进入1990年代，上海借开发浦东为契机，进入一个社会、经济
持续高速发展的时期，上海需要具备现代化大都市的基础设施和高质
量的生活环境。为此上海城市空间布局也需要做结构性调整，中心商
务区的大量居住、工业用地按照土地级差效益原则置换为金融、贸易
和服务业用地。上海着重加强了以城市道路交通为中心的城市基础设
施建设，内环线高架、南北高架、南浦大桥、杨浦大桥、地铁一号
线、二号线相继通车，明珠线也投入运营，这不但使交通状况得到明

显改善,而且还使城市中心地段的大批旧住宅区得以改造。1990 年至 1997 年 8 年间,上海市住宅建设共投资了 1737 亿元,竣工住宅 7394 万 m²。商品房的建设也逐年增加,年竣工量由 1990 年的 73.90 万平方米增至 1997 年的 1174.14 万 m²,占当年住宅建设总量的比重由 15.7% 上升为 69.8%。商品房已经成为住房供给的主要方式,商品房社区的分布范围见图 4-6。

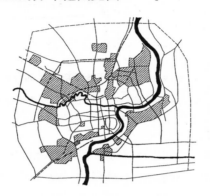 

图 4-5 上海单位公房社区分布
(资料来源:根据《上海房地产市场》有关资料整理)

图 4-6 上海商品房社区分布
(资料来源:根据《上海房地产市场》有关资料整理)

进入 1990 年代,上海社区建设无论在数量上、还是质量上都有大的提高。大批新的社区涌现出来,中心城区可利用空间毕竟有限,城市边缘区成为社区发展最快的区域,而且从上海市区各类住房构成情况的变化来看,房地产开发形成的住宅,在各类住房投资中(其他还有城镇集体、更新改造、基本建设)逐渐占据主导地位。说明进入 1990 年代,特别是 1990 年代后期,社区最主要的发展类型是商品房社区,而这类社区的空间分布多依照市场经济规律分布,而不是通过土地行政划拨形成,因此呈现更明显的市场化分布规律。例如,比较高价格的商品房社区多分布在浦西中心城区的优良地段,以及虹桥开发区、小陆家嘴地区附近,其他中低价格的商品房社区基本按照距城市中心的距离来建设,距离越远,地价越低,商品房价格也越低。随着上海城市空间的向外扩展,居住人口从中心城区向城市边缘区迁移。例如本次调查的永和小区大多数居民就是从黄浦、静安两区搬至此地;龙南七村相当部分居民原来是黄浦区凤阳路拓宽改造工程的拆迁居民，金杨二街坊 44% 的居民原来是陆家嘴地区的动迁户。

4.3.2.2　上海社区总体空间结构的截面实证分析

本研究通过 22 个不同类型的社区案例的特点及分布特征，论证上海城市社区构成的城市空间结构的社会特征。以下列举的 22 个社区案例，其中 15 个社区为 1999 年由笔者主持的上海城市社区调查的案例，其余 7 个为 1998 年夏南凯主持的上海房地产市场抽样调查的社区案例①。其中瑞福里、长乐村、陆家嘴某小区等位于中心城区，曲阳新村、曹杨新村、崂山新村等位于外围城区，金杨二街坊、万科花园、御桥花园等位于城市边缘区。它从一个历史发展阶段的截面来分析上海城市居住空间的结构特征。

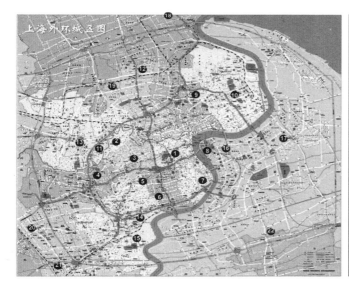

1. 瑞福里
2. 药水弄
3. 培明小区
4. 凯旋公寓
5. 长乐村
6. 海丽花园
7. 花衣街60弄
8. 陆家嘴某小区
9. 曲阳新村
10. 延吉五村
11. 武宁新村
12. 彭浦新村
13. 曹阳新村
14. 宛南新村
15. 龙南十村
16. 崂山新村
17. 金杨二街坊
18. 宝钢十村
19. 永和二村
20. 万科花园
21. 绿梅二村
22. 御桥花园

图 4-7　调查的上海 22 个社区案例的空间位置

（1）社区类型的空间分布比较

根据 22 个社区案例来看，上海中心城区分布最多的有两类社区，分别是传统街坊社区和高价格商品房社区，而这两类社区无论在社区的社会构成上，还是在社区的居住环境条件上都存在很大的差别。同时中心城区也存在部分单位公房社区（如瑞福里），这是计划经济时

---

①　田汉雄等. 上海城市发展，2000.

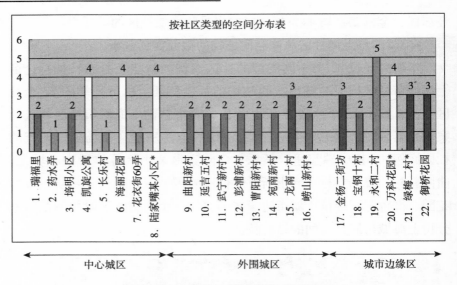

图4-8　22个社区案例的社区类型分布

注：坐标轴中1—传统街坊社区；2—单位公房社区；3—中低价格商品房社区；4—高价格商品房社区；5—社会边缘社区。

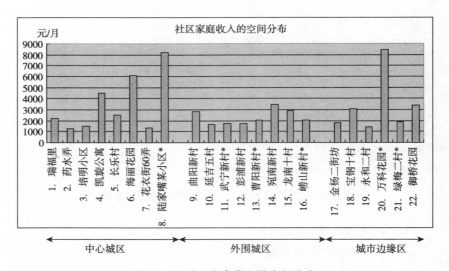

图4-9　社区家庭收入的空间分布

期对部分旧城简屋、棚户区进行福利性改造后形成的住宅小区。在外围城区占主导地位的社区是单位公房社区，1980年代以后外围城区也见缝插针地建成了部分商品房社区，但主要是中等价格商品房社区。这两类社区虽然在形成时间上有先后，但从居住环境水平、交通可达性、公共设施环境来看，总体都处于中等水平。城市边缘区的社区分布类型比较多样化，在一些设施环境、交通环境都相对优越的地段有高收入的商品房社区，而在其他的地段有大量的中低价格商品房社区。社会边缘社区多分布于交通和其他设施条件更为不利的城市边缘区。

（2）社区家庭收入的空间分布比较

由上图可知，中心城区的居民家庭收入状况存在较大差别，就所调查的社区案例来看，中心城区中高价格商品房社区中家庭的平均月收入达到8000元/月以上，是部分传统街坊社区居民家庭收入的5～6倍。外围城区的居民家庭月收入多处于1800～3000元/月，这部分居民占城市居民总人口的最多数，处于上海城市居民家庭收入的平均水平。城市边缘区的居民家庭月收入参差不齐，其中中低价格商品房社区的家庭收入处于全市中等收入水平。动迁小区及外来人员比较多的社会边缘社区居民家庭的收入水平在2000元/月以下，低于全市平均水平。

（3）社区居住条件的空间分布

从上图可知，中心城区社区居民家庭住房建筑面积主要处于两个区间内，一是100～120m²的住房，二是35～50m²的住房，两者的差

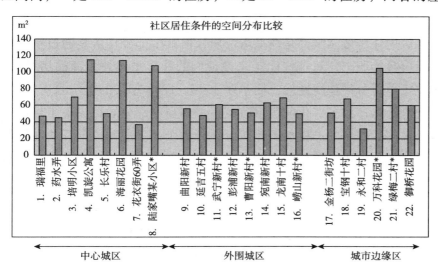

图4-10 社区居住条件的空间分布比较

距超过一倍。反映了中心城区居住条件存在的巨大差异。外围城区社区居民家庭住房建筑面积 50 ~ 70m²。城市边缘区，除动迁性质的小区其住宅面积标准略低外，其余大部分在 60 ~ 110m² 之间，略高于外围城区社区住房的面积标准。

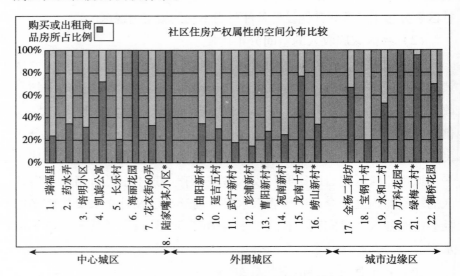

图 4 - 11　社区住房产权属性的空间分布比较

（4）社区住房产权属性的空间分布比较

目前上海城市社区住房属性是一个比较复杂的问题。如一些商品房社区的住房虽然全部是商品房性质，但其中部分住房是通过单位购买后再分给职工，对这些职工来说他们的住房虽然处于商品房社区，却属于单位分配住房性质。而一些 1970、1980 年代的单位公房社区，在允许公房产权私有化的优惠政策下，相当一部分居民买下了居住多年的住房，住房的产权也因此从单位转为个人。这种情况反映在所调查的社区案例中，单位公房社区中的住房不是"单位分配住房"，而商品房社区的住房也不完全是"购买的住房和租赁的住房"。

由上表可知，中心城区的年代较久的住房多为单位分配住房，而高价格商品房社区的住房主要是购买的商品房。外围城区的住房以单位分配住房为主。城市边缘区的住房主要是购买或租赁的住房，其中高价格商品房社区的购房比例较高，而中低价格商品房社区的租房比例较高。

5

社会转型期的城市
社区规划

5.1 关于城市社区合理规模及功能的探讨

5.1.1 关于城市社区合理规模的探讨

5.1.1.1 社区规模的理论假说

关于社区人口"合理规模"的确定，一直以来是城市规划学、社会学、管理者等多方面研究关注的基本问题之一。人居生活的形态是由多种类型层次所组成。有些类型层次是适合管理的单元，也有些是功能型的单元。管理者希望的社区尺度是能够实施管理，工程师希望的尺度是能够发挥基础设施最合理地使用，而经济学家希望的尺度是商业化的经营组织。西方 20 世纪关于"合理邻里尺度"概念演进理论的主要代表是 Norman Pearso（诺曼）和 Margaret Willis（玛格丽特）。如表 5 - 1 中，有九种类型的尺度与三种理论性的尺度相比较，这三种理论尺度是分别是：一种由德国地理学家 Walter Christaller（1933）提出，另一种是由德国社会学家 Chombart de Lauwe（1953）提出，还有一种是由道萨迪亚斯提出的"人类聚居学"尺度（下文将进一步详述）。表中所列的 12 种例子，说明了小规模社区可以分解为几种不同类型的尺度。①

根据表中 12 种社区人口尺度规模的表格，可以发现这些理论假设和实践运用的规模尺度具有一定的规律，其数值之间的交集的结果就产生了关于社区规模尺度的四个范围，具体如下：

（1）最小的一种是大约有 50~80 个家庭组成（大约 150~200 人）。它等同于社会学家关于"面对面"的尺度。这一数量的家庭住宅平行排列可以组成一条共同的街面，或者竖向叠加可以形成一幢公寓，拥有着共同的公寓底层进厅。这个数量是由 Suzanne Keller 和 Dan Soen 提出来的，具有物质性的含义。这些家庭不一定是朋友关系，虽然也可能成为朋友。这一尺度代表了一种典型的城市居住类型，是在物质空间意义

---

① 社区人口规模的 12 种. 资料来源：Gwen Bell & Jaque line Tyrwhitt（Etd.）. Human Identity in Urban Environment. Penguin Books，1972，England，234 页.

　　上的，居民之间不可避免地会发生见面后"点头之交"的问候。这一层次主要的特点是"一条街"的范围（或可以对应于我国北方一些城市的"胡同"、南方一些城市的"弄堂"，简称为"弄巷"）。

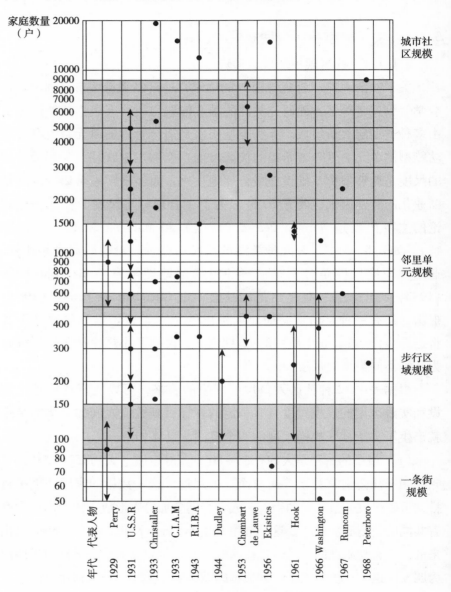

表 5－1　社区人口尺度规模的 12 种

（资料来源：Gwen Bell & Jaqueline Tyrwhitt（Etd.）. Human Identity in Urban Environment, Penguin Books, 1972. England. 234）

（2）第二种类型是 150~450 个家庭之间（大约 500~1500 人）。这一尺度是世界上许多国家传统的村庄或小镇的尺度，基于合理的步行通勤范围内。这一尺度的上限大约就是一个步行区域范围的最大尺度。这一尺度类型也同样代表了支持一些社区功能所需要的最小人口规模尺度，例如包括从食品店到医疗所、社区俱乐部等基本功能设施。这一尺度对于儿童和老人来说是最基本的。

这一层次的特点是"步行区"的层次，其含义主要是指在步行尺度范围内多样化的活动领域。对老年人、家庭主妇和儿童来说，他们可以通过步行而到达所需要的设施和户外活动场地。由于他们通常不是小汽车的使用者，所以相比那些需要车行才能到达的城市生活设施来说，步行区范围的设施和场地对他们更具吸引力。玛格丽特米德曾对步行区这一层次的公共空间的作用进行了研究。她指出，如果要追求种族之间人们社会地位的平等，并不是意味着一定要把各色人种混合居住。例如，在以色列，规划师最初试图把不同的移民者混合居住形成社区，但结果不起作用。后来，改变了原来混合居住的方式，改为建造 5 处小村庄，每一处只居住一个种族居民，相对独立，然后在 5 处不同种族居住的村庄之间规划建造了一处共同中心，中心的功能是各种族居民小孩上学、成年人和孩子们医疗就医。这样做，使得 5 个相对独立的村庄拥有了受保护的环境，而公共中心是一个逐渐在文化上相互认同的场所。在这一步行区范围内，研究者希望营造这样的一个环境，即儿童从他们出生的时候起，就得以从周围不同肤色和文化的人们那里获得关爱并受到影响，以便他们学习对不同文化的欣赏，同时，对自身人种和文化引以为豪[1]。

（3）"邻里单位"层次

对于再大一些尺度社区类型的研究，分歧比较大。在广泛使用小汽车之前，一个"最佳"城市邻里的尺度是 600~1500 家庭，大约 2000~5500 人。通常定为 5000 人左右。这一尺度的城市邻里内部功能相当独立和完善，它主要是依据邻里内的儿童数量所支持的一所小学的规模，以及成人的数量所支持一处当地的购物中心的运作。然

① Margaret Mead. Preparedness for Participation in a Highly Differentiated Society. Ekistics 167. 1969. 243.

而，随着教育体制的多元化以及家庭小汽车的普及，这一人口尺度规模的假设发生了变化，提高到 2000～3000 家庭，大约 7000～10000人。在"人类聚集学"的规模尺度中，这一类型的尺度被界定为40000人左右。一些相关的研究指出，如果大都会区要真正做到为人服务，那么它就应该由这一层次社区网络构成[1]。

这个层次是绝大多数邻里规划体系的焦点。Margaret Willis 指出，随着家庭小汽车拥有率的提高，人口规模应超过5000人这个数字。另外，从服务设施配置和经营的经济性角度来考虑也得出相同的结论，即需要比5000人更多的人口规模才能支撑社区公共服务设施有效地经营，从而发挥设施的使用效率。但是社会学角度的研究却始终认为这样的尺度规模太大，对邻里不起作用，因为，在社会学的术语中，邻里是一个小型的相互之间具有直接联系的人群，成员之间具有社会控制的作用，所以，这一尺度无法作为一个真正的步行区域来考虑。

较大规模邻里单元的选择正是小汽车时代的城镇居民所需要的；但对于不使用小汽车的老人和儿童来说，这一层次的规模又显得太大了。因此，这一层次的范围可以划分成若干小尺度的层次，如形成完全步行化的区域。小汽车道路通常只能在其周边环绕。

（4）"城市社区"

根据表 4-1 所示，多种理论假设对于"城市社区"家庭规模的确定是 3000～7000 户，人口约 3～7 万人。这一范围的设施提供了居住生活设施的多样化选择。因为，人们一方面需要小尺度的居住类型以满足其居家生活的日常基本所需，另一方面也需要在更大范围内的选择和结合。

5.1.1.2 道萨迪亚斯"人类聚居学"关于社区规模尺度的分析

纵观城市规划学科的理论发展，对人居环境科学的整体研究最有代表性的人物，应该是希腊城市规划学者 C. A. Doxiadis（道萨迪亚斯，以下简称"道氏"）。我国城市规划学者吴良镛院士开创的"人居环境科学导论"，其理论基础就是来源于道氏的"人

---

① Gwen Bell & Jaqueline Tyrwhitt（Etd.）. Society：the human community. Human Identity in Urban Environment, Penguin Books, 1972. England, 232～239.

类聚居学"①。道氏"人类聚居学"中提出的关于人类定居规模级别的划分，对当前我国城市社区人居规模的研究，具有较好的理论借鉴。

道氏在其"人类聚居学"的研究中总结了人类聚居形态的发展进化过程和聚居人口规模尺度的分析。他指出，随着村落规模的逐渐扩大，某一区域中一个中心村落的经济、商业、文化、宗教、行政等功能逐步加强，形成了集镇。每个集镇都是一个村落系统的中心。与村落不同的是，它无法孤立地生存下去，而必须依赖于若干其他社区。道氏通过对世界上各地区的集镇系统的研究，借鉴了德国地理学家克里斯泰勒（W. Christsller）著名的"中心地理论"成果，得出了一个集镇——村落系统的六边形理论模式。即，1个集镇为周围6个村落服务，村与镇之间的距离一般是5.22km，相当于人们步行一个小时的路程。整个集镇系统的领域为150km² 左右，平均约7000人口左右②。

1950年代，道氏提出了"人类聚居学"的图式。道氏的"人类聚居学"重要的贡献在于：它建立了一个完整的关于人类定居规模的谱系，这个范围包括"从单个的人"到"世界范围的大城市"，成为十分有效的城市分析工具。③ 如图表5-2所示。

道萨迪亚斯"人类聚居学"理论图式（The Ekistics Grid）　表5-2

社区尺度	1	2	3	4	5	6	7	8	9	10	11	12	13	14	15
人居单元	单个人	房间	住宅单元	住宅组团	小型邻里	邻里	小镇	城镇	大城市	大都市	大都市区	大都会	城市区域	城市洲	全球城市
要素　自然															
人类															
社会															
住所															
网络															
综合															

注：表中灰色部分6、7、8三个层次是本文关于"社区"界定的研究范围。
（资料来源：道萨迪亚斯"人类聚居学"理论图式（The Ekistics Grid）。资料来源：吴良镛. 人居环境科学导论. 北京：中国建筑工业出版社，2001. 345）

---

① 我国城市规划学者吴良镛院士开创的"人居环境科学导论"，其理论基础就是来源于道萨迪亚斯的"人类聚居学"。

② 吴良镛. 人居环境科学导论. 北京：中国建筑工业出版社，2001. 256.

③ 道萨迪亚斯"人类聚居学"理论图式（The Ekistics Grid）. 资料来源：吴良镛. 人居环境科学导论. 北京：中国建筑工业出版社，2001. 345.

根据人居聚居学的理论图式，道氏预测了15种"人类聚居单元"（下文简称"人居单元"）的人口规模。在人居单元的数值之间，前一项和后一项之间在数学上存在特定关系，即：除了前3项之外，其余的12项之间都存在一定的比率关系，前一项与后一项的比率大约在6~7之间。这是 Walter Christaller 在对德国城市人口规模的研究中得出的结论。而后来有学者对美国中西部城市的研究中也发现类似的规律①。在我国城市规划学科领域内，具有历史意义的是，陈秉钊教授也在实践调查和研究中提出了城市规模等级序列的规律②，这在下一节中将予以研究。

道萨迪亚斯"社区单元"划分及其人口规模
尺度及 Walter Chrietaller 计算的对数表　　　　　表 5 – 3

平均人口规模（人）	人类聚居单元名称	前者对后者的比率	对数值
1	单个人		
2	房间	1:2	0.387
4	住宅单元	1:2	0.387
40	住宅组团	1:10	1.286
250	小型邻里	1:6.25	1.023
1500	邻里	1:6	1.000
7000	小镇	1:6	1.000
5万人	城镇	1:5.55	0.952
30万人	大城市	1:6	1.000
200万人	大都市	1:6.66	1.059
1400万人	大都市区	1:7	1.086
1亿人	大都会	1:7.14	1.097
7亿人	城市区域	1:7	1.086
50亿人	城市洲	1:7.14	1.097
300亿人（最终规模假设）	全球城市	1:6	1.000

注：表中灰色部分6、7、8三个层次是本文关于"社区"界定的研究范围。
（资料来源：道萨迪亚斯"社区单元"划分及其人口规模尺度及 Walter Chrietaller 计算的对数表）

———————————

① 前一项和后一项之间在数学上存在特定关系．即：除了前3项之外，其余的12项之间都存在一定的比率关系，前一项与后一项的比率大约在6~7之间。这是 Walter Christaller 在对德国城市人口规模的研究中得出的结论。而后来有学者对美国中西部城市的研究中也发现类似的规律。
② 陈秉钊教授也在实践调查和研究中提出了城市规模等级序列的规律。资料参考：陈秉钊．上海郊区小城镇人居环境可持续发展研究．北京：科学出版社，2001.22~25.

根据上表所列，道氏把"单个人"到"全球城市"都作为广义概念上的"社区单元"。其中，与本文所述的社区相近的概念应该是从"邻里"到"城镇"的范围，包括邻里、小镇和城镇，这些单元更加侧重居住内容本身。因此，根据道氏的界定，本文所指的社区人口规模的范围是：

第一层次：邻里（组团），居住人口约1500人；

第二层次：小镇（邻里单元或居住小区），居住人口约7000人；

第三层次：城镇（城市社区或居住区），居住人口约5万人。

5.1.1.3　英国学者 Lee 对社区层次的研究

1968年 Lee 在英国剑桥大学做了仔细的研究以后，结合人们头脑中对邻里形成的图式提出了三个层次。Lee 在英国剑桥大学的研究工作，更多地集中在与从各地来的不同类型的家庭主妇们交谈。所有交谈过的人都被要求画出一张他们自己邻里的地图，并标明她们的好朋友、亲戚、熟人住的地方，描述他们出去的习惯，表达他们对他们居住那个地方的看法。最后把这些材料综合起来，三个邻里层次由此出现了[①]。Lee 的三个层次（图5-1）：

（1）有社交、熟人的层次

这一层次人们住得比较近，就有可能知道彼此的姓名，这一层次的边界限定在有社交接触的范围内，一般小于500户。小于1500人。

（2）匀质的层次

这一层次的边界比前者扩大了许多，由房子的质量与住户类型限定，在这个范围内定居的居民彼此间属于常见面，面孔熟悉但相互并不认识。相当于邻里单元的层次，规模在7000~10000人。

（3）城市单元的层次

范围更大，其中的房子与住户已有不少种类型。为了设立学校、商店等服务设施，必须有一定数量的居民作为服务对象，在这个层次上，朋友、熟人是分散的。相当于城市社区的层次，5万人左右。

---

① 李道增. 环境行为学概论. 天津大学出版社，1998.

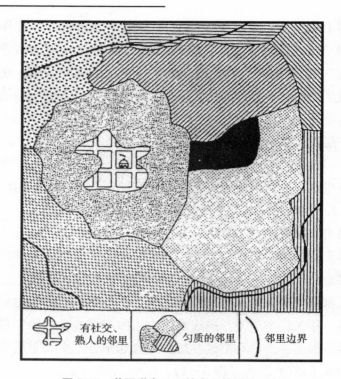

有社交、
熟人的邻里　　匀质的邻里　　邻里边界

图 5 - 1　英国学者 Lee 的定义的居住层次

（资料来源：李道增《环境行为学概论》有关内容整理．天津大学出版社，1998）

5.1.1.4　城镇群落的"倍数原则说"及其城镇群落结构模式

倍数原则的理论观点是由陈秉钊提出[①]，它是一种打破自发形成的连续性的城市群落、建构"级跳型"城镇体系的重要规划原则。其中心思想是使城镇等级分明，在人居环境中职能分明，从而使人类环境的各种功能得到依存，各种公共服务设施得以合理的配置，协同互补，以组成有机的人居环境完整系统。倍数原则所建构的城镇群落结构模式是基于理论研究的阐述，对实际工作具有理论上的启示。对当代城市社区规模的定位具有理论的比较和指导意义。该研究结合上海城镇体系的实证研究，提出上海大都市的人居环境组成的倍数原则可以具体体现为"人口规模的五倍原则"。如

---

①　陈秉钊教授也在实践调查和研究中提出了城市规模等级序列的规律。资料参考：陈秉钊．上海郊区小城镇人居环境可持续发展研究．北京：科学出版社．2001. 22 ~ 25.

下图 5 - 2 和表 5 - 4 所示。

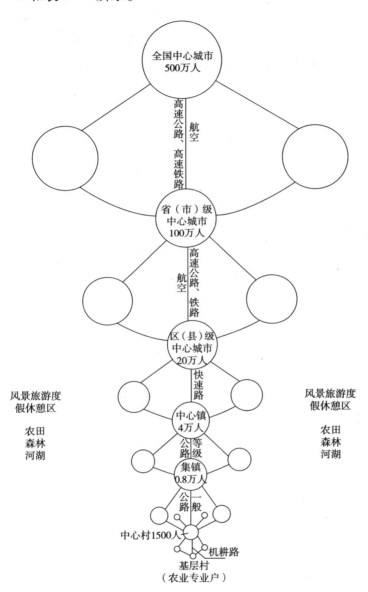

图 5 - 2　城镇群落结构模式

城镇群落结构模式中人口规模的五倍原则　　　　　表 5-4

序号	等级	名称	人口规模	前者与后者的比例
1	最初级	中心村	1500 人	—
2	第二级	集镇	7500~8000 人	1:5
3	第三级	中心镇	4 万人	1:5
4	第四级	区县中心城市	20 万人	1:5
5	第五级	省域中心城市	100 万人	1:5
6	第六级	全国中心城市	500 万人	1:5

（资料来源：陈秉钊等著．"上海郊区小城镇人居环境可持续发展研究"，2001）

在以上五倍原则的等级中，前 3 项是本文"社区"概念所要研究的规模范围。该模式提出，①1500 人的中心村是以农村住区点为基础，主要从事第一产业。其配置的公共设施是日常生活必须的内容，如村民综合活动中心（村民会馆）、卫生院、日用品商店、邮政储蓄代办处、幼儿园等，统一电网供电、区域水厂供水，开发沼气技术、人畜污水处理并与农田灌溉施肥相结合；②8000 人左右的集镇是城镇体系中最低层次的镇，主要承担为第一产业服务的职能。其配置的城镇型的公共设施内容包括如餐饮、娱乐、学校、医院、公共绿地、广场及其超市、日用品购物和维修等，市政设施的供给都应从区域基础设施网络中解决；③4 万人的中心镇以一般加工业和以服务性为主的第三产业为经济活动基础，是小区域的综合性中心城镇，能满足人居环境体系中最经常、最基本的饮食购物、文教娱乐、医疗保健、交通通信的社会服务。中心镇在人居环境体系中具有十分重要的地位和作用，具有满足人类住区最通常生活需求的综合职能，是人居环境基核[①]。

5.1.1.5　社区规模的深入讨论

美国的一些社会学家研究指出，社区规模具有三种分析尺度[②]：

[①] 陈秉钊教授也在实践调查和研究中提出了城市规模等级序列的规律。资料参考：陈秉钊．上海郊区小城镇人居环境可持续发展研究．北京：科学出版社．2001. 22~25. 中心镇在人居环境体系中具有十分重要的地位和作用，具有满足人类住区最通常生活需求的综合职能，是人居环境基核。

[②] 美国的一些社会学家研究指出，社区规模具有三种分析尺度：a. 地域空间尺度：即一个有明确边界的地理区域；b. 社会尺度：在该区域内居住的居民在一定程度上进行互动和沟通；c. 心理尺度：这些居民的共存感、归属感和认同感。

①地域空间尺度：即一个有明确边界的地理区域；②社会尺度：在该区域内居住的居民在一定程度上进行互动和沟通；③心理尺度：这些居民的共存感、归属感和认同感。这一提法具有一定的合理性。作为社区规模的尺度不仅在于地理空间方面，而且还在于居住人口的社会尺度和心理尺度。因此，对于社区合理规模的判定，还应从不同的角度加以深入研究得出结论。

在上述中外学术界关于社区规模研究的基础上，本节将从行政管理体制运作、工程技术服务半径合理配置要求、公共设施市场经营的利益、居民社会心理承受等多角度进行深入的讨论，以期得出关于我国当前城市社区合理规模的结论，为进一步论述城市社区规划提供基础。

（1）从行政管理的角度论社区规模

在我国国家行政管理机构等级体系中最低一级的单位是"街道办事处"。所谓"街道社区"就是对应于街道办事处行政管辖范围、组织居民活动并实施行政管理的社区。因此，对应于街道办事处的"社区"，其人口规模就相当于一个街道办事处行政管辖范围内的人口数量。这一人口规模在不同的城市有较大不同。

1999 年国家民政部明确提出了"社区"的范围：社区"一般是指经过社区体制改革后作了规模调整的居民委员会辖区"。2000 年末，中共中央、国务院转发民政部的 23 号文件，明确将城市基层社区定位在"社区居民委员会"①。2002 年上海市区共有街道 75 个，居民委员会 2179 个。如果以街道办事处地域范围为计算单元的话，那么这一层次的平均的人口规模为 8.43 万人。如果以居民委员会地域为计算单元的话，则每个居民委员会的平均人口规模为 2901 人②。（如表 5-5）。

---

① 截至 1999 年末，我国有 667 个城市，749 个市辖区，5904 个街道办事处，11.5 万个居民委员会。2000 年末，中共中央、国务院转发民政部的 23 号文件，明确将城市基层社区定位在"社区居民委员会"。

② 2002 年上海市市区共有街道 75 个，居民委员会 2179 个。如果以街道办事处地域范围为计算单元的话，那么这一层次的平均的人口规模为 8.43 万人。如果以居民委员会地域为计算单元的话，则每个居民委员会的平均人口规模为 2901 人。上述计算是本文综合有关资料计算得出。

上海市街道办事处和居民委员会地域范围内的平均人口规模　　　　**表 5-5**

名　称	人口规模（人）
街道办事处	约 8.5 万
居民委员会	约 3000

（资料来源：2002 年上海市市区共有街道 75 个，居民委员会 2179 个。如果以街道办事处地域范围为计算单元的话，那么这一层次的平均的人口规模为 8.43 万人。如果以居民委员会地域为计算单元的话，则每个居民委员会的平均人口规模为 2901 人。上述计算是本文综合有关资料计算得出）

　　1996 年以来，基于政府行政管理的角度的考虑，上海市政府把街道机构这一社区单元定义为"社区"，称为"街道社区"①。

　　在街道机构作为行政社区的建设实施过程中，有许多城市事务行政管理的内容，并不是都与居住地的居民日常生活直接相关。由于街道机构所辖的人口规模较大，管理服务的地域空间分布较广，行政管理的人员数量也十分有限，在实际工作中不利于直接有效地人与人之间面对面地管理。因此，在实际操作中，还需要最为基层的居民自治组织——居民委员会进行管理实施。

　　居民委员会的服务与管理直接面向居民。居民委员会单元的划分主要依据居民集中居住的地域，例如居民新村等。因此，居民委员会所对应的"社区规模"，在地方政府的实际管理工作中比较具有可操作性。从对上海市宝山区通河街道办事处的街道人口数量和居民委员会人口数量的调查来看，街道人口数量为 84833 人，街道办事处下辖 24 个居民委员会，居民委员会的平均人口规模为 3534 人②。从政府行政管理的角度，上海市政府把居民委员会这一社区单元定义为"小区"。

　　（2）从工程技术的角度论社区规模

　　我国在城市规划中关于居住区、居住小区和组团的人口规模确定的标准是从基础设施配套的技术合理程度来确定的，并为相应的居住规模单元的划分确定了相应的"公共设施配套标准"，称为"千人指标"，即指每千人需要配套的相应公共服务设施的标准。

----

　　① 黄菊．探索社区建设管理新机制，提高城市现代化管理水平．黄菊在 1996 年上海市城区工作会议上作重要讲话，1996 年 3 月 27 日。

　　② 同济大学建筑与城市规划学院等．宝山区通河社区发展规划，2001.

根据我国 1994 年颁布的"城市居住区规划设计规范"（GB50180-98），其中对居住区、居住小区和组团所规定的人口规模如表 5-6[①]：

居住区分级控制规模

表 5-6

	居住区	小区	组团
户数（户）	1.0～1.5 万	2000～4000	300～700
人口（人）	3.0～5.0 万	7000～1.5 万	1000～3000

（资料来源："城市居住区规划设计规范"，GB50180-98，国家建设部）

规范中指出：①居住区是泛指不同居住人口规模的居住生活聚居地和特指被城市干道或自然分界线所围合，并与居住人口规模（3～5万人）相对应，配建有一整套较完善的、能满足该区居民物质与文化生活所需的公共服务设施的居住生活聚居地。2002 年修订版将此人口规模调整为 1.0～1.5 万人；②居住小区是指被居住区道路或自然分界线所围合，并与居住人口规模（7000～1.5 万人）相对应，配建有一套能满足该区居民基本的物质与文化生活所需的公共服务设施的居住生活聚居地；③组团是指被居住小区道路分割，并与居住人口规模（1000～3000 人）相对应，配建有居民所需的基层公共服务设施的居住生活聚居地。

（3）从市场经营的角度论社区规模

西方发达国家的一些学者认为，社区人口至少要能支撑一所小学的存在和运行。这样的人口规模，大致可以让一套商业和服务业组成的中心正常营业。例如，在城市用地比较宽松的美国，社区作为城市规划结构的单元，平均社区有 1 万个家庭，每个家庭平均人数 3.6 人，社区人口规模为即 3.6 万人口。这一规模与我国《城市居住规划设计规范》中规定的"居住区"人口规模的划分比较一致。社区中设置高中、初中、医院、图书馆、教堂、社区购物中心、游戏场、工业用地等等[②]。但是，在城市用地相对紧张的国家来说，社区人口规模相对较大，这样可以使得居住模式比较紧凑，公共设施相对可以服务更多的人口，从而取

---

① 国家建设部．"城市居住区规划设计规范"．（GB50180-98）
② 丁建民．人、社区、城市规划．同济大学硕士学位论文（导师邓述平教授），1990.

得更好的经济受益。例如新加坡政府从 1950 年代开始实施以城市大多数居民为居住对象的"组屋"工程,其中每个新镇由 10 个社区组成,每一社区的人口规模在 10~30 万人,平均 15 万人,集中配置大型综合性公共设施。新加坡社区人口规模的划分虽然较大,但对于其土地稀缺、市场经营运作的特点,这一规模的划分具有实际意义。

(4)从社会心理的角度论社区规模

人们在社会心理方面所能承受的居住人口密度存在一个合理的范围。如果超过这一心理承受的范围,则将产生"拥挤"的不良感受;而如果低于这一范围,则会产生"孤独"的心理反映。2000 年小康型城乡住宅科技产业工程的研究成果指出:过高的人口密度将会降低居住环境的质量,而过低的人口密度将不利于居民之间的接触与交往,同时也不符合我国节约土地的原则。居住小区人口密度一般随着小区与城市中心距离的增大而减小,这反映出城市土地地价的规律。适宜的小区人口密度宜控制在 300~800 人/hm², 在人口密度达到 800 人/hm² 或以上的居住小区应该考虑户外公共空间的立体化和复合化的利用方式,以扩展户外公共使用空间,保证小区的户外居住环境质量[①]。这一研究同时还指出,小区的用地规模一般宜在 10hm² 以上,并可将其划分成若干规模适宜、相对完整的住宅用地单元,使居住生活空间具有更明确的层次感和归属感。

因此,根据这一人口密度的计算,居住小区合理的人口规模在 3000~8000 人左右,用地规模至少不低于 10hm², 平均居住人口密度是 550 人/hm²。值得一提的是,尽管在当前生产力条件下、从居住密度的舒适性角度可以给出一个合理的人口规模的数值,但是,如果从社会心理的角度分析而给出一个统一的社区规模的界定,则是十分困难的。这是因为,社区规模在不同社区人群(因性别、年龄和交通工具等不同)存在心理尺度的差异,所以,居民在心理上的社区规模是多元的。

5.1.1.6 社区规模研究的结论

综合分析以上中外关于合理社区规模的理论和实践,并根据社区

---

① 同济大学建筑与城市规划学院等. 城市居住小区规划设计细则. 2000 年小康型城乡科教产业工程科技分项"居住区规划及工程设计导则"研究报告之五,1988.

管理的合理性、工程设施的合理性、市场经营的合理性、社会心理的需求及其我国的国情等综合因素，采用数学中"交集"的方法，加以整合，从而得出关于合理社区规模尺度的结论（如图5－3）。这一结论不是单一的数值，而是一个数值范围。本论认为，小规模尺度的居住类型层次及其规模数值如表5－7：

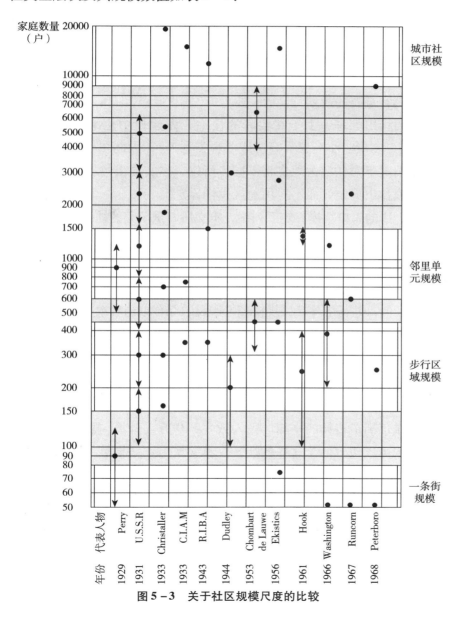

图5－3　关于社区规模尺度的比较

居住类型层次及其规模　　　　　　　　　表 5 - 7

居住类型	人口规模（人）	户数（户、套）
步行区（相对于院落、组团）	1000 ~ 1500	350 左右
邻里单位（相对于居住小区）	7000 ~ 10000	2000 ~ 3000
城市社区（相对于居住区）	40000 ~ 50000	15000 左右

根据以上研究的结论，本文认为，城市社区的人口规模为 4 ~ 5 万人左右，约 15000 个家庭；邻里单位（单元）的人口规模在 7000 ~ 10000 人，约 2500 个家庭；步行区层次的划分为 1000 ~ 1500 人左右，约 350 个家庭，它无论在社区物质环境规划结构和居民社会心理需要方面均具有重要的规划意义。

需要指出的是，由于在实际的住宅开发建设中住宅类型的不同（如低层、多层、小高层、高层或混合类型等），因此在相同居住人口规模的情况下对住宅占地也将不同。所以，本文提出的社区规模只对人口规模作出界定，而不对用地规模作界定。

在上述的人口规模界定系列中，本文所着重研究的社区对象，其居住人口的规模尺度定为 4 ~ 5 万人左右。本文把这一规模尺度定义为社区的"标准规模"，把这类社区称之为在规模尺度上的"标准社区"。这一规模与我国城市居住区规划设计规范中所界定的"居住区"级规模较为近似，并与中外社区规模理论假设的综合结论基本一致。

需要指出的是，现实中的一些规模尺度的划分与本文提出的"标准社区"会有所出入。例如，对于上海城市现状的街道机构所辖的人口规模来看，本文提出的这一社区人口规模就有一定差别，即标准社区人口规模比上海市现有街道机构所辖的平均人口规模要小。按照当前上海城市街道机构的平均居民人数 8 ~ 10 万人计算，那么，现有的街道机构可以包容两个这样的社区。本文认为：如果某一个街道机构所辖的人口规模超过上述"标准社区"的人口规模，而由于种种原因又必须在行政管理方面以社区的名义开展工作的，那么，本文称之为"大型社区"。从这个角度出发，现阶段上海市城市街道机构所辖范围的社区，原来被称之为"街道社区"的，那么可作为"大型社区"予以划分，这样在名称上可以纳入一个较为完整的体系。在今后的实践中，大型社区的人口规模可逐步向标准社区的人口规模过渡，从而发挥社区管理的合理性。

此外，在具体运用这一标准社区规模界定时，还会碰到现有的一些居住小区规模比本文提出的标准社区规模要小。例如，按照当前上海城市居民委员会平均人口规模3000～4000人计算，那么本文所指的"标准社区"人口规模要包含约10～15个这样的居民委员会。因此，用我国现行的居民委员会所辖范围作为社区的提法，从人口规模方面来看并不妥当。本文认为，居民委员会所辖的人口规模与本文提出的"邻里单位"（7000～10000人）相比较来说具有一定的可比性。此外，这一人口规模尺度与我国2000年小康住区城市居住区规划设计细则中"居住小区"的人口规模数值比较接近。鉴于上述情况，本文将这一邻里单位、居民委员会层次的居住类型称为"基层社区"，由于其规模尺度与标准社区相比相差较小，因此又可称为"小型社区"。基层社区的公共设施配置则可以与"我国城市居住小区详细规划设计规范"相参照，例如，包括一所小学、一个幼儿园和托儿所、一个老年人活动中心，以及必要的商业文化设施等。这是基于幼儿园、上小学的孩子和老年人等人群作为居民社会关系的纽带作用而考虑的，同时充分考虑人们步行范围的可达性的规律。如果现行的居民小区或居民委员会所辖的人口规模要少于本文提出的"小型社区"的规模，那么，建议将2个以上的小区或居民委员会组合起来，以达到"小型社区"的规模，从而为公共设施的配置和社区自治管理打好基础。

综上所述，为了便于社区规划的深入研究和实践指导，本书界定的社区规模具有三个层次的类型，见表5-8，以下本书中所要深入展开的社区规划基础研究，其社区规模的界定主要是以表中的"标准社区"为依据。在实例分析中，还将结合"基层社区"和"大型社区"进行讨论。

社区类型层次及其规模 表5-8

社区类型	对应于	人口规模、户数
1. 基层社区（小型社区）	相对于居住小区、邻里单位的规模 建议对应于一个居民委员会的管理范围	7000～10000人，2500户左右
2. 标准社区	一个街道机构所管理的范围，由若干居民委员会组成	40000～50000人，15000户
3. 大型社区	人口规模是标准社区的1～2倍	10万人以内

5.1.2 社区的功能

社区功能的组成因其出发点的不同而分为两种方式，其一是"自上而下"的方式，例如从城市行政管理构架体系的角度确定社区功能，它反映了政府行政管理的理念；而另一种是"自下而上"的方式，是根据社区居民日常居住生活的物质需要和精神需要而确定的社区功能，并随着居民收入增长和生活质量的提高而不断变化，增加新的内容。

5.1.2.1 城市行政管理构架体系下的社区功能

街道办事处作为政府行政管理的向下延伸机构，履行城市行政管理的职能。出于这一需要，街道机构将管理的职能渗透到社区层面，并通过组织居民委员会的基层工作，形成了政府工作网络的"神经末梢"。这一"自上而下"的社区模式，在某些大城市的实践中，取得了突出的社会效益。下面结合上海市街道机构开展工作的具体内容，我们来进一步分析"自上而下"的社区功能。

当前上海市街道机构开展"街道社区"工作的主要内容包括：①管理工作：主要是街道办事处机构并通过居民委员会开展的日常事务工作和管理工作，如计划生育、卫生防疫、离退休人员管理、社会综合治理、居民调解工作等；②救助工作：民政福利救助工作；对军烈属、孤寡老人、残疾人员的民政福利救助工作；③服务工作：包括便民、利民的服务工作，以居民委员会干部和社区志愿者为主的对社区居民的无偿服务以及少量有偿服务；④环境整治工作：改善和整治环境，包括环境卫生、绿地建设和管理、拆除违章建筑、整顿无证摊贩等；⑤组织工作：组织社区文化体育活动，以健康的文化娱乐及体育健身为主导，发动并推进各种社区活动。

除了以上街道机构组织的社区内容之外，居民委员会在一定程度上也落实执行街道机构下达的行政任务。上海市政府管理实行"两级政府、三级管理、四级网络"的构架，正是要以居委会为基础，以街道为重点，以社区服务为载体，以志愿者为骨干来完成的。居民委员会组织从本质上来说，是按居民居住地区建立起来的基层群众性自治组织。因此，除了对街道机构政府管理职能的具体落实之外，它还担当着"自下而上"的社区功能，反映基层居民的居住生活需求，从而促使政府对社区内利益群体的要求予以考虑，维护社区的利益。然而，由于种种原因，我国城市社区的自治和公众参与社区规划和管理的发展还有历史的局限性，居民委员会所履行的职能还未更好地发挥出来。它不是政府部门，尽管从《居民委员会组织法》来看，它应该是民选组织，但由于各种原因，现实生活中居委会作为民间组织的特征还不明显。

从实际工作来看，当前居民委员会的工作"事多繁杂"。现在的居委会到底具体管多少事？有人用"上管刮风下雨，下管鸡毛蒜皮"来比喻居委会日常工作的繁杂。据上海市民政局社区服务办公室的统计，仅仅是由居委会所负责的福利性、公益性的家政、医疗、文化娱乐和便民服务项目就有160多项，"从开具结婚证明到开具死亡证明，从开办牛奶供应站、夜间应急电话到建青少年之家、老年食堂，它什么都会管，什么都在管"[1]。作为一个基层群众组织，居委会在我国城市居民社会生活中担当了重要的角色，是具有中国特色的基层组织。随着社会文明程度的进一步发展，它的基层社区的作用还将更好地发挥出来。它是我国真正意义上社区组织的雏形。从其发展目标和社会意义来看，它可以被促进、"催化"为社区自治组织。

目前学术界对我国城市社区功能的研究成果诸多。其中，较为系统的研究认为，当前我国城市社区的功能主要包括8个方面[2]，具体为：①管理服务功能：社区党组织建设，市容环境监察管理，社区治安保卫及综合治理，社区精神文明建设以及日常行政管理职能；②经济综合功能：社区综合经济开发及管理，下岗职工待岗职工的再就业，以家务劳动社会化的家政服务业的组织与管理；③社会交流功能：家庭、邻里关系协调，解教、刑满释放人员的教育工作，心理健康咨询，以及公众参与志愿者队伍建设等；④社会服务功能：以民政社会福利为主体的扶残、扶贫、帮困工作，以及组织全社会的希望工程，抗灾捐赠及社区内的特殊捐赠活动等；⑤教育培训功能：确保义

---

① 上海居委会小考. 文汇报, 1998 – 11 – 21.

② 赵万良，顾军. 上海市社区规划建设研究. 城市规划汇刊, 1999（6）.

务教育，扶持成人教育，后续教育，开创老年教育，兼顾再就业培训教育；⑥文化娱乐功能：设立图书室、电脑房、健身房、茶室、棋牌室、老年舞厅等文化娱乐设施，组织社区各种健身活动；⑦医疗保健功能：健康普查，计划生育指导，家庭病床服务，卫生防疫服务，组织各种类型的健康保健讲座宣传等；⑧市政公用事业服务功能：社区物业管理，绿化环境建设，环境卫生管理，基础设施的保障服务（水、电、气、通信、有线电视等）。

5.1.2.2 社区功能的界定

社区功能的确定应当兼顾两个方面，即，既要考虑"自上而下"作为城市行政管理模式的要求，同时又要考虑到"自下而上"作为社区自治和居民需求。因此，模式与需求的有机结合，是我国城市社区功能的基本构成。

社区功能的归纳还应当考虑到上述关于社区要素的界定，吸取道氏"人类聚居学"的有关精髓。此外，社区功能的考虑还对应于社区规划的三大主体内容。

因此，综上所述，本书将社区的功能划分为：

①"居住生活"功能；

②"社会发展"功能；

③"经济发展"功能。

上述居住生活功能，将对应于社区的物质环境规划内容。社会发展功能则对应于社区的社会发展规划内容。经济发展功能，则对应于社区的经济发展规划内容。在上述三大功能划分的基础上，针对其所包含的丰富繁杂的内容再作进一步的归类，参考表5-9社区功能一览表。

从以下表格所列的社区功能分类中可以看出，社区功能的层次多、覆盖面广，有些功能的实施必须建立在以街道机构为主体的层次，与街道机构政府行政管理的职能相结合，实行"标准社区"的模式，有些功能可以通过街道机构组织、倡导、推进和监督的方式进行实施；还有些社区功能的实施，完全可以建立在居民委员会的基层社区层次，实行"基层社区"的模式。然而，不管以何种方式实施社区功能，都应当在街道社区的背景下，全面整合社区资源、组织社区的社会资本，开展整体或局部的社区工作。对于社区功能的充分落实，要通过社区规划的方法和途径予以统筹安排。

社区功能一览表　　　　　　　　　表5-9

功能名称		主要内容
1	居住生活功能	
	住宅居家生活	●基本生理与心理需要
	休闲娱乐健身	●设立图书室、电脑房、健身房、茶室、棋牌室、老年舞厅等文化娱乐设施，组织社区各种健身活动、健康的文化娱乐活动等
	医疗保健设施	●健康普查、家庭病床服务 ●计划生育指导 ●卫生防疫 ●组织各种类型的健康保健讲座宣传
	道路交通设施	●各类动态、静态交通设施与环境
	环境景观设施	●绿化环境建设
	基础设施支撑	●基础设施的保障服务（水、电、气、通信、有线电视等）
2	社会发展功能	
	管理服务	●社区组织建设、日常行政管理职能 ●社区物业管理 ●市容环境监察管理 ●社区治安保卫与综合治理 ●社区精神文明建设 ●公众参与志愿者队伍
	教育培训	●社区教育：幼儿教育、义务教育、成人教育、后续教育、老年教育等 ●技能培训、再就业培训教育
	生态滋养	●社区养老和居家养老模式 ●少年童年成长环境 ●心理健康咨询
	社会救助	●以民政社会福利为主体的扶残、扶贫、帮困工作 ●组织抗灾捐赠、希望工程、社区内的特殊捐赠活动 ●家庭、邻里纠纷关系协调，解教、刑满释放人员的教育工作
3	经济发展功能	
	住房	●低收入家庭住房建造 ●住房租赁
	社区就业	●各种经济类型的开发 ●下岗职工和待岗人员的再就业
	社区服务	●家政服务，家务劳动社会化的服务系列

（资料来源：本书根据资料整理）

5.2 当前我国城市社区规划的目标与思想基础

5.2.1 社区规划的目标

5.2.1.1 转型期社区规划的目标

1952年联合国经济社会理事会通过了"社区开发计划"。其宗旨是加强社区间的联系，充分发挥社区成员的积极性、利用社区自身的力量提高社区经济、社区发展水平、改善居民生活，解决社区存在的社会问题。社区开发强调社区成员参与有计划的社区改造，通过改造达到社区内部各构成要素的相互协调。"联合国人居中心社区发展方案"指出：社区的作用包括创造就业机会、建造住宅、提高环境意识和进行环境管理……与决策者或领导人合作，鼓励在社区管理方面实行权力下放与公众参与。因此，城市社区规划工作不仅包括物质方面的内容，而且还包括社会发展和经济发展方面的内容。

联合国所倡导的社区发展，其核心涵义是：在一个地域里，组织和教育社区民众，从社区的共同意识、共同利益和需要出发，有计划地推动和引导社区居民和组织共同参与，以自身的努力与政府联合一致，合理利用社区资源和外来援助，改善社区经济、社会与文化状况。[①]

联合国所推行的社区发展计划，最初主要是在发展中国家进行的，方法是通过外部经济技术援助，以社区的自助和互助力量发展生产，改善当地人民的生活状况。进入1970年代，人们开始深入研究社区发展与其他计划的协调配合，进一步强调"社会参与"以及城市中的社区发展工作。1980年代以来，越来越多的国家和地区将社区，尤其是基层社区作为解决社会问题的出发点和归宿。

社区发展有以下目的：首先，提倡互助合作精神，以培养一种自我更新的发展机制，使得社区长期稳定地发展；其次，促使民众积极参与本社区的公共事务，认识社区的共同需要，培养居民的民主意

---

① 中共上海市委组织部，上海市社区发展研究会编．城市社区工作读本．上海交通大学出版社，1999.9．

识，增强他们的社会参与愿望，进而提高全社会的民主程度；再次，加强社会整合，加强社区内部组织与居民的互助合作。

（1）1955 年联合国有关机构曾提出社区发展的 10 项基本原则[①]：

①社区发展的各项活动必须符合社区的基本需要，并根据人民的愿望，制定首要的工作方案；②全面的社区发展，必须建立多目标的计划，并组织各方面、各部门联合行动；③在推行社区发展的初期，改变居民的态度和物质建设同样重要；④社区发展的目的在于促进人民参与本社区工作，从而改进地方行政机构的功能；⑤选拔、鼓励和训练地方领导人才是社区发展计划中的主要工作；⑥社区发展工作应特别重视妇女和青年的参与，以扩大参与的基础并获得社区的长期发展；⑦社区自助计划的有效实现，有赖于政府积极而广泛的协助；⑧制定全国性的社区发展计划必须有完整的政策、行政机构的建立、工作人员的选拔与训练、地方与国家资源的运用与研究、社区发展的实验与考核机构的设立等，都应逐步配套进行；⑨在社区发展中应充分利用地方的、全国的与国际的民间组织资源；⑩地方性的社会、经济进步，必须与全国性的发展计划相互结合、协调实行。

（2）美国社会学家 M·罗斯在其所著《社区组织：理论与原则》一书中提出了社区发展中的具体原则[②]：

①从发现问题入手，鼓励社区成员发现和认识本社区存在的问题，是促进社区变化的首要步骤。社区成员对问题严重性的认识，可以成为社区发展的重要动力；②将不满情绪引导到"大家组织起来，以自己的行动改变现状"这方面来；③社区发展工作要符合社区多数人的利益。社区工作要谋取全社区的福利为主题，工作方案必须以解决社区多数居民的生活问题为目标；④工作组织应具有社区各方面的代表；⑤利用社区情感推动社区发展工作；⑥了解各团体和各阶层的文化背景，以加强互助和促进团结；⑦加强社区内部的沟通。建立适当的沟通制度，使社区发展组织与社区成员相互了解，特别应随时向居民报告社区发展的进展情况，了解居民的反映和建议；⑧注意长期

---

① 中共上海市委组织部，上海市社区发展研究会编．城市社区工作读本．上海交通大学出版社，1999.12.

② 同上，13.

规划的制定。

由此可见社区规划最重要的不是技术或手法上的创新，或提出新的指标体系，而是社会目标，如组织各方面、各部门联合行动，保证社区自助计划的有效实现，鼓励社成员发现和认识本社区存在的问题，促进社区发展，等等。

（3）结合国外社区发展的趋势以及我国社区发展现状，本书认为我国城市社区的发展目标应该包括：

①社区规划和发展要符合社区多数人的利益，根据居民的愿望制订工作方案，引导社区居民组织起来，以自己的行动改变现状。

②促进居民参与和关心本社区的工作，加强社区内部沟通，充分调动社区的自助和互助力量，利用社区情感推动社区发展。

③社区规划要与地区性社会经济计划结合起来，实现社区社会经济文化的协调发展，城市规划可以作为外部经济技术的援助，在社区自助能动作用下，改善社区居民的生活。

5.2.1.2 社区规划及其意义

（1）社区规划

社区规划是在充分利用社会资本的基础上，从社区的实际情况出发，通过编制社区物质环境规划、社会发展规划和经济发展规划等内容，为社区居民创造一个环境优美，方便舒适，安全卫生的居住生活环境，从而促进社会的健康发展，为积极构建和谐社会奠定基础。

（2）社区规划的意义

社区规划与传统意义上居住区规划的区别在于，前者包含了物质环境空间的安排、社会发展规划和社区经济发展的安排等三个重要组成部分，而传统的居住区规划注重物质空间环境的安排。随着城市社区社会生活功能的加强，社区规划逐渐重视社区的成长、发展与更新、社区情感、社区精神的培育、社区就业、社区经济发展和社区综合服务体系的建设等诸多方面。社区规划开始重视社区内部社会结构的分析与社会机能的建构，以及基于居民公众参与的社区建设。因此，社区规划逐渐成为一项当前我国城市规划建设中的社会系统工程。

在现代城市社会中，社区规划对于我国基层社会的发展、基层民主和参与意识的培育，以及公共资源的分配、社会的稳定进步和构建和谐社会等诸多方面具有积极的、重要的作用。在迅速城镇化的阶段，城市经济效益的增长往往忽视了社会效益的维护，使得发展的结果偏重于城市的规模和实力，而相对弱化了基层社会的发展特征与内涵。因此，当前社区规划的重要意义正是在于从社区单元出发，积极鼓励社区居民和社区利益群体的共同参与，有组织地整合社区物质资源和社会资本，依照相应的规划政策，使得基层社会的建设蓬勃开展起来，促进社会的可持续发展，构建和谐社会。

5.2.2 社区规划的思想基础

处于转型期的社区，其规划问题具有复杂性，一方面部分传统的规划理念、规划方法和程序已经不能适应社区发展的需要；另一方面社区处于社会快速转型这个特殊时期，本身面临的新问题对社区规划理论与实践不断提出新的要求。对社区规划的研究迫切需要引起重视，形成系统性的社区规划理论与方法，适应现实发展需要。

确定转型期社区规划的思想基础，是解决社区规划的出发点。从计划经济体制向社会主义市场经济体制转型，在规划理念上的最大变化在于：一是承认个人在市场选择中的理性，这是社会保持活力和发展的基础；二是维护社会公平。市场有缺陷，单纯市场运作会导致社会不公和贫富分化，因此应该强调社会公平，维护弱势群体的利益。这两点应是进一步探讨社区规划具体问题的思想基石。

5.2.2.1 社区规划思想基础一：对人的理性尊重

20 世纪 60 年代英国城市规划学家密尔顿·凯恩斯带领近 30 位专家对大伦敦城市进行规划时，提出了 70 个规划目标，经过筛选把这 70 个目标归结为六大目标，而其中排在第一位的是把伦敦建设成为一个"充满机会"和"选择自由"的城市。因为城市选择是城市社会结构优化、城市现代化水平的标志。社会个体的选择宽度、选择自由度与城市的社会结构发展水平成正比。丹尼尔·贝尔认为自由和民主性的社会存在的条件是：个人主义、合理性、充分信息以及合理的选择。城市社会结构的变迁就是要使城市从个体选择到公共选择都表现为合理过程。① 斯宾塞等社会学及经济学者认为现代社会是建立在契约基础之上的，基于个人自由缔结的同意上。按照这种思路，社会的发展脉络，是"从法令到契约"，从集体强制性所支配的社会到由个人自由决定来创造其共同秩序的社会。②

目前我国城市社区空间结构演变的主导方向是在居住者开始对自己的社区具有选择权的基础上开始的。计划经济体制下统一分配，设计单位和委托单位在制定计划时，更多侧重在建设的数量方面，社区的规划仅满足居民的一般性需要。久而久之，居住区的形体环境、社会环境趋于单一，城市的地区环境肌理高度匀质，缺乏必要的地域环境特征，城市生活的多样化蒙受损害。个人对社区基本没有发言权。被动接受的方式不能形成真正积极意义上的社区。

市场经济体制下，住房私有化促进了住户主动积极地负起所在社区的责任与义务，减少了社区作为公共物品的外部不经济因素，这种市民意识的培养产生，将有利于城市健康文明的发展。我国城市实现个人主动选择居住地是一种新型社区形成的基础。因为公民在决定掌握自己居住环境权力后，才能作为社区主体，主动选择切实适合他们真正需要的社区。因此尊重个人选择，这是发展社区规划的基础。

5.2.2.2 社区规划思想基础二：维护社会公平，保障弱势群体的利益

在城市社区的发展过程中，市场机制将起到越来越重要的作用。而市场机制缺陷的存在，促使规划在社区的发展过程中，要通过规划政策的制定来调节各方利益，维护社会机会平等与共享，保持城市社会的协调发展。

事实表明，市场经济体制调控的社区结构具有两极分化的倾向。其中处于劣势的一极，需要社会和政府的支持。大城市特别是特大城市，其城市问题多源自那些中下层社区，如果能集中必要的社会资源扶助这些中下层社区的良性发展，那么整体城市社会矛盾就会有很大程度的改变。

---

① 张鸿雁. 侵入与接替——城市社会结构变迁新论. 东南大学出版社，2000. 96.
② 宋林飞. 西方社会学理论. 南京大学出版社，1997. 37.

随着社会主义市场经济改革的逐步推进，社区的规划与发展受市场调控的影响不断加大。1990 年代以来的实践已经证明，市场在解决和改善城市居民住房方面具有巨大能量。注意避免完全市场下的两极分化，对整个城市社会带来负面影响。

无论何种理性的社会，只要缺乏人情味，就不是人类所期望的社会，"即使丰富的物质解除了一切穷困，但只知道温饱的婴儿式生活决非人类所期望的理想生活"。① 社区规划除了要顾及一般社会群体需要，还要注意到社会特殊群体，特别是弱势群体的需要，如老人、儿童及外来人口的特殊需要。这样才能体现社会对人的理性关怀与尊重。

社区规划维护社区机会平等与共享，需要通过公共政策来实现。规划应是城市政府公共政策的一部分，同时又是城市政策中有关社区建设和发展的基础。如果社区规划不能直接延伸至城市公共政策中，其在社区建设和发展过程中的实际效用会大大降低。而现有社区规划的问题，不涉及社会政策，对增加社会公平作用有限。因此从长远来讲社区规划要通过公共政策来体现其社会公平目标。通过不断创新社区规划的方法和程序，社区规划与发展的理念上达成普遍共识，社区规划有维护社会公平、保障弱势群体的社会功能。在社区发展目标和思想的指导下，对应社区的三个基本功能，社区规划也包括三个基本层面，在下节中将逐一阐述。

5.3 社区物质环境规划

5.3.1 社区物质环境规划的基本要素

人类对提高居住环境质量要求的实践具有一定的规律。它反映在组成社区物质环境的要素方面具有一定的共性。从物质层面上说，社区物质环境规划的要素与我国实行的城市居住区和居住小区规划的要素具有一致性。社区物质环境规划要素的研究，已经基本反映在"2000 年小康型城乡住宅科技产业工程"所属的分项课题"城市居住

---

① ［韩］赵永植. 重检人类社会. 东方出版社，1995. 24.

小区规划设计导则研究"和"城市居住小区规划设计细则"。

规划设计导则的研究是在总结国家批准设施 78 个小康住宅示范小区规划设计成功方案的基础上，同时广泛地吸纳国内外居住小区开发与建设优秀的规划设计理念与技术，着重对于居住小区的规划设计原则、小区选址、小区布局结构优化、住宅群落组合、小区室外绿地与场地、小区道路与交通组织、小区公共设施与社区服务管理、小区外环境评价，以及小区市政设施与管网布置等 9 个主要方面，作了深入的研究和论述。规划设计细则是基于导则的研究成果，从中选择具有技术准则性的理念与概念、方式与防范、以及规定和措施等方面，形成较为细致的条则，并为今后进一步完善导则和使之规范化提供了基本的资源。因此，本文认为，从上述成果可以归纳出关于社区物质环境规划的基本要素，即：①规划结构；②住宅及其群体组合；③公共设施的配置；④道路交通组织；⑤环境设计；⑥市政基础设施配置；以上六点基本要素对于当前我国城市社区规划中物质环境规划的实践具有普遍性的指导意义。物质环境规划应当围绕这些基本要素，充分考虑社区居民的生理需要和心理需要，从而营造优美的人居社区。

5.3.2　从市场需求角度看社区规划中的物质环境要素

社区物质环境规划的要素也可以从当前房地产市场销售的热点中体现出来。市场销售的状况反映了住房购买者的心理需求。

调查显示，居民对居住地选择的价值取向的外延不断扩大。由于住房作为一种特殊的商品，具有使用周期长、流通性差、与日常生活质量息息相关等特点，这使得购房者在消费中较为理性、谨慎。调查显示，购房者在购房过程中的价值取向涉及的因素较多，根据最重要的要素选择归结为以下 6 个要素：①房价。住房的价格与购房者的支付能力直接相关，往往是购房者选择的先决条件；②房型。房型的套型构成、平面组织直接关系到购房者使用要求。能否满足家庭成员的使用和生活方式的偏好，是购房者最为基本的因素；③地段。地段是购房者关注的重点之一，购房者对于地段的选择主要是因为工作和生活方便考虑。近年来住区的地段亦逐渐成为档次和"品牌"的重要内容，这些对好地段的评价内容包括便捷的交通区位、良好的教育文化条件、方便的医疗救护服务、优美的自然环境等。随着家庭小汽车的普及，人们出行范围的可达性距离扩大，因此，地段的评判不再是以距离的远近为惟一标准。除了地段的距离考虑之外，地段的档次品位也是十分重要的因素；④居住环境。环境观念深入人心。优美的绿化、景观环境、宜人尺度等，正日趋形成购房者价值取向的重要因素。居住环境还包括配置的公共设施的内容和档次，基础教育、休闲娱乐和商业设施等等，这些是住区和住宅产品的市场"品牌"效应和竞争力的重要内容；⑤住宅设计造型。住宅外立面的装饰和建筑风格越来越成为楼盘市场竞争力的要素之一。住宅建筑的造型、风格所蕴含的文化内涵，住宅立面构架和外墙的材质等等，均是体现楼盘品质的重要内容；⑥物业管理。安全的、高效率的、信息化的物业管理是购房者安居乐业的重要保证，它解决了居民购房的后顾之忧①。

5.3.3　当前城市社区规划中物质环境规划的重点

在当前我国迅速城镇化的发展阶段，我国城市社区规划中物质环境规划的重点应包括以下几个方面。

5.3.3.1　社区公共设施配置的新要求：市场效率与公共服务

城市社区居民自身的住房条件改善后，对社区公共设施配置和环境质量必将提出新的要求。公共服务设施的类型一般分为"公益性公共服务设施"和"营利性公共服务设施"两种基本的类型。对我国大城市公共服务设施的研究显示，就使用者的频率来说，公共服务设施可以分为以下三种类型②：菜场以每天使用为主，超市以每周使用为主，其他设施以每月使用为主。大部分居民认为这些居住服务设施都是重要的，其中菜场、幼儿和小学尤为突出。就可达时距而言，80%左右的居民认为应该在5~10分钟之间。如果步行速度取4km/h，则服务半径约为300~500m。调查还表明，大部分居民认为商业设施、教育设施和社区设施应该集中于小区中心，体育设施（指活动场

---

① 杨贵庆. 面向市场机制的上海居住区开发与规划对策研究. 城市规划汇刊, 1999 (3) . 20.
② 唐子来. 居住小区服务设施的需求型态：趋势推断和实证研究. 城市规划, 1999 (5) .

地）宜分散布置。这项研究还表明，公益性公共服务设施的需求趋势将会强于营利性设施。在公益性设施中，教育设施的需求以提升质量为主，人均建设和用地面积将会趋近现行国家规范的上限值，老人设施和社区设施的需求将会越来越现实。在营利性公共设施中，服务型商业设施的需求趋势将会强于零售型商业设施，并出现了休闲服务和信息服务等新的需求类型。小区商业设施的区位将会更多地考虑经济效益，采取外向式的空间布局，以适应市场经济下土地资源配置原则。

一般来说，在我国城市居住区公共设施的配置方面，其配置内容和规模基本上按照国家建设部关于城市居住区和居住小区居住服务设施配置规范来进行规划建设配套。从传统的城市居住区和居住小区的规范来看，其基本特征是按照我国特定的经济社会发展水平。因此，建国以来，这一规范的执行随着经济社会发展条件的变化和经济体制逐步走向市场化而不断地变化着。特别是近年来，随着社会、经济、技术和体制领域的宏观发展趋势影响到居住生活方式，一些城市已经对居住服务设施配置规范作了相应的修改。以上海为例，可以发现居住服务设施配置标准的一些变化动态。

上海市居住小区服务设施的配置规范1988年和1996年两个版本的内容发生了较大的变化（如表5－10）。变化的内容不仅在标准上有所提高，而且在构成上有所变化[①]。1988年和1996年的居住小区服务设施的建筑面积指标分别为997.1m²/千人和1697.2m²/千人，增加了约700m²/千人，用地面积也增加了约1045m²/千人。一个显著的构成变化是增设了社区服务类别，以满足上海人口老龄化进程对于居住服务设施的相应需求和确保社区发展所需要的设施保障。特别需要指出的是各种教育设施的配置标准有了大幅提高，建筑面积和用地面积。指标的增幅分别高达61.4%～75.0%和89.7%，既体现了知识经济时代的国民教育重要性，也是为了满足"一孩化"政策下的社会需求趋势。

---

① 陈秉钊教授也在实践调查和研究中提出了城市规模等级序列的规律。资料参考：陈秉钊. 上海郊区小城镇人居环境可持续发展研究. 北京：科学出版社，2001. 22～25.

上海居住小区服务设施配置标准的变化（单位：m²/千人）　　　　表 5 – 10

		1988 年		1996 年	
		建筑面积	用地面积	建筑面积	用地面积
商业服务		222	1200	343.0	229.2
金融邮电		—	—	—	—
文化体育		20	15	20.0	30.0
医疗卫生		—	—	—	—
教育	托儿所	80 ~ 100	150	100	250
	幼儿园	120 ~ 130	200	346.2	551.5
	小学	180 ~ 190	350	275.0	625.0
	中学	275 ~ 290	500	425.0	850
	小计	655 ~ 710	1200	1146.2	2275.5
社区服务		—	—	108.0	60.0
行政管理		66.6 ~ 78.6	200 ~ 300	80.0	44.2
合计		963.6 ~ 1030.6	1544.3 ~ 1644.3	1697.2	2638.9

（资料来源：唐子来. 居住小区服务设施的需求型态：趋势推断和实证研究. 城市规划，1999（5））

公共服务设施空间配置的特点也随着市场经济规律而发生结构性的变化。作为形成社区物质空间结构重要特征的社区中心，通常的做法是将公共服务设施配置在居住地的几何中心位置，以强化服务半径的需要和社区中心场所居民交往的需要。然而，随着市场经济效益的原则，布置的结构发生了变化。例如，对于商业服务设施，其空间分布一般采取沿街带状分布和集中在居住区入口处的块状分布的两种主要形式，或者是两者相结合，即以入口为节点沿着街道向一侧或两侧伸展。一些做法是把入口处的商业中心与整个小区的公共绿地体系结合起来，不仅满足了经济效益和使用方便的原则，而且塑造了亲切宜人的外部环境。商业服务设施集中于小区中央的内向式空间布局，在目前的情况下，已不能适应市场经济下土地资源配置的最大效益原则。开发商要把最具市场潜力的区位租售给能够支付最高地价的商业用途，商家们则要竞争能够吸引最多顾客的"市口"才能获得最大利润。商业服务中心集中于外向式空间布局，既可以满足小区内部的居民需求，又能够吸引更多的过路顾客。

合理利用社区内的公共设施资源和土地资源，充分利用时间差，提高社区公共设施和土地资源的利用率。例如，企业单位的广场空间在非生产时间向居民开放；学校的教室向社区开放办夜校和寒暑假班；学校的操场在休假日向社区居民开放等。通过社区的环境整治与发展规划，在规划中利用有些土地的改建来鼓励建设与社区性质相容性较好的项目，鼓励为社区服务的项目，如规划建设一定面积的公共绿地，建设一个社区中心等，并在提供公共活动空间中给予开发单位以一定的奖励。社区的公共活动空间的拓展就应该是多途径的。依靠政府财政的支持，同时依靠社区企业单位和社区组织和居民的参与支持。

5.3.3.2 社区场所感的创造："社区中心"的规划新要求

社区公共中心一般是由社区公共服务设施、广场和绿地等所组成。社区中心不仅为社区居民提供日常生活所需要的各种设施，而且也为居民提供社区交往、休闲娱乐等方面的心理需要。更为重要的是，社区中心是社区文化的"厅堂"，就如住宅内的客厅对于家庭的含义一样，社区中心的广场、绿地和设施等是社区文化集中展示的舞台。公共集会场所需要有重要的位置来加强社区的可识别性和地方文化。

社区中心的商业服务活动、文化娱乐活动、交往休闲活动、社区管理活动等功能组织，需要具有一定规模的建造群体组合和相应的开敞空间系统。空间特征使人们获得归属感。这种归属感的获得还应当深入到邻里单位。道氏在《建设安托邦》的论著中指出：邻里单位必须能满足当地所有的社交和服务业的需求，内部应当设置小型商业网点、各种服务设施、活动中心和教育文化设施，从而使得每个居民都有归属感[①]。

因此，可以通过精心的户外场所规划与设计，重视社区中心的场所感与交往空间的塑造，来提高公共开敞空间的利用效率。社区中心应当规划设计成为令人留恋的地方，无论是白天还是夜间、无论是晴天还是雨天、无论春夏秋冬、无论男女老少，都可令居民感到兴奋和自豪。同时，社区中心的规划设计应创造出公共领域感强的空间形态，以向心、内聚、过渡自然、尺度亲切的空间为宜，并充分体现社区中心的象征性以及对社区归属感和认同性的意义。

社区中心的建筑群体空间组合，应体现社区感的创造及其社区的凝聚力，其形态特征应以向心感强、主体空间突出、清晰的形式、场所认知性强等特点为佳，从而体现出社区中心的地标意义。地标体系

---

① 吴良镛. 人居环境科学导论. 北京：中国建筑工业出版社，2001. 329.

的建立促进居民对社区空间场所的领域感和认同感的形成，从而加强人们的社区归属感。在环境规划设计方面，可以采用城市设计的方法，并从行为环境和认知心理的角度来研究人居环境的规律，例如凯文·林奇在其《城市意象》中所提出的认知地图模式，具有一定的借鉴意义。林奇以心理认知图式描述居民对社区的整体地域概念，总结了路径（Paths）、界限（Edges）、区（Districts）、枢纽（Nodes）、标志（Landmarks）等五个构成城市意象的物质要素，从更深层次阐述了构成社区领域感和认同感的物质要素①。

5.3.3.3 家庭小汽车趋势的新要求：停车系统与步行环境

现代城市家庭的小汽车使用是一个趋势。小汽车的最大优势是"门到门"的便捷性。因此，必须解决好社区内的停车问题。集中停放小汽车给住户可能带来不同程度的影响，但小汽车的集中比分散停放节约用地，因为它最大可能地共用了回转车道。居住区的小汽车可以与公共建筑中心及场地、绿地结合起来综合考虑。以停车楼或地下、半地下停车库的方式较为有效。集中停车的服务半径以不超过300m为宜。有必要在邻里或组团内结合绿地考虑设置若干面积的泊车位，一方面解决临时停车用地，另一方面，考虑到分布相对较偏的住户的实际困难，并通过经营销售的方式，与集中停车方式相补充。既要适应机动交通、也要充分尊重步行者和形成公共空间。制定限制小汽车在社区内使用的交通体系，与广域交通网络相联系，规划步行可达的空间尺度，积极铺设步行道和自行车道，采用道路系统按尽端式或网格形式配置。机动车道、步行专用道、自行车专用道等社区内各种道路，整体应是互相联系紧密的网络及具有情趣的路径在内的道路系统。许多日常生活的活动应该在步行范围内发生，允许那些不驾车的人们能够独立完成这些活动，尤其对于老人和儿童，应促进步行、自行车交通。对步行者来说，街道和广场应该安全、舒适和有趣。通过适当的配置，鼓励步行。道氏在其《建设安托邦》的论著中指出：人行街道应当具有人的尺度和人情味，其中还应有人们活动的小广场，给人们以尽可能多的接触机会，使邻居之间相互认识，从而营

---

① kevin Lynch. The Image of Cites.

造好社区网络。学校的规模和选址，应该能够让孩子们步行或者骑自行车达到那里。邻里应该是紧凑的，适于步行的，以及混合使用的。

公共交通车站的位置应尽可能多的设置于靠步行就可以到达的范围内。合适的建设密度与土地用途，应该在交通站点的步行距离之内，允许公共交通成为小汽车的可行替代选择。

当前我国城市已建成的社区，由于历史的种种原因，机动车停车位严重不足。特别是 1950 年代到 1990 年代初的居住区、小区规划设计在机动车停车位规划指标方面没有充分考虑，再加上近年来我国城市家庭小汽车的拥有率在不断提高，造成机动车的停放占据了原有绿化和活动场地，并对社区内行人的步行安全造成一定的影响。因为，当前家庭小汽车的停放困难逐渐成为一个十分棘手的问题。这是对已建成的社区内部功能合理化的考验和挑战，也是家庭小汽车时代对社区物质环境规划的新要求。社区物质环境规划应当未雨绸缪，通过社区规划对社区内的物质环境资源作全面调查和资源整合，规划布局好社区内的家庭小汽车停车系统。一方面，家庭小汽车的停放场地可以在原有的居住小区内（即小型社区层面）考虑安排，但是这样做应当以不影响社区内步行系统为前提；另一方面，在小型社区的外围，或若干小型社区之间，利用开敞的公共场地规划考虑立体的停车场地，采用土地立体化利用的方式，例如，采用市场机制建造经营地下停车库，上面种植草地绿化，也可以采用多层停车楼的方式，集中停车，并使得停车场地与住家之间的步行范围在 5 分钟之内。此外，今后还可以考虑结合中小学运动场地建造地下多层停车场（库）的可能。

5.3.3.4 居民的生理与心理健康：环境建设的新要求

环境包括社区内除了建筑物之外的自然和人工的环境。在社区内的公园、绿地带，应尽可能地保留社区建设前在场地内就存在的天然地形、水系、植被等原来的自然形态。绿地是提高社区生态环境质量的重要元素。绿地率需保证一定的比率，才能符合环境质量的要求。同时，配置形式多样化使得环境的塑造为社区内不同人群的休闲和交往提供服务。绿地规划可成片配置，也可结合步道形成带状绿地，将集中绿地、住宅组群和邻里单位的绿地串在一起，形成社区的绿地系统。此外，社区内原有的水体保留也十分重要。水体除了雨水的汇集、造景等功能外，还具有特别的人性化功能。因为水具有流动的特征，是生命与活力的象征。它同时又具有亲和性，缓解建筑环境的压力，给居民心理上带来放松舒适的感受，从而为创造和谐的居住氛围打下基础。在具体设计方面，大水面以不规则为宜，从而反映自然水体意象。点状处理的小水面宜几何化形态，反映人工造景的匠心。注重社区生态建设，社区内某些系统的内部绿地广场应向社区居民开放，作为社区的公共空间场所。创造良好的社区生态环境须有一定数量的用地保证，才能组织社区的公共活动空间。

5.3.3.5 强化社区边界：领域感的创造的新要求

从社会心理学角度分析，社区的心理边界是多元的，其物质性的边界形态是相对模糊的，但它又确实存在于居民的心理意识中。换言之，它既包含了在物质空间地域方面实实在在的边线范围，同时，这一边界又具有"心理"上的范围，因人而异。由于社区的边界具有一定的心理范围，它与居住地的公共设施有密切关系，并与达到这些公共设施点的交通方式密切联系。如果日常生活设施超越了居民心理的服务边界，人们便会感到不方便。

在居住地四周规划布置宽阔的交通干道和城市绿地，常常成为社区之间的明显边界。所以，关于社区心理范围边界研究的本质是，居住者究竟能够在心理上把握多大的地域规模范围？他们又是通过什么要素来把握这一范围的？从这个问题出发，我们可以将社区划分为不同的物质空间层次，例如，儿童所能感受到的边界是邻里空间，这里有他们熟悉的游戏场地、土丘和草地等；老人感受到的是老年人活动中心和体育健身的场地，这里有他们熟悉的老邻居或棋牌对手；家庭主妇则对上述两处感受不如社区购物中心和超市强烈，因为那里有她们日常需要的消费品，以及她们在那里休闲、健身甚至文化学习的场所。所以，在社区物质环境规划方面，应当对不同层次的公共活动领域有所界定，作为地标的系统，给予明确的认知。

社区边界的物质性界定有助于明确社区的领域感，这对居民的心理认知具有积极的作用。换言之，要实现社区不同群体间的认同，必须有明确的领域范围和边界标识。充分体现绿荫环抱、与自然的共生，并以自然空间作为社区的边界。各种各样的公园，包括从开阔的场地和绿带，到球场和社区花园，应该分布在邻里内部。保护性地区和开敞地带应该被用来定义和连接不同的社区。总之，强化社区边界的目的在于：通过社区物质空间、配置公共设施的规划布局，并通过城市设计方法有效提示和强化社区的边界领域，强化居住者对社区领域的心理感知和把握，从而达到强化社区归属感和定居意识的目的。

5.3.3.6 健全社区信息网络系统的建设

网络化是现代城市社区经济和服务发展的趋势。社区服务与管理的网络化运作，可以为居民提供极大的方便。例如上海市黄浦区和卢湾区的街道机构，就是以社区居委会为基础，建立了服务于每一个社区的服务网络，电脑联网，实现了社区服务的"网络化和信息化"，根据居民不同的需要提供相应的服务。在这一网络中，他们还建立了就业信息网络，定期为择业对象提供就业信息。

智能化的社区管理已经成为当前我国城市社区中的先进理念之一。智能化社区的功能已经可以做到覆盖家庭生活的许多方面。智能化的物业管理系统是一个由服务管理中心、接入网和家庭智能化组成的信息网络系统。例如，上海市徐家汇的"创世纪花园"居住小区率先建设了智能化系统。居民按动电脑鼠标，就能点播自己喜爱的节目，能够在家里上学，随时监视门户安全。一个全面智能化的社区，可以为居民提供宽带高速上网、远程医疗、网上教育和文化娱乐等家庭信息服务，如楼宇对讲、水电煤气表的远程抄录，公用事业费用支付的情况与提示，家庭理财管理，各种安保设备的告警，以及室外玩耍儿童的照看等。

从城市行政管理构架上来看，城市各个行政管理系统的末梢在社区，例如，行政、民族、治安、规划、城建、环保、环卫、绿化、教育、卫生、医疗、市政公用、文化、科技等一系列部门的管理均要落到社区。应通过社区的力量，协调组织各种类型的互助性民间团体，如各类社区服务团体、社区委员会、业主管理委员会、组织企业、学校等团体，形成一个横向共建网络结构体系，以专业化分工履行满足社区成员各种需求的功能。通过组织和双向运作、互动的团体，把分散、孤立的家庭联系起来，最终实现社区管理的信息网络系统。

5.4　社区社会发展规划

5.4.1　社区规划中的社会发展规划的定义和原则

　　社会发展规划是当前我国城市社区规划中三个重要组成部分之一。社区规划中的社会发展规划是指在街道机构的指导下，充分发挥社会资本的作用，积极倡导社区组织和利益群体的公众参与，从而完善社会网络的建设，提高社区的整体功能。当前我国社区规划中社会发展规划的主要原则是：①注重社区整体功能：社区的整体功能包括社区物质环境的功能、社区经济的功能、社区社会服务的功能以及社区社会网络的功能。社会发展规划就是要充分发挥上述各项功能，体现社会网络的活力，使居民具有较强的社区归属感和定居意识。②加强管理体制建设：加强管理体制建设是指在完善街道——社区管理体制方面，发挥街道机构的组织领导作用和社区组织及其利益群体的参与作用。同时，依法加强社会监督，维护社会公正。③强调社区共同参与：社区共同参与是当前和今后一个时期我国城市社区规划建设的重要目标之一，也是社区规划中社会发展规划的重要原则之一。社区发展离不开社区组织、社区各利益群体和全体居民的共同参与。只有社区最广泛的公众参与，社区的社会发展才能从根本上满足广大居民的生理需求和心理需要。

5.4.2　当前我国城市社区规划中社会发展规划的主要任务

5.4.2.1　加强"社会网络"建设，增强定居意识

　　无论是传统住区还是新建住区，基社会学内涵的内容通常被称之为"社会网络"（social network）。它包括以下四个方面：生活内容、生活方式、社会角色和地域归属感。其内涵结构如图5-4所示①。

　　城市社区的社会学内涵可以从上述四个方面进行诠释。它在社区整体特征方面所表现出的多样化和可识别性、邻里的安全感、防卫空

---

① 杨贵庆. 城市社会心理学. 上海：同济大学出版社，2000. 106.

间、邻域感、地域归属感特征等等，是城市社区的物质空间环境中社会内涵的集中反映。

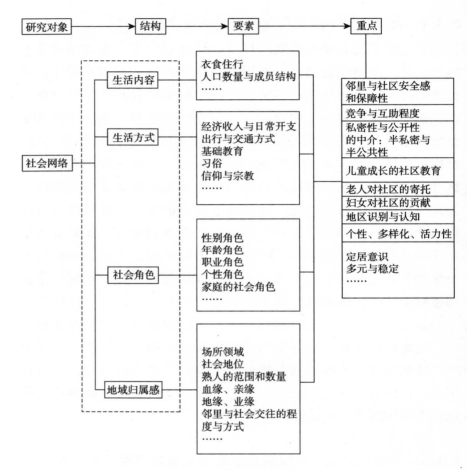

图 5-4　社会网络结构图

　　"居民定居意识"就是居民对所在居住地长期（或永久）居住的意愿①。可以将其对应于英文的 Settlement Consciousness。定居意识的研究在关于社区研究的中外文献中，与"社区归属感"、"地域归属感"、"社区认同"等方面具有相同范畴的意义。它们都是研究居住者个体对于其居住地群体的情感倾向的判定（社区归属感）或对于居住地本身

---

　　①　杨贵庆. 提高居住环境品质，加强居民定居意识. 城市规划汇刊.

情感倾向的判定（地域归属感）。而定居意识就是在对社区归属感和地域归属感进行综合判定的基础上做出的定居行为的意识综合。

归属感是人们合群性的一种表现，即如果人们在自己所属的群体中找到了自己的位置，进而产生强烈的归属意识，他就会对所属的群体产生感情，由衷地热爱它，并愿意履行它所要求的各种规范性义务并竭心尽力。"社区归属感"是社区存在和发展的重要因素，它是指个人感觉在心理上是属于社区群体的，或者感觉自己是社区的重要一部分（Willis Goudy，1982）[1]。社区归属感也被一些学者称作"社区情感"。在具有社区归属感的个体与社区群体的关系之间，个人的需要和意志意愿从属于群体的需要和集体意志。根据当今"社会资本"理论，归属感和社区认同的强烈程度是衡量社会资本的重要标尺之一。因为，社区归属感和社区认同的程度决定了"社区团结"的程度，意味着群体的绝大多数成员在心理上认同于共同的利益，并把自己界定为群体的一员。

此外，个人所处的生命周期阶段不同，社区归属感也有差异。有小孩的家庭与社区更有利益关系。因为小孩子在社会化的早期阶段明显受直接接触的地理环境的限制，他们与邻居玩耍，并进入当地的学校社区。这对于孩子的早期社会化阶段起着重要作用。因为这一原因，有孩子的家庭对社区更依赖，因而也更容易产生社区归属感。

在1970年代西方社会学家采用实证研究的方法对社区居民归属感的特征进行了考查，并运用了数学模型方法，如"卡萨达和吉诺韦兹"的"直线发展模型"和"系统模型"，该方法又被学术界称之为"测量方法"[2]，并研究人口规模、人口密度和异质性等如何影响人们社区行为。一般的结论认为：在城镇化过程中，人口规模的扩大，密度的增加，异质性的提高，会削弱社区亲属关系和朋友关系，降低居民对社区事务的参与程度，淡化居民对社区的感情。综合各项研究，关于影响居民定居意识和社区归属感的因素可归纳如下：

---

[1] Willis Goudy. 社区归属感，1982.

[2] 西方社会学家采用实证研究的方法对社区居民归属感的特征进行了考查，并运用了数学模型方法，如"卡萨达和吉诺韦兹"的"直线发展模型"和"系统模型"，该方法又被学术界称之为"测量方法"。

（1）居民对居住地环境设施的满意程度

居民对社区的"满意度"影响社区定居意识和社区认同的重要因素。社区满意度是指个人对社区物质和社会环境特征的主观评价。尽管社区满意度并不一定与社区归属感和认同感存在直接的正相关关系，但是，对满意度的评价是居住产生定居意识的重要前提。如果一个人对定居环境很不满意，那么，一般来说，他不太可能产生较强的定居意识。

（2）居民在居住地定居的年限长短

居住年限通过影响个人在社区内的社会关系，对居民的社区归属感产生间接影响。因为社区情感的产生是需要一个过程的，一个人在一个地方居住的时间越长，他就越有可能在这一地方有更多的邻里关系、朋友关系和亲属关系等各种社会关系，这就使得他对社区更有感情（Sampson，1988）①。

（3）居民在社区内的亲属、朋友和邻里关系的多少

社区的社会关系直接影响着居民的定居意识和社区认同，共同的地域为人际关系的形成创造了条件，使人们归属于这些社会关系（Altman & low，1992）②。社区社会关系包括正式关系与非正式关系，正式关系有助于建立世俗关系，增强对当地朋友关系的依赖，从而会增强人们的社区归属感；而社区内的非正式关系，如当地的朋友、亲属、邻里关系，对社区归属感都有着积极的影响。

（4）个体的差异

个人基本状况在一定程度上反映了居民在社区内的经济和社会投入，这些投入会促使个人在本社区内发展社会关系，而社会关系又是个人产生社区情感的介质。居住年限、个人生命周期阶段反映了居民在社区内的社会投入，房屋的拥有反映了经济投入，这些经济和社会投入正是决定社区归属感的形成与发展的重要因素。

---

① 居住年限通过影响个人在社区内的社会关系，对居民的社区归属感产生间接影响。因为社区情感的产生是需要一个过程的，一个人在一个地方居住的时间越长，就越有可能在社区内有更多的邻里关系、朋友关系和亲属关系等各种社会关系，这就使人对社区更有感情。（Sampson，1988）

② 社区的社会关系直接影响着居民的定居意识和社区认同，共同的地域为人际关系的形成创造了条件，使人们归属于这些社会关系。（Altman & low，1992）

总之，营造一个积极、稳定、和谐和繁荣的城市社会是城市文明进步的标志，而营造积极、稳定、和谐和富有活力的社区是上述标志的关键性内容。人们定居意识的强烈程度对营造这样的社区又是至关重要的。换言之，要评价一个社区的环境品质，除了其他重要的因素外，居民是否愿意长期在此居住（定居）是一个重要标志。

在计划经济的体制下，城市居民对定居地的选择性极小。计划经济体制自上而下的社会资源分配体制，使得城市居民往往不是主动去选择住房、邻里、户外环境和社区网络。由于定居的环境并没有提供人们更多的选择性，在没有选择或很少选择的情况下，人们居住生活的期望和意愿一开始就受到限制，原来多样化的居住行为和生活方式受到制约。受此影响，居民的心态和行为会不自觉地发生变化，对住宅户门之外的公共环境漠不关心。居民缺少了对居住地（或社区）的留恋，定居意识也就变得淡漠。因此，在这样的环境下，人们并没有普遍认识到它对生活质量的心理价值和深刻意义，因而对定居意识和社区归属感的研究不具备实际意义。

而随着市场化进程的加速，住房商品化、市场化进程不断加快，居民在选购住房、选择社区方面有了更大的自主权和自由性，"择区而居"已经成为现实。人们开始根据自己的经济基础，有目的地选择定居的社区。在这样的背景下，通过自主择居增加居民的定居意识，促进人们在所选择的居住地强化其定居的意愿，从而逐渐树立"居住家园"的意识，这将根本上为提高居住生活质量打下基础。从而对社区的稳定性具有重要的意义。

居民定居意识和社区归属感的增强、社区认同感的提高，将加强居民对社区关心和参与的主动性和积极性。例如维护社区利益、解决社区问题、参与社区活动、形成社区安全感等等。同时，社区归属感的形成，还有助于增强社区的自治能力，对于维护社区稳定的秩序和社区安全等具有重要作用。

5.4.2.2　促进人际交往，满足居民心理需要

从社会学的意义上来说，人际交往是城市社会生活存在的方式。城市社会生活总要通过人际交往去实现的。在物质交往的同时，渗透着人际交往，反映了人作为物质交往活动的主体。如果从个人和社会

的相互作用角度去看城市，那么城市就是一个高密度的社会交往空间，而社区就是居住者的生活交往场所。正是由于社区中各种人群的相互交往，人们内心的交往的心理需求才得以满足。同时，正是由于社区中各种人群的相互交往，社区内的居住文化建设就更加具有人文色彩和多元化特征，因此，社区的公共空间场所应当满足这一交往的需要。

人际交往在城市社区生活中具有重要的地位与作用。社区内居民的各种活动、联系与交流，都要通过交往这一渠道。人际交往的状况反映着一个社区的效率与面貌，同时也影响社区管理功能的发挥，影响着社区内的居民身心健康。

当前，随着快速城镇化的进程，城市生活节奏加快，人们参与交往的时间和观念正在发生很大的变化。传统的"面对面"的交往方式正受到挑战。这种挑战一方面来自于人们为了应付城市快节奏的生活和工作压力不得不增加工作时间、减少交往活动。现代城市的交往模式受到社会角色和服务交换的影响，使得人际关系显现出功利的、淡漠的，短暂的特征；这种挑战的另一方面来自于当今网络时代的深刻影响。互联网的应运而生正好符合了现代城市人际交往的心理需要。因为依托网络匿名的交流方式，人们既可以抒发内心真实的情感、缓解城市和工作的压力，甚至在心理上暂时逃离所居住的高密度的城市，同时，他们又可以隐姓埋名，不必担心有什么牵挂，随时可以中断交往。因此，现代人们交往的方式正发生深刻的变革。

尽管如此，当前城市社区中人们"面对面"的交往仍然十分重要。因为，并不是所有家庭都具备便捷快速的网络设备，此外，并不是所有的社区人群都适合网络交往的方式，如大多数老年人、儿童以及不熟悉网络知识的人群。更为重要的是，网络交往方式的虚拟性无法取代面对面交往的真实性。许多人在面对面的交往中感到真实、亲切，并为邻里互助奠定了人际关系的基础。所以，社区规划应为人们面对面的交往提供机会，从而满足社区居民不同层次的心理需求。

5.4.2.3 积极建设新时期社区文化，提高社区居民的文化素质

社区文化一方面体现于历史空间文脉方面，例如不同时期形成的城市路网构架、建筑特色风格和外部空间环境特征等，它为社区空间

组织的多样性提供了重要物质基础；另一方面，社区文化还体现在地方性和文化传统，例如习俗和民风。文化背景的差异显示出地域特性，同时也塑造出社区文化的多样性。此外，社区文化的生动性还体现于社区居民的素质。由于不同层次的人群聚居形成了社区社会生活的特征，这一过程营造了特定的社区文化，也反映出不同的地域特征。因此社区文化建设的目标应当继承社区地方文化传统，加强地方文化的特色，并加以创新，从而丰富新时期社区文化的内涵，提高社区文化的整体水平。

新时期社区文化建设的一个主要标志是社区居民公众参与的意识。社区社会发展规划应促进社区的自治、稳定，形成成熟的社区。人们在共同生活的地域空间内相互了解，相互帮助，共同参与社区的活动，参与社区的管理，使社区更安定、更和谐、更具亲情感和归属感。

改善社区的文化氛围是提高人文环境品质的有效途径。社区的文化建设应积极运用科学、文化、艺术的活动提高社区居民的文化素质。社区人文环境是社区环境品质的一个重要组成，因此，创造一系列良好的人际交往的文化场所空间是改善社区人文环境的重要途径。这些社区文化场所有许多不同的形式，例如，一个海外留学归国人员这样描述到："上海的街区里，肯定少了许多小书店，它们应该小巧玲珑，有个性，有独门绝招。门口应该插着琳琅满目的宣传卡片、免费报纸，好像一本街区文娱体育日记，让附近住户一览无余"①。

5.5 社区经济发展规划

5.5.1 社区经济的概念和主体定位

社区经济就是指在街道机构的指导、组织和监督下，以社区为依托、以服务为宗旨、以社区居民为服务对象的经济。实施社区经济发展的主体视其内容不同，可以在街道机构层面，也可以在居委会层面。

---

① 包臻臻. 海归——文化上海的遗憾，申江服务导报，2003 – 7 – 30.

社区经济包括经营性的内容和非盈利性的内容。经营性的内容是根据市场的需要，充分发挥街道机构和社区组织的积极性，为广大居民提供可选择性的消费服务；非盈利性的内容主要是指根据居民生理和心理的基本需要，街道机构或民间组织所提供的社区服务。

社区经济的参与者主要是社区内的居民。街道机构依据政府的有关政策，组织、倡导并监督民间组织建立完善系统的社区经济服务网络，开展活动，从而为社区居民提供物质生活和精神生活的需要。

5.5.2 社区经济发展的必要性和意义

当前我国城市社区提倡大力发展社区经济具有历史发展的客观必然性，这主要表现在以下几个方面：

5.5.2.1 市场发展的需求

在我国快速城镇化进程中，随着市场经济的不断完善，居民的收入增加，生活质量不断提高，消费观念和价值观念发生深刻的变化。同时，在城市生活快节奏的影响下，居民社会生活的消费功能不断扩大，家务劳动社会化的需求不断提高。随着城市家庭小型化趋势、老龄化社会趋势的加快，家庭抚养和赡养的功能越来越转向社会。此外，城市人口流动性较大，居民对生活安全的要求也逐渐提高，追求居住生活的安全、便捷、舒适、卫生、环境优美等成为提高居民生活质量的重要的也是最基本的要求。因此，城镇化的快速发展和生活方式的改变，提供了社区经济发展的大市场。社区经济发展的时机已经成熟。

5.5.2.2 社区经济发展自身的需求

在迅速城镇化的背景下，城市建设和改造速度加快。一方面，大规模的居住区建设急迫需要与居民日常生活紧密相关的社区经济提供多元化的社区服务；另一方面，大规模的旧城改造，也使得原有的社区服务网点大量减少，旧区那些陈旧的服务网点也不适应现代化城市管理的要求，不能满足居民现代化和多元化社会生活消费的需求。因此，大力发展新形势下的社区经济势在必行。

5.5.2.3 社区就业的需求

城市产业结构的调整、大中型国有企业改革，导致了大批传统产业工人的转岗、待岗和下岗。而这些剩余劳动力依赖原有企业的可能性越来越少。他们的生老病死、衣食住行等一系列问题从传统的"单位包干制"中走出来，转移到当前"社区服务制"的模式中。这些为数不少的待岗和下岗人员的存在，影响到这些人员和家庭的生活保障和出路，也影响社会的安定。因此，针对这些剩余劳动力，街道机构和社区组织可以通过发展社区经济的有效途径，接纳和安置他们。这样做，既解决了剩余劳动力的安置问题，又可以为急需发展的社区经济找到所需的劳动力。经过一定技能培训的劳动力，在其熟悉的社区环境中，就近上班，发挥其应有的作用，获取相应工作报酬，获得了生活保障。

随着从"单位包干制"到"社区服务制"的社会经济转变，我国城市社区发展获得重要契机。市场经济体制的深入发展，企业原先所承担职工的日常社会生活的种种责任转移到他们所居住的地域，街道机构和社区组织成为提供"社区服务制"的核心。因此，"探索建立具有时代特征、有质量、有效益、有生命力的社区服务业发展的新路子，已成为当务之急，它对于满足人们多方面的需要，解决下岗人员的再就业，增强人们对社区的认同感和归属感，增强社区凝聚力、提高社区居民生活质量，促进社区两个文明建设的作用将日益突出，并产生深远的意义"①。

5.5.2.4 推进社区经济产业化管理的需要

实行社区经济产业化管理具有许多方面的意义：①有利于推进社区经济和服务形成一个比较全面、系统的社区服务网络；②有利于做到规范服务行为、完善服务功能、提供服务层次、保证服务质量、健全服务制度，从而带动社区经济和服务产业的不断发展。产业化管理下的社区经济应该做到经济效益、社会效益和生态环境效益的有机结合；③有利于扩大社区维持服务业正常运作资金的来源；④有利于加强社区的综合服务功能。例如，街道机构和居委会可以根据居民的实际需要，发展多种形式、各种规模的社会服务行业；⑤有利于开发社

---

① 孙祖芳. 社区服务的拓展及产业化探索. 同济大学学报（社会科学版），第10卷，第4期，68～71. 上海.《同济大学学报（社会科学版）》编辑部，1999.

区劳动力资源，扩大就业，并使从业人员队伍的专业化。例如，街道机构和社区通过发展社区经济，积极吸收社会下岗和失业人员，组织外来打工人员，使得更多的居民都拥有维持适当生活水平的生计，这样使得社区内再就业人员有了比较稳定的工作和收入，从而安心下来进一步做好本职工作。

5.5.3　社区经济发展规划的目标与重点

国家民政部早在 1993 年就出台了"关于加快发展社区服务业的意见"，指出：社区服务业由社区福利服务业、便民服务业和职工社会保险服务业组成，是社会保障体系和社会化服务体系中的一个重要行业，它具有公益性、群众性、互助性和地缘性等特点，也是一个具有巨大发展潜力的产业门类，理应成为社区经济发展的方向之一[①]。

当前我国城市社区经济发展规划的主要目标，应该是建立和完善社区服务设施体系。这一体系应当覆盖社区内各种利益群体，为广大人们的根本利益服务。做到"老有所养、少有所教、困有所帮、闲有所乐"。社区物质环境要素和社会要素的组织规划应围绕社区服务这一目标。此外，在新时期，社区经济发展注重以下几方面：

5.5.3.1　社区经济的服务对象是全体社区居民

传统意义上的社区服务，主要是开展社会救济、扶贫济困抚恤、敬老助残、拥军优属等项目，而当前的社会经济服务对象应该面向全体社区成员，全面提高居民社会质量，满足居民全方位、多层次、多元化的需要。

5.5.3.2　社区经济的主体是社区内各行各业的利益群体

传统的社区经济主体通常是街道办事处机构，而当前的社区经济服务主体应当是社区范围内的各行各业。社区经济的发展关系到社区内各个利益群体，是社区成员的共同利益，因而也是社区成员的共同任务。当前，社区经济的发展应进一步整合社区的物质空间资源，开发社区内"社会资本"的价值，增强社区成员的社区意识。例如，上海市黄浦区人民广场街道机构把发展社区服务与社区单位、社区居民

---

① 国家民政部颁布的文件，1993.

利益紧密结合起来，社区单位参与社区活动，做到"有钱出钱、有场地出场地、有技术出技术、有力出力"，在街道区域内形成了延安路社区为民服务一条街，开展了形式多样、内容丰富、居民欢迎的社区服务①。这样大大增加了社区经济发展的物质基础，增强了社区的凝聚力和归属感。

5.5.3.3 社区经济服务内容是满足全方位、多层次的居民需求

当前我国城市社区经济的内容已逐步形成为满足全体社区居民的生理和心理需要的框架。它们包括：生产活动、商业活动、文化活动、医疗保健及休闲娱乐活动等五个主要方面。例如社区就业、商业网点便民服务、民政帮困、物业管理、家政服务、社区医疗、治安调解、中介信息，以及再就业服务等一系列的经营服务项目。随着房地产市场的发展，为居民的住房租赁、置换等提供信息和服务的项目也将成为重要内容之一。

5.5.3.4 提倡社区经济的有偿服务原则，盈利性与非盈利性服务相结合

社区经济包括经营性内容和非盈利性内容。经营性内容是根据市场的需要，充分发挥街道机构和社区组织的积极性，为广大居民提供可选择性的消费服务；非盈利性的内容主要是指根据居民生理和心理的基本需要，街道机构或社区组织所提供的社区服务。社区经济的发展需要按照市场经济机制下经营的模式，以有偿服务为主，从而为社区服务的长期稳定发展提供维护资金。社区的经济发展规划，既要实行市场经济体制下的经济运作机制，同时也要保证社区居民基本社会需要的非盈利性服务。需要指出的是，非盈利性的服务不是说不收费，而是在不以盈利为目的的前提下收取一定的成本开支。非盈利性的社区服务项目鼓励社区志愿者参与，可以依托街道地域范围内的社区组织和团体支持。

街道机构可以指导、组织地域范围内的居委会，根据其自身的特点和条件确定适宜发展的社区企业。同时，街道机构也可以在街道层面上将社区资源组织起来，加以整合，建立适合社区发展的经济项

---

① 上海社区建设和管理巡礼（系列报道）. 文汇报，1997 – 3 – 30.

目。为了便于更多社区内居民参与这些社区经济发展项目，街道机构还可以举办就业指导培训班，协助这些社区企业和社区其他组织之间建立联系，为居民提供就业机会。

5.5.3.5 建立"社区住房开发组织联合体"

应在国家和地方有关规范指导下，在街道机构的组织和管理下，组建"社区住房开发组织联合体"。这一联合体是社区自治组织的联合体，其主要职能是，通过街道机构的力量建立社区"住房解困基金"，在整合街道地域内的住房资源的前提下，购置一部分低价位商品房，通过廉租住房的调配机制，解决街道地域范围内的低收入家庭住房困难问题；同时，在市场机制下，提供住房置换信息和配套服务；此外，在整合土地资源的前提下，通过改变土地使用性质或利用原有建筑的多种途径，建造一部分低价位公有住房，经过对承租人的评估，周期性地租赁给街道地域内低收入家庭。联合体的基础资金来源于地方城市财政的初期投入，主要来源于街道内社区经济发展的税收，以及低收入家庭的承租租金，同时，该基金还接受社会组织的捐资，并且在可能的条件下，积极利用住房公积金。本文提出建立这一联合体的启发来自于美国 CDC 的做法，即 Community Development Co-operation，社区住房开发合作组织。

5.6 "社区化"理念与社区单元规划方法

5.6.1 "社区化政策"的内涵

所谓社区化，就是指运用社区规划的理念、原则和方法进行规划、建设和管理社区的实践过程。它的对象包括人居环境的各种形态，特别是居住区的规划新建、已建成的居住区的改造以及旧城居住区的更新等，社区化的思想贯穿了社区规划、建设和管理的全过程。

"社区化"作为一个动词，它表示的是社区营造的动态过程。"社区化"对策，就是要求居住地的规划建设应以和谐社区建设为目标，全面提高社区综合品质，即提高"社区环境品质"。努力将"社区化"作为当前我国城市社区规划建设中的一项重要的综合工程，其意义重要而深远。运用"社区化"理念的主要目标，就是要寻求适合当前我国国情的城市社区营造体系和管理模式。

"社区化"理念的具体运用，不仅是指将社区化的理念运用于从开发策划、规划设计、开发建设、运作管理的全过程，而且还指将社区化的理念运用于人居环境的各种类型和实践层次。例如，对将要建设的居住区，运用社区化的理念进行规划设计；对已经建成的居住区，运用社区化的理念进行社区规划和管理；对城市旧城区传统的居住地区，运用社区化的理念加以更新、改造，等等。

5.6.2 社区单元规划方法：作为规划结构的社区单元要素

在现代城市社会中，社区对于我国基层社会的发展，基层民主和参与意识的培育，以及公共资源的分配等诸方面具有积极的、重要的作用。在迅速城市化的阶段，基层社会相对弱化。因此，当前社区规划的重要作用之一正是从社区单元出发，积极鼓励社区居民和社区利益群体的共同参与，有组织地整合社区物质资源和社会资本，依照相应的规划政策，使得基层社会的建设蓬勃开展起来，促进社会的可持续发展。

在住区规划阶段引入社区单元的概念，并且将社区单元的要素转化为规划设计的要素，从而形成社区单元构建的规划新理念[1]。然而，社区单元的要素所涉及的内容是多方面的，而规划设计的核心是物质空间环境。因此，运用社区单元构建的规划理念对社区要素的选择应具有针对性和空间"转译性"，即主要考虑那些能够转化为物质空间规划设计操作的要素，目的是在住区规划设计阶段为将来和谐社区的建设和管理奠定良好的物质基础。本书给予实践探索总结，提出社区单元构建的四个基本要素，分别阐述如下：

5.6.2.1 社区单元的组织结构要素

根据社区单元的合理规模，对规划范围内的人口进行合理分布，根据用地环境条件划分成以基层社区和标准社区为主、小型社区和大型社区为辅的社区单元结构。不同规模的社区单元应在地域空间上具有较为清晰的单元边界。这些边界由自然河道、山丘地形、城市主次干道确

---

① 杨贵庆等著．社区单元理念及其规划实践．城市规划，2006（8）．87.

定，也可由规划布置明确的绿带分割，形成明确的边界提示。此外，规划范围内社区单元的结构还应与其周边整体城市结构布局相协调。

5.6.2.2 社区单元的服务设施要素

根据社区单元的规模结构，合理配置公共服务设施，满足居民的日常生活需求。一个"标准社区"配置的公共服务设施应包括行政事务、公共福利、公共设施、公共卫生、文化体育、教育幼托、商业设施和居委会设施等内容[1]（见表5-11）。

"标准社区"的公共服务设施配置项目一览表   表5-11

	社区单元公共服务设施类型	具体配置项目参考	占地面积或建筑面积参考（m²）
1	行政事务类	社区（街道）办事处、社区综合服务中心、社区行政事务受理中心、社区行政投诉受理中心、社区警务中心、社区行政综合执法协调中心、社区党工委等	建筑面积约8300m²
2	公共福利	福利院、托老所等	建筑面积7500m²，按服务半径分开设置
3	公共设施	公共绿地、社会停车场、公共活动场、室外体育运动场等	占地38500m²，按项目内容和服务半径分开设置，社会停车场按标准配置另计
4	公共卫生	社区公共卫生中心、药店等	建筑面积5500m²，按服务半径分开设置
5	文化体育	室内社区文化活动中心（图书馆、文化馆、科技馆等）、室内综合健身馆	建筑面积8800m²，按服务半径分开设置
6	教育幼托	高级中学、初级中学、小学、幼儿园托儿所、社区学校	按规范和服务半径设置，社区学校结合社区文化中心设置
7	商业设施	餐饮店、菜市场	建筑面积6000m²，按服务半径分开设置
8	居委会设施	社区居委会、社区居委会医疗卫生点、居委会老年活动室（党员活动中心）	建筑面积27500m²，按服务半径分开设置

（资料来源：上海市社区公共服务设施配置的指导意见（讨论稿），2005）

5.6.2.3 社区单元的交通网络要素

"区域的规划应该由一个可选性的交通框架来支持。当人们减少

---

[1] 上海市社区公共服务设施配置的指导意见（讨论稿），2005.

对汽车的依赖时，在区域各处都应该最大限度地建立公共汽车、自行车和步行系统。"① 因此，在社区单元构建中采用多样化的交通方式，使公共空间和服务设施能够便捷到达，并形成良好的对外交通联系。这样才能减少居民对私家车的出行依赖，创造环境友好型的社区。

公共交通主要由组织标准社区内部交通的公交车系统，以及组织对外交通联系的快速公交系统；自行车交通适合于基层社区内部及基层社区之间的交通联系，方便联系各个公共服务设施；步行系统主要满足老人和少年儿童等的日常活动。

5.6.2.4 社区单元的风貌特色要素

社区单元的风貌特色要素主要包括社区单元内的建筑形式、体量、色彩、风格以及由建筑实体围合成的外部空间，还包括外部空间中的景观环境等。独特的风貌特色是形成社区归属感的重要条件，应避免社区单元风貌特色的雷同。

社区内建筑和景观设计应当从当地的气候、地形、历史和建造实践中生长起来。社区内传统的具有历史文化价值的建筑与环境应当予以规划保护和合理利用。同时，地方化还应该反映地方建设传统和空间特征，包括地方化的建筑材料、建造工艺、建筑形式和空间结构特征，从而反映社区规划在物质形态方面的地方特色和风貌。

---

① 新都市主义协会 ［美］ 编 . 《新都市主义宪章》城市设计原则第 8 条 . 天津科学技术出版社，2004.

6

社会转型期城市社区
建设发展模式的选择

社区不仅关系到城市居民的切身感受，而且关系到社会的稳定与良性发展。社区的良性发展有赖于社会各主体的共同支持，协调其在社区发展中的作用关系，并选择正确的发展模式。本章力求在借鉴国外城市社区发展的理论与实践的基础上，结合我国社区当前的实际，提出适合我国社区发展的模式。

6.1 发达国家的实践经验

6.1.1 发达国家政府和社区团体在社区发展中的作用

E·S·萨瓦斯曾说"'政府'（英文）这个词的词根来自希腊文，意思是'操舵'，政府的职责是掌舵而不是划桨。政府并不善于划桨，直接提供服务就是划桨"[①]。当家庭、居民点、学校、志愿组织和企业公司健全时，整个社区也会健康发展，而政府最基本的作用就是引导这些社会机构和组织健康发展。"现代化过程最基本的特点就是原来集中于中央政府的许多权力，渐渐转移到社会各种利益集团、自治团体以及独立承担风险和收益的个体身上，社会的协调发展不光取决于一个稳定而强大的中央政府，而且取决于社会利益集团行为的有序化和个人行为的理性化。"[②] 佛罗里达州州长劳顿·奇利斯在 1990 年竞选时说，"我们相信州政府的中心目标就是起催化剂作用，帮助各社区加强他们的城市软硬基础设施。我们希望以此来给社区力量解决他们自己的问题。"[③]

就社区事务来讲，德国、美国、日本、新加坡都有大量社会团体，从事专门的社区工作，为社区居民提供各种服务。在英国等高福利国家中，随着国家福利制度的改革，政府越来越倾向于把政府的福利工作交给一些民间团体去操作，以提高效率。尽管各个国家团体发展的背景不同，但随着经济的发展，人们自主意识的增强，有组织的志愿运动和创建各种非盈利及非政府组织的运动迅速而广泛地发展起

---

① ［美］戴维·奥斯本 & 特德·盖步勒. 改革政府——企业精神如何改革着公营部门. 上海译文出版社，1996.14.

② 袁方等著. 社会学家的眼光——中国社会结构转型. 中国社会出版社，1998.3.

③ 同①，15.

来。社会团体作为政府与社区居民的中介，不仅承担了大量社会服务工作，而且也增强了居民自助能力，弥补了政府资源的不足。社会团体的广泛兴起，并不是说不需要政府的介入了，实际上社区工作在大多数国家得到政府的支持。

一般来说，西方国家中由政府直接包揽社会福利服务工作的情况不多，而是普遍采取对社区工作给予广泛支持的立场，以调动社区自身力量和参与积极性为主。各国政府在社区工作中承担的责任并不一样。在英国等高福利国家中，政府承担的责任较多，而在美国则相对较少。政府对社区工作的支持一般表现为资金资助、政策支持和对社区工作组织的督导管理等。

资金资助　是指政府主要对专门的社区团体提供资金及设施支持，一般采取审批立项、择优资助的方式进行。如加拿大社会团体经费中政府支出占56.6%，一些志愿组织运作一些曾由政府独家经办的设施。美国非盈利组织中约占30%的款项属于政府拨款①。

政策支持　是指政府规定社会福利方面的基本原则，发表社会福利情况的白皮书，制定社区工作优惠政策、社区工作管理办法，制定相关立法的具体实施措施等。如英国制定社区照顾这一基本福利政策，明确提出社区照顾的目标、评估原则、财政保证等。

督导和管理　是指国外政府对社区工作组织的管理包括严格审批，定期检查和评估。如美国对非盈利组织进行严格的免税审批，严格审查与非盈利目标无关的活动。在加拿大，对慈善机构进行严格的公共效益考核。考核要点包括慈善组织活动能给公众带来有形的益处，受益者应该是公众的大部分，而不仅限于某一封闭的群体或是构建在个人关系基础上的群体。英国政府则定期检查社区照顾团体的人员培训、设施配置、服务标准、服务价格等。政府通过每年对这些团体和组织的监督、检查，确定下一年度的财政拨款。对服务好的机构可保持拨款数额或增加服务项目，对服务差的机构则可消减，甚至停止拨款②。

---

① 候玉兰，候亚非. 国外社区发展的理论与实践. 中国经济出版社，1998. 41－43.
② 同上，155.

6.1.2 发达国家城市社区工作模式

纵观国外一些发达国家城市社区工作，其首要特点是有大量的社会团体，承担着大部分社区工作，在城市社区工作中处于主体地位。其社区工作模式上有如下特点：

6.1.2.1 社区团体广泛的社会影响

一些发达国家社区工作团体一般指不以盈利为目的，并具有独立运作能力的社会服务组织。在美国，这类团体被称为非盈利组织，包括专门提供社会服务的团体和专门为社会服务团体筹集和捐赠资金的基金会；在加拿大被称作"第三块"，指社会服务中那些非商业性和非政府的志愿者服务组织和协会；还有的国家主要指非政府组织或志愿组织。

一些发达国家社会团体的工作模式具有较强的专业性。社区工作团体数量多、覆盖面广，在社区工作中发挥着极为重要的作用。例如美国的非盈利组织目前有 137 万个，年总收入额约为 6950 亿美元，占国民收入总额的 11% 左右。非盈利组织在美国社会中具有良好的公众形象，深受居民信赖。加拿大各类社会服务团体众多，仅注册登记的慈善机构就有 7 万个，这些机构每年总投入为 860 亿加元，占国内生产总值的 12%①。

6.1.2.2 社会对社区工作的广泛参与

广泛的社区参与是国外城市社区工作的基础。它表现为政府、企业、社会团体及社区居民个人对社区责任的共同分担与社区资源的共同分享。

大量社区志愿者构成了社区工作的主力军。在全国总人口仅 3000 万的加拿大，拥有 1300 万志愿者。他们在业余时间帮助他人，平均每年付出 200 小时无偿服务时间。志愿者组成的非政府和非盈利性服务团体，每年向社区提供价值 160 亿加元以上的服务。志愿者在加拿大的非盈利机构中占了主体地位。在美国，现在成年人口中有一半人

---

① 中共上海市委组织部，上海市社区发展研究会编．城市社区工作读本．上海交通大学出版社，1999.107.

志愿捐献他们的业余时间，每年高达 200 多亿小时，每年捐赠时间的价值约为 2000 亿美元。大量志愿者捐献的人力、物力支持了非盈利组织的日常工作，并使非盈利组织以较少的专职人员及兼职人员维持了运转①。

除了专业性的社会工作团体以外，宗教慈善团体、基金会、教育文化机构等都积极参与社区工作。如美国某基金会组织的周日志愿者义务劳动为贫困家庭翻修住宅②。企业出于各种目的，如树立良好的公众形象，增加顾客数量，降低税务负担，改善劳资关系等，越来越多地参与到社区发展中来。目前企业对社区的支持已由传统的慈善型向经营型转变，即企业并不是直接向社区捐款，而是更多地参与到对捐助的管理中来，力图使其捐赠达到更高的社会效益和经营效益。另外，社区工作者还通过广泛倡导和服务，以争取居民个人的志愿服务与捐赠。

6.1.2.3　对社区工作的广泛社会监督

国外社区工作是在严格的法律框架内规范运作的。包括确定社会团体的注册条件和运作规则，非盈利团体的免税规定。例如，美国税法规定，任何非盈利组织，只要经营与该组织的慈善宗旨无关的活动，就必须照章纳税。如果其工作不是用于非盈利性的，也会导致取消免税优惠待遇和政府拨款。此外通过逐渐累加的高额所得税、财产税的减税或免税政策，鼓励企业和个人对社区的捐赠。另外还规定社会成员参与社区工作的社会责任。配套的法规不仅激励社区成员对社区工作的参与和投入，而且确保社区工作的福利方向，使社区组织的运作和管理都被纳入法规控制之下③。

对社区工作组织除了政府浮动拨款制的行政监督及企业捐赠过程中的监督外，还有法律监督、新闻监督、社区居民评估监督等社会监督机制，各种监督机制确保了社区工作组织对社区居民需求的满足。社会团体必须努力取得广大居民的认可和参与，为社区居民提供满意

---

① 中共上海市委组织部，上海市社区发展研究会编．城市社区工作读本．上海交通大学出版社，1999.104。
② 同上，109。
③ 同上，111。

的服务成为关键。

由此可见，国外社区工作是在社会分工、市场竞争等社会机制的推动下得以开展的。各种配套的机制与法规对推动社区工作发挥重要作用。

专栏6-1　美国社区发展合作组织
（Community Development Corporations，简称CDC）

美国社区发展合作组织担当着处理最困难的社会问题的角色，能够同时扮演慈善家、资产拥有者和社区组织者的角色，同时促使政府、公司、慈善机关和宗教界团结合作。CDC有时亦称"邻里发展组织"、"社区经济发展公司"等。这类组织主要是非盈利的免税组织。它有三个特征：

1. 社区居民自治。CDC起源于1960年代某些地方社区，那时候，由社区居民自己治理居住社区的观念已深入人心。控制社区的委员会，其领导成员始终由社区居民组成。大多数CDC相当活跃，在争取贷款、搞好社区关系、游说议员和社区建设方面作出了重要贡献。一些CDC还设有辅助机构和顾问团，其成员由地方工商界人士和政界领导人组成。在早期CDC组织"Bedford-Stuyvesant复兴联合会"中有前财务部长、前参议员、化工银行副总裁，还有商业泰斗等商界和政界要员。

2. 发展社区经济。每个CDC都制定经济增长计划。大多数计划都有"硬"指标，例如建房或修缮民房、房地产开发、开办企业、为当地居民创造就业机会。大多数CDC组织还有"软"指标，是一些针对人的服务，例如老人照顾、职业培训、家庭企业咨询、健康检查等等。这些计划的根本目标是一致的，包括减少社会问题，减轻个体所受的伤害，实现社区的"复兴"。如匹兹堡的社区发展组织1979年由地方团体发起成立，到1987年社区内已成立120个企业，创造了1200个工作机会，兴建2个购物中心，翻修改造了1个旧百货商店，将1个废弃的五金店改建为商住楼，社区面貌焕然一新。

3. 以低收入居民聚居区为主要对象。即在那些严重衰败、贫困家庭聚居的地区致力于修缮危旧房，激发经济活力，驱散居民们的沮丧、孤独感。CDC 的工作重点在那些以蓝领阶层为主的社区，目标是进一步节制社区的衰退。如丹佛居民区东北部主要居住的是单亲家庭，且三分之二是黑人，1987 年以前，这里的 CDC 已经帮助600 个家庭成功地推迟了抵押贷款的付款期限，消除了取消抵押品赎回权的危机。购买了 58 套简易住房，卖给那些收入较低而又需要住房的人。有些社区发展组织主要致力于为社区穷人修复和保护住房。

绝大多数的社区发展合作组织仅拥有很少的付薪雇员和极少的经营资本。它们租用普通的办公室、依靠会计师、律师和许多公司的免费服务，它们每年的预算可能不超过 20 万美元。

CDC 的发展资金来源主要支持之一是联邦政府，在 1960、1970年代，联邦政府对社区发展的支持是比较慷慨的。据城市研究所几位学者的研究表明，在卡特执政的后期，每年大约有 26 亿美元联邦基金通过各种渠道用于社区发展。1985 年，这个数目只有 16 亿美元，到里根政府财政紧缩的 1987 年，更下降为 11 亿美元。随着里根时代的结束，CDC 的拥护者们认为，重建和扩大对 CDC 的支持条件已经成熟。国家很有可能在解决福利与贫穷问题上发现 CDC 的价值。了解 CDC 运动的人士认为资助是必须的。CDC 在社区运行中，不能避免自由竞争。"我们不能假设市场压力会放过这些社区发展合作组织"，肖福曼警告说，"CDC 的努力如果没有国家机构的支持，包括在财政上的支持，可能会陷入失败的泥潭。"

CDC 运动目前最主要的支持可能来自州政府，一方面是由于联邦的财政紧缩；另一方面是因为一些州认识到社区发展是促进经济全面发展和反贫穷斗争的重要因素。各个城市对待 CDC 的态度不同，但总的趋势是积极的合作与支持。越来越多的市政府开始接近社区发展组织的负责人，一些城市专门任命了与社区发展组织进行协作的办事人员。

从 CDC 运动的最初阶段，基金会就起着重要作用。福特基金会是其中的先驱。1970 年代早期，福特基金会就对第一代 9 个 CDC 组织给予了支持。此外教会、私人公司和银行也是 CDC 发展的重要支持力量。

（资料来源：根据候玉兰，候亚非《国外社区发展的理论与实践》有关资料整理）

专栏 6-2　美国纽约市社区董事会的构成及职责

1. 董事会组成和会员资格

（1）资格与条件：全市 59 个社区分别成立董事会，每个董事会拥有 50 名有表决权的成员。任期 2 年，没有报酬。会员必须是纽约市民，居住此地，或者在本市区就职，或在本地区拥有其他重要利益。会员中市政府雇员不得超过四分之一。

（2）任命：采取区长任命制。一半以上的董事会成员必须由区议员按本区人口比例提名并选举产生，区长确认其代表资格后，给予任命。所有社区董事会成员和其他团体都可以向区长或区议员对成员任命提出异议。

（3）委员会：为了满足社区的多种需求，可以成立各种类型的委员会。主要有：①职能委员会——接受授权以处理社区某种特殊的需求，比如土地使用协商委员会、预算委员会、教育委员会、公共安全委员会等等；②代理委员会——与某些政府机构有关联，比如治安委员会、卫生委员会等等；③区域委员会——负责处理社区内专门地区的问题。根据规定，容许当地居民作为非正式成员参与委员会的工作。这是充分利用社区人才资源的有效途径，同时也是选拔未来董事会成员的基础。

2. 董事会的职责

（1）增进本社区的福利

考虑本社区的各种需求，就有关社区和居民的各种福利问题与任何官员、职能机构及其指派的地方管理者、立法机构和区长进行合作、磋商，并提出建议、提供帮助；就共同关心的问题与兄弟社区董事会进行合作。

（2）促进社区沟通

董事会在社区居民与官方之间起沟通、桥梁作用，做到上情下达，下情上报；组织社区内各种团体，并将团体通讯地址备案，负责社区成员与它们的联系。

（3）参与编制预算和拟订资金使用计划

商讨社区各项发展计划的预算支出，分别加以讨论并及时通报社区居民。在此基础上，编制下一个会计年度的预算表；商讨并审查资金需求、资金流向，通报居民，编制下一个会计年度的投资预算并呈交市长；协助制定个人投资计划；评估社区投资计划；举办公众听政会，向市长、议会和市规划委员会推荐优先考虑执行的发展计划，提出如何分配和使用社区发展基金的建议。

（4）制定旨在满足本社区需求的发展规划

准备社区需求报告，内容包括社区董事会对社区目前和未来社区需求的评估，以及为满足这些需求而制定的计划、方案和采取的行动等等，最后将陈述报告提交市长。

（5）准备社区发展的分项计划

派代表出席市政府职能机构的会议，参与起草、制定有关社区利益的计划；对公共机构或私人团体的社区土地开发计划施加影响，召开公众听政会，向市规划委员会提交书面建议。

（6）监督和评估社区服务质量

协助起草和评估社区服务发展报告；评估社区内职能机构提供服务的质量；发布社区居民对社区服务的反馈信息。

（7）处理董事会日常事务

选举董事会职员，分派社区主任和专业人员日常工作，记录董事会的日常活动和所办事宜，包括董事会会议时间、收到的报告等；召集有关社区居民和社区福利的公众听政会、私人调查，董事会起到召集和主持会议的作用；邀请职能机构代表出席董事会会议；分别向市长、区政府委员会和议会递交年度报告。

纽约社区董事会发展至今已经是一个比较完善、规范的社区组织，社区董事会成员通过民主参与、积极解决社区事务，拟订社区各项发展计划，履行促进社区发展的职责。

（资料来源：根据候玉兰、候亚非《国外社区发展的理论与实践》有关资料整理）

6.2 公众参与下的城市社区建设

6.2.1 公众参与社区规划的发展

6.2.1.1 西方城市规划公众参与的历史进程

20 世纪中叶西方国家的石油危机、1960 年代一些西方国家的失业问题、住房问题、种族歧视等，引发了大规模的种族暴乱。社会问题成为当时的焦点。在城市规划理论文献中，早期关于公众参与城市规划最著名的两篇文章是：1965 年发表的 Paul Davidoff 的 "规划中的辩护论和多元主义"（Advocacy and Pluralism in planning）"①，以及 1969 年发表的 Sherry Arnstein 的 "A Ladder of Citizen Participation"（市民参与的阶梯）②。这两篇文章成为早期美国讨论公众参与城市规划的最重要的理论基础。从时间上来看，与上述两篇文章几乎同期的是 1968 年 3 月英国的 "the Skeffington report"（斯凯夫顿报告）③ 和 1968 年英国《城乡规划法》。中外规划学术界基本认同把 1968 年英国的斯凯夫顿报告作为公众参与城市规划发展的标志。

公众参与城市规划的理论在其发展过程中，还有一些其他的理论思潮加以回应和丰富。20 世纪 70 年代美国国内的种族冲突、国外的越战等问题，使得一些学者从研究马克思理论中找到批判 20 世纪后期资本主义、民主压制和殖民暴乱的思想和理论武器，并逐渐形成了后来著名的新马克思主义流派（Neo-Marxism）。David Harvey 是其中重要的代表人物之一。他的 "社会公正" 理论对解释社会利益群体的相互冲突、并寻求城市社会公正道路做出了新的探索。

美国城市规划公众参与的理论和实践在 1970 年代有了较大的发展。城市规划的工作内容开始由纯粹物质性的规划转向对城市社会问题和对策的综合研究。到 1977 年著名的《马丘比丘宪章》中对公众

---

① 1965 年发表的 Paul Davidoff "规划中的辩护论和多元主义"（Advocacy and Plura lism in planning）"。参考：Paul Davidoff. Advocacy and Pluralism in Planning. 1965. Richard T. LeGates & Frederic Stout（Ed.）. The City Reader（second edition）. Routledge Press，2000.

② Sherry Arnstein. A Ladder of Citizen Participation. 1969. Richard T. LeGates & Frederic Stout（Ed.）. The City Reader（second edition），Routledge Press，2000. 240~241.

③ 刘奇志. 公众参与城市规划的基础研究. 同济大学硕士研究生学位论文，1990.

参与城市规划的肯定提到了前所未有的高度："城市规划必须建立在各专业设计人、公众和政府领导者之间系统地、不断地互相协作配合的基础之上"。之后，经过不断的理论和实践探索，如"Comprehensive City Planning"（综合性规划，1985 年）等①，到 1980 年代和 1990 年代，美国规划理论研究领域出现了与公众参与城市规划相关的新名词：Communicative Planning Theory（联络性规划理论），它提出了规划师和政府决策者之间关系的新主张。

由于美国的城市规划公众参与已作为法定决策程序中的一个重要的、不可缺少的环节，因此，在当今美国，公众参与城市规划十分盛行。公众参与的实践在各级政府决策中得以体现，它在制度上予以了保障、在机构的设置中予以了体现、在规划编制的过程中予以了不同方式的落实。

6.2.1.2 公众参与城市规划的里程碑

根据文献资料，早在 1947 年，英国《城乡规划法》所创立的规划体制已经允许社会公众发表他们的意见。要求地方规划部门公布所编制的规划，特别是对有直接影响的邻里居民征求意见。公众可对那些开发规划进行评议，并且可以写信给部长提出他们的反对意见。根据这一公共征询体制，公众还可以对他们不满意的规划决定进行上诉。最重要的是，通过这样民主化的途径，无论中央政府还是地方部门，市民代表将表达并维护各公众集团的利益。在地方政府层面上，所有的地方机构都有"规划委员会"，他们的工作是监督、制定规划或提出申请。规划委员会的会议向公众开放，他们可以直接听取公众意见从而代表公众的权益。这一公众参与规划的基本模式在 1940 年代到 1950 年代的英国开始盛行。

然而，到了 1960 年代，这一模式受到挑战。原因是一些规划提案虽受到某些利益团体的反对，但有时也会不了了之，使得规划不免带有某些政治或权力色彩。其结果促使公众更加主动直接地参与规划。因此，就是在这样的背景下，"公众参与规划"的意识才真正诞生了。

---

① Melville C. Branch. Comprehensive City Planning. Planners Press，1985. 89.

英国政府部门的规划咨询小组（the Planning Advisory Group，PAG）于 1965 年在一份报告中首次提出"公众应该参与规划"的思想（又称"PAG 报告"）。PAG 报告中的第一项目标就是"规划体制作为一种规划政策的工具、同时又应作为公众参与城市规划的手段，它应确保这两项宗旨的满意实施"。

继 1947 年英国"城乡规划法"中提及了关于公众参与规划的途径之后，1968 年修订的"城乡规划法"把原来的发展规划划分为两个层次：即"战略规划（strategic planning，或称"结构规划"structure planning）和"地方规划"。其中，战略性的结构规划虽由地方规划机构负责编制，但规划必须由中央政府审批。"地方规划"则完全是地方性的，由地方编制和批准。因此，这为 PAG 提供了开展更为有效公众参与的机制，从而使得规划工作在更广泛征求民意的基础上获得最有效的成果。至此，公众参与城市规划在文件中予以了规定，即："地方规划机构在编制其地方规划时，必须提供地方评议或质疑的机会，这一规定将视为审批规划的必要前提"。

然而，公众究竟如何参与规划？新的法规所指的参与特点和以往传统的参与相比究竟有什么不同？在当时，这些问题还不明确。鉴于此，当 1968 年城乡规划法案还在准备的过程中，1968 年 3 月，负责规划事务的政府部长组建了一个特别小组，由 A. M. Skeffington（斯凯夫顿）任主席。小组的主要任务是研究并提交一份关于公众如何参与地方规划的报告，希望提出一种具有公开性的最佳方法和途径来确保公众参与制定他们所在地区的规划。这一报告就是著名的"斯凯夫顿报告"，于 1969 年出版，它是公众参与城市规划的里程碑。

斯凯夫顿报告提出了一些关于鼓励公众参与规划的有趣想法，例如，采用"社区论坛"（community forums）的形式建立地方规划机构之间的联系；通过任命"社区发展官（员）"（community development officers）来联络那些不倾向公众参与的利益群体。

早期公众参与规划的含义界定具有一定的模糊性，即，一方面强调公众应当决定公共政策，另一方面又提出规划师应该自己决断他们认为是正确的和合理的东西，在"斯凯夫顿报告"中也同样反映出这种含糊性。斯凯夫顿报告中提出，公众参与规划的方式，不仅要对信息有所反应、要说出他们的想法，而且要在制定规划时担当积极角色。但同时又指出，制定规划的这项工作和责任必须由经过职业训练的规划师和地方机构代表来承担。从早期的公众参与规划的界定来看，"公众参与"是在地方政府主持和职业规划师指导下进行的，地方政府和规划师具有最终的责任和权利来准备规划并作决定。因此，早期的公众参与规划实质上更多的是"征询"公众意见，还不能说是公众主动地参与决策。

6.2.2　社区规划中公众参与的模式与问题

6.2.2.1　辩护性（又称倡导性）公众参与模式

Paul Davidoff "规划中的辩护论和多元主义"是20世纪60年代美国公众参与城市规划的重要理论文章之一。1960年代，作为律师和规划师双重身份的Davidoff，在规划教学的同时完成了一个规划项目。他在较为排外的白人郊区内成功地规划建设了非白人居民居住的低收入住宅项目。这一实践经验使得他对传统的城市规划予以重新思考：城市规划如何维护并作为少数低收入居民利益的代言人？

　　传统的城市规划编制的办法是，一般由某个地方政府提出他们认为对整个社区来说是最佳的方案，即便是规划方案向公众展示征询意见，但方案最终归结为一个。Davidoff认为这一规划过程掩盖了个别群体的利益。他认为不同的社会群体有各自的利益要求。如果他们的要求得以实现的话，那么结果将会产生许多根本不同的规划方案。在众多的利益群体中，那些商人、富人和掌握权势的人，他们可以通过自身的实力和多种渠道影响规划，使得规划更符合他们利益的需要。但对于穷人和其他没有权势的人群，他们的利益却无法落实。因此，他提出，规划师应当借鉴律师的角色，应该成为社会弱势群体的辩护人、代言人，就像律师维护他的当事人利益那样。根据Davidoff的假设，每个规划师去为不同社会群体的利益代言和辩护，如为穷人、小商人、环保主义者等等，并编制相应的规划，然后把各自的规划方案呈递到地方规划委员会上，就像在法庭上那样，规划师进行各自方案的辩护，让法庭的法官（即地方规划委员会）来审查事实、评价优缺点，最后来做出裁定。Davidoff认为经过这一过程整合形成的规划方案要比由规划机构人员单方面编制出来的好。特别是社会弱势群体的利益通过规划师的辩（论）和（维）护，将会合适地、恰如其分地得以反映。

Davidoff 的"辩护性参与模式"成为 1960 年代到 1970 年代激进主义规划师的思想武器。许多规划师标榜自己作为"辩护论规划师"（Advocacy planners）进行这一方式的实践，并且获得了显著成效。至今"公正论规划师"（Equity planners）仍延续着这一传统。

在今天来看，"辩护性参与模式"在当时美国社会对公众参与城市规划的理论和方法进行了大胆的设想和实践。开创了崭新的公众参与理念，在政府、规划师和公众之间建立了桥梁，推进了美国社会公众参与规划的进程。需要指出的是，这一理论在实践中也存在不足，即辩护论规划师服务的对象存在很多的利益分歧，甚至一些极端的社会群体利用这一模式使规划师为其利益辩护。Frances Fox Piven 对此提出尖锐的批评："辩护论规划师在这一（规划）体系中就像不知情的傻瓜，不排除这样的可能：一些社会极端利益群体将其作为获得更多政治力量的砝码，他们要的是权利，而不是规划"。1970 年代，David Harvey 著文《社会公正和城市》（Social Justice and the City）进一步讨论公众参与城市规划中城市社会公正的原则。Harvey 所用的研究案例是关于在巴尔地摩地区建造一条新的高速公路的争端。争论的焦点在于是否要建、建在哪里。交通专家和工程师们的出发点是工程的效率，要拆迁居民，而且要越快越好；政府部门的官员看重的是建造高速公路将会刺激不景气的城市经济从而带来效益。"辩护论规划师"们则各自代表不同利益的社会群体：少数有色人种团体和穷人们出于对拆迁和安置的关注，环保主义者侧重实现环境保护的价值观，邻里团体注重交往的价值，历史保护学家则侧重其历史观。不同的社会群体根据各自的利益提出支持或反对高速公路的意见。Harvey 根据研究提出"不存在绝对的公正"[1]，或者说，公正概念因时间、场所和个人而异。

---

[1] David Harvey. Social Justice, Postmodernism, and the City. 1992. Richard T. LeGates & Frederic Stout（Ed.）, The City Reader（second edition）, Routledge Press, 2000. 199~200.

6.2.2.2 "阶梯型"公众参与模式

Sherry Arnstein 的"市民参与的阶梯"发表于 1969 年的美国规划师协会杂志上,"公众参与"这一概念的系统分析,是美国早期有关公众参与城市规划的重要理论之一。Arnstein 对 1960 年代的邻里组织和纷乱的城市政治有着直接的感受,她运用形象的比喻,把公众参与规划的程度比作一把梯子上不同的横档①(图 6-1)。她认为公众参与并不只是一件事情,它可以被诠释为多种方式,因而是多件事情。公众参与可以分为不同的层次,参与的程度也因此有所不同。

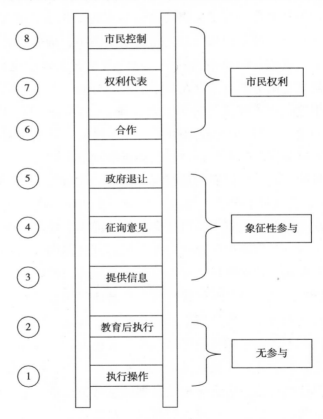

图 6-1　Sherry Arnstein 的"市民参与的阶梯"图

(资料来源:Sherry Arnstein. A Ladder of Citizen Participation. 1969. Richard T. LeGates & Frederic Stout (Ed.), The City Reader (secondedition). RoutledgePress, 2000. 240~241)

---

① Sherry Arnstein. A Ladder of Citizen Participation. 1969. Richard T. LeGates & Frederic Stout (Ed.). The City Reader (secondedition). Routledge Press, 2000. 240~241.

Arnstein 提出的这一梯子共有 8 个横档，她认为公众参与可以分为 3 个层次、8 种形式（即 8 个横档）。最低的层次是"无参与"（nonparticipation），由 2 种形式组成，最低的形式是"执行操作"（第 1 横档），即一些政府机构早就制定好了规划，他们所要进行的所谓公众参与就是让公众接受规划。无参与的另一种形式是"教育后执行"（第 2 横档），它说明了这种公众参与形式的虚假和政府机构的傲慢，这种参与形式的意图是调教公众的态度和行为从而使公众接受规划，并不是真正要听取意见。

Arnstein 梯子中公众参与的第二层次是"象征性的参与"（Tokenism）。其中又分为 3 种形式，即第 3、4、5 横档。第 3 横档是"提供信息"，意即政府向市民提供关于政府计划的信息并告诉市民的权利、责任。这是一个好的开端，再上一层（第 4 横档）是"征询意见"，获取公众的意见。这是很有益的工作，因为调查工作可以使决策者获得市民直接的要求。但如果仅仅停留在这种形式上，那么市民的意见最终无法落实。再上一层（第 5 横档）是"政府退让"，即政府对市民的某些要求予以退让。这又进了一步。但市民对他们所提的要求仅仅是在某些方面得到政府的让步是不会满意的。

Arnstein 梯子中公众参与的第三层次是"市民权利"，其中又分为 3 种形式，即第 6、7、8 横档。第 6 横档是"合作"，第 7 横档是"权利代表"，最高形式第 8 横档是"市民控制"。1960 年代，一些市民团体曾被赋予过控制某些项目的权利，或作为权利的代表被授权实施某些项目。市民控制和权利代表正是起源于那个时期。反对 Arnstein 所提出的"市民控制"的意见主要针对这种形式在提供公共服务方面的浪费和低效，甚至给某些人以投机取巧的机会，或者只是一种政治象征。

Arnstein "市民参与的阶梯"在当时以及现在来说都具有十分重要的思想和理论意义。当今美国的政府、私人和非盈利性组织已经十分普遍，在 Arnstein 梯子中已经预见地阐述了这一"合作"的思想内容，其实质的效果是：通过某种形式的谈判使得决策权利得以再分配。从 Arnstein 的阶梯理论可以看到，只有当所有的社会利益团体之间——包括地方政府、私人公司、邻里和社区非盈利的组织之间——建立一种规划和决策的联合机制，市民的意见才将起到真正的作用。

6.2.2.3 "联络性规划参与模式"

"联络性规划"（Communicative Planning）是关于城市规划公众参与又一种模式。不过，它不是针对普通公众的，而是针对规划师这一特殊的公众群体。提出的观点是，规划师在决策的过程中如何发挥更为独到的作用，以改变传统那种被动提供技术咨询和决策信息的角色，运用联络互动的方法以达到参与决策的目的。这一观点是在 1980 年代的实践主义规划（action – oriented planning）的经验积累中逐渐成熟的。规划师个人的沟通和商议的技术（技巧）在其推荐规划方案时变得十分重要，甚至影响规划政策和方案的实施。到 1990 年代初，这种关于"规划作为联络和商议的过程"成为规划界一种全新的理论。Sager 在 1994 年提出了这一"联络性规划理论"的概念，1995 年 Innes 又进一步提出了"联络性和互动式实践"范式的理论。联络性规划理论的产生，标志了规划师的角色"从向权利讲授真理到参与决策权利"的转变。

6.2.2.4 对模式的评价与启示

虽然公众参与城市规划正逐步走向成熟，从上述分析公众参与规划的发展历程可以看到，建立一个真正科学合理和公正的"城市规划的公众参与"的体系不会是一帆风顺的。在多元文化的今天，对公众认识达到高度的一致性几乎是不可能的。在"公众、私营部门和非盈利组织"的合作框架中，权利与利益的平衡是其中的关键。公众参与城市规划决策体系的实质，反应的是公众权益的平衡和决策权利的分配。因此，以上所述的辩护论参与模式也好、阶梯型参与模式也好，或联络性参与模式也好，都反映出规划师在政府和公众之间、在不同的城市社会利益群体之间所做的积极努力，其目的都是在不断地追寻公正关系的理想模式。

综合以上所列举的西方社会公众参与城市规划和社区规划的模式，可以发现不管采用哪一种模式，其目的都是为了让公众参与到与其自身利益相关的社区事务中，反映大多数人的社区利益。通过公众参与模式及其发展的研究，可以获得如下若干重要启示：

（1）公众参与的社会基础十分重要

公众参与的社会基础对全面和有效开展真正意义上的公众参与十分重要。这一社会基础主要包括：

①公众所受的教育水平。从所受教育程度的角度分析，社区由三个不同层次的人群组成①。在最上层，是文明程度高的一族，受到良好的教育、表现好并有社会责任感，他们为自身的权益并为他们的社区利益而予以紧密合作；中间层次的人群，他们合作的主要目的是出于自身利益的实现；最低层次的人群，由于他们的贫困、教育程度低而被文明社会所排斥，他们也会因为其社会出身和窘困的生活条件而难以进入文明社会，也难以享受到文明社会的成果。因此，公众所受的教育程度是公众参与的社会基础，积极为社区内低收入家庭提供社区教育的机会，是社区社会、经济发展规划中的重要内容之一。

如果公众没有一定的教育程度和文化程度，则不可能产生公众参与社区事务的意识，即便是参与，参与的效果也将是一个问题。西方国家和一些经济发达国家的社区公众参与程度较高，主要是因为公众的教育程度比较高，中产阶级扩大，社区意识较强，对自身和社区利益维护的自觉性和敏感性较强；如果社区公众所受的教育程度不高，参与意识不强，那么，公众参与还需要外部力量的推动，例如，当前我国城市社区规划公众参与的现状正处在需要外部推动的阶段；

②政治民主化的程度。一个高度集权的环境中不可能产生真正的公众参与。只有政治民主化程度的提高，社会意见才能具有多元化，公众才能敢于发出不同的声音来维护社区的利益。在民主化的制度环境中，各种社区组织将应运而生，成为社区不同利益群体的代言人，成为十分有效的"社会资本"。

③法律制度健全。公众参与社区规划的行为需要有相应的法律予以保护。建立制度化的公众参与是保障其有效执行的重要基础。我国当前实施的《居民委员会组织法》就是在法律保障下实施居民参与和自治的重要过程，具有十分重要的意义。

---

① Gwen Bell & Jaqueline Tyrwhitt（Etd.）. Human Identity in Urban Environment, Penguin Books, 1972. England.

（2）规划过程是一种学习过程

公众参与社区规划的过程，是规划师、公众和社区组织之间的相互学习过程。规划师既是规划制度（规划法规和政策）的执行者，同时也是公众利益的代言人，正如"辩护论规划师"的角色那样。在当前我国城市社区规划中，规划师还是社区建设过程中各种投资主体的利益的维护者。因此，社区规划在谋求社区发展的过程中，应该成为各种利益共同发展并维护利益平衡的实践。从这个意义上说，规划过程是一种社区内各有关利益群体的学习过程，通过学习，形成伙伴关系。

（3）专业权威受到挑战，角色面临转变

在错综复杂的社区利益群体之间，规划师的专业权威受到挑战。这是因为，规划师的规划专业技术还不能完全有效解决社区利益群体之间的各种矛盾，而且，西方城市规划公众参与的实践也证明，规划师本身无法包揽和决定一切。在新的历史条件下，规划师的专业角色面临转变，即从过去权威的施令者转变为社区公众的技术顾问，作为各种利益群体矛盾的协调者，作为社区规划和建设事务的动员者。规划师运用所学的专业技术为社区规划和建设提供多种方案和解决问题的途径，进行比较，由利益群体讨论最终作出选择。

综上所述，社区规划的公众参与模式是多元的，全面并真正开展公众参与社区规划需要相应的社会基础。社会基础的作用对于"社会资本"的发生和积累具有重要的意义。

6.2.3　当前我国城市社区规划中的公众参与

6.2.3.1　我国社区规划公众参与的现状

长期以来，我国城市规划工作中积极提倡公众参与，然而，城市规划公众参与往往停留在由规划师组织的问卷调查、规划成果展示会等被动的方式。例如，上海市社区建设的模式主要融入于地方政府行政管理构架中体系中，社区建设过程中公众参与的特征表现为"政府主导、行政推动和居民被动参与"的"自上而下"的基本特征。社区规划和社区建设基本上是政府组织，并与专家共同制订的，广大人民群众参与甚少。社区规划建设中的"公众参与"主要是指公众

"个人"的参与,而没有提升到建立社区组织并以社区组织为单位的公众参与。从国外发达国家的实践经验来看,真正有效的公众参与不是个人层次的参与,而是以社区组织为居民代表的参与①。只有这样,开发商和主管部门才可能积极地认真对待公众的意见。社会资本的积累越多,社区组织实力就越大,公众参与的成效也就越显著。

随着城市管理任务的加重和管理工作的现代化进程加快,政府包揽一切的行政管理模式越来越难以取得理想效果,社区管理和居民参与已越来越受重视。然而,正如前文所述,规划的公众参与需要相应的社会基础,包括公众所受教育的程度、政治民主化的程度、以及相关法律的保障。由于我国现阶段生产力水平,社区居民参与社会事务的意识和水平的局限,主动的公众参与城市规划还缺乏相应的基础条件。所以,目前由政府力量外部推进的、"自上而下"的社区建设和管理的公众参与模式,在我国现阶段具有较强的可操作性和现实意义。例如,上海市浦东新区上钢街道机构积极以组织、推进文明社区创建为契机,开展了"自上而下"的社区建设工作,成为当前上海城市社区建设工作的典型模式②。

专栏 6-3 浦东新区上钢街道的社区建设工作模式

上海市浦东新区"上钢新村街道"属于典型的新区中的老城区,它始建于1952年,原为上钢三厂职工家属住宅区,是工人新村。由于历史欠帐过多,一大批老公房多年失修,基础设施过于陈旧,居住区、工厂区、城乡结合部混杂期间,社区环境建设的硬件任务相当艰巨。

街道党政领导班子提出了在两年时间内创建市级文明社区的奋斗目标,确立了"服务型文明社区"的定位。街道从居民"急、难、愁"入手,近年来陆续投入资金为居民粉刷楼房内墙1378栋,粉刷楼房外墙160栋,调换楼道信报箱340只,此外,整修小区道路、市

---

① 张庭伟. 社会资本、社区规划及公众参与. 城市规划,1999 (4).
② "以人为本,营建安居乐业的温馨家园——浦东新区上钢街道创建服务型市级文明社区工作纪实". 城市导报,2003-3-14.

政道路，增加绿化 13 万 m^2，拆除违章建筑 3 万多平方米，新排下水道近千米，长青路和历城路建成"美化一条街"。此外，以取缔无证设摊、纠正跨门经营和统一店牌店招为抓手，形成规范整齐的店容面貌，促进了上钢地区商业繁荣发展，保持了市容环境整洁。至 2001 年底，街道已创建成市级文明小区 6 个，区级文明小区 18 个，五好家庭 11200 户，辖区内市、区两级文明单位 22 家，已有 77.4% 的居民生活在文明小区中。针对居民精神生活的需求，街道已建成 350 m^2 的市一级街道图书馆，300 m^2 的文化中心站，1058 m^2 的文体广场，1000 m^2 的健身苑，2000 m^2 的社区教育培训中心和科普中心。在居民小区建成健身点 30 处，社区服务分中心 30 处，6 个卫生服务分中心，建立社区志愿者队伍 285 支，志愿者达 14901 人。所有小区配齐了老人活动室，组建了各类文化团队，举办了一系列文化节。从生活保障到精神需求，广大居民基本上可以在社区内得到满足。

2002 年，以"济民、助民、便民、利民"为宗旨，街道实施了四个"一"工程：（1）新建和完善一批满足群众基本生活需求的社区服务配套设施。新建了 2000 m^2 的上钢文化教育中心，改建了社区托老服务所；整合商业资源，筹建上钢社区商业中心；（2）健全一整套社区服务体系，充分发挥社区管理委员会、居委会、物业管理公司和社区志愿者服务队的作用，在帮困济贫、互帮互助、敬老爱老、便民利民等方面，为居民群众提供全方位、多形式的生活服务。先后创办民间就业劳动组织 215 家，使 3400 余人实现了再就业，公益性岗位从业人员净增 283 人，累计 987 人，为 189 名重残无业人员解决生活医疗基本需求；（3）发展一系列社区便民利民的服务项目。目前，街道社区服务中心和 30 个居委会分中心开设的便民服务项目有 126 个，涉及治安保卫、优生优育、卫生保健、文化教育、法律咨询、房屋修缮、水电安装、家电维修、钟点服务、家庭护理等 10 个大类；（4）制定落实一整套便民服务措施。2002 年街道对助残志愿者、家庭护理、卫生保健等服务人员进行了专题培训，提高其服务质量和技能，把爱心送到千家万户。

上钢街道加强居民素质教育，引导居民积极支持社区创建。具体做法：（1）充分利用社区学校这一教育阵地，加强对市民行为规范教育，全年举办各类文明礼仪、书画、英语百句、烹饪、插花、时事、科普等 18 余门课目授课，3 万余人次参与学习教育，引导认识现代文明社区对市民素质提出的要求；（2）开展主题活动，吸引市民主动参与社区创建。例如，街道精心设计了"上钢人的诗与歌"、"字与画"、"情与景"、"健与美"活动载体，以群众喜闻乐见、寓教于乐的形式开展科教、文、卫、体及其法律的市民素质教育，举办大型广场活动 12 余场，吸引近 2 万居民广泛参与，激发社区居民热爱家园的感情，培育和谐的人际关系，营造温馨的生活氛围；（3）开辟教育宣传园地，引导居民时刻关注社区创建。利用上钢动态、社区新闻集锦，通过小区画廊、黑板报、阅报栏、公益广告灯箱等，及时向市民通报社区的创建动态，公示社区的创建目标，开设道德点评栏，惩恶扬善，使之成为凝聚人心、融洽感情、丰富生活、陶冶情操的园地。

（资料来源："以人为本，营建安居乐业的温馨家园——浦东新区上钢街道创建服务型市级文明社区工作纪实"．城市导报，2003 – 3 – 14.）

从以上举例中可以看到，社区规划的任务不仅是要规划建设好社区物质环境设施，而且还要为已经建成的社区做进一步完善社区服务的工作。既掌握规划专业知识、又深入社区参与社区建设的规划人员将作为"社区规划师"的角色，组织、参与并成为社区利益的代言人。从这个意义上说，我国社区规划师职业将应运而生，他们深入社区生活，了解居民的意愿，以专业的知识服务居民，做好社区发展规划。

6.2.3.2 社区规划公众参与的目标与意义

（1）目标

根据上述的分析可以得出，当前我国城市社区规划公众参与的目标是：充分利用社区人力、物力资源，培育社区成员的自治与互助精神，创造更为美好的居住生活环境。

社区规划和建设既是地方政府的一项重要工作，同时，它又是社会共同承担的一项公共义务，社区的发展需要广大居民积极主动参与，从而充分反映出社区作为居民自治的"社会生活共同体"的作用。社区公众参与应组织社区内各方面和各部门联合行动，其目的是促进居民参与社区工作，从而改进当地行政机构的工作效能。在推进社区发展的初期，充分利用民间组织资源、改变居民的态度与物质建设同样重要。其中，应特别重视妇女和年轻人的参与，从而扩大参与的基础并推进社区的长期发展。选拔、鼓励和训练社区利益的代言人是社区发展计划中的主要工作[①]。

所以，社区规划、建设既要依靠政府自上而下的推进，又要调动基层，特别是广大居民的积极性，自下而上广泛参与，社区规划和建设的实施既要靠政府，也要靠百姓。应该更多地让社区居民参与社区规划、建设和管理工作，代表居民利益发表意见和建议。

（2）意义

社区规划公众参与对于现代社会生活的意义是深远的，它涉及了许多方面：

①政治层面：培养居民参与决策的积极性，同时，从社区基层开始推进社会民主和文明进程，提高社区层面居民自治的水平；

②社会层面：提高居民的社区意识，加强社区归属感，提高居民的定居意识；

③技术层面：增加社区规划和事务决策的多样性和可选择性，提高社区问题界定的准确性和解决问题的合理性。同时，整合更多的社区资源参与制定方案和决策，从而使得社区规划更加具有多样化，避免社区规划由于过分依赖于专业技术的偏好而带来的片面性；

④文化层面：通过居民参与社区规划和事务的过程与决策，促进新型的社区邻里组织，加强居民之间的交往，从而为塑造新型的社区文化提供基础。

6.2.3.3　社区规划公众参与的方式

社区规划公众参与的方式分为间接参与和直接参与，在组织方式方面又可以分为个人参与和团体参与。间接参与是指居民个人或团体通过电话、媒体或会议间接发表对社区规划和事务的意见。直接参与是指居民个人或团体直接参加社区规划和事务的过程，包括参加制定和表决的过程。在这方面，我国台湾地区的社区参与环境规划工作开

---

① 王颖. 城市社区的转型研究. 同济大学博士学位论文（导师陈秉钊教授），2001.

展比较早，积累了一定的经验。台湾地区环境规划社区参与具有特定的社会背景①。这一社会背景包括：

①地方政府集权，社区环境不能由社区自主；

②公共部门的决策（包括规划的决策）主要的服务对象是外来的投资，即投资者的利益成为环境规划的主要参照，违背了环境规划的宗旨；

③工作心态权威化。决策与咨询的方式都是由上而下，包括价值观的假设、问题的界定、方案的建议与评估等，使用者是"被服务"的，社区无权过问；

④规划师与使用者隔离现象严重，也因此不必向真正的使用者负责，只须向规划委托单位（雇主包括投资者或地方政府）负责，失去了与使用者之间相互学习的机会。在某种情况下，规划师或建筑师只是投业主所好，而忽略了对公众利益的考虑。

因此，针对上述环境规划决策方式的问题，台湾的社区参与实践对此提出了批评，并对环境规划的社区参与提出了工作方案，其参与的方式见下表6-1。

台湾环境规划社区参与的方式　　　　表6-1

	个人参与	团体参与
间接参与	●媒体选票 ●民意调查、电话热线（表达公众的提问或反对的意见） ●雇佣公民调查 ●设立"进来坐"中心，收集居民意见 ●规划单位集中几天开放参观 ●公听会、公开展览，有参与决策的人士出席答疑 ●登陆网页、电子布告栏	●密集会议，专题讨论议案 ●公民咨询委员会 ●公民专题委员会，协助规划单位针对某一议案进行讨论 ●社区规划协会 ●公听会、公开展览
直接参与	●公民表决 ●公众亲自参与设计、规划、评估和执行，群众监督	●密集会议 ●公民咨询委员会 ●社区规划协会 ●公民代表参与决策团体 ●公民团体自行拟定计划，亲手参与设计、规划、评估和执行

---

① 王颖. 城市社区的转型研究. 同济大学博士学位论文（导师陈秉钊教授），2001.

针对目前我国公众参与城市社区规划的现状，本文认为：①提倡在政府的宏观指导下，健全社区组织体制；②完善社区功能，培育社区意识；③进一步发挥社区组织的重要作用，积极鼓励社区组织和居民个人成为社区规划和建设的参与者，采用各种有效方式，直接参与和间接参与社区规划和事务的决策，社区自助计划的有效实现，有赖于地方政府积极广泛的协助；④应进一步建立和完善社区规划公众参与的机制，实施城市规划科普教育，建立城市规划决策的"社区听证会"制度；⑤促进城市发展决策的民主化和法制化进程。

6.3　社会资本和社区发展模式选择

6.3.1　社会资本的概念、核心及其社会学意义

社会资本是"在某一社会网络中固有的、基于互惠主义的共有的信念，共享的信息及互相的信任（Woolcock，1998）。从某种意义上说，社会资本是指社会组织的一些特性，例如社会网络，共同信念，互相信任，它们能为相互的利益而促进协调和合作"（Putnam，1993）①。

1993 年，时任哈佛大学肯尼迪行政学院院长、哈佛国际事务中心主任的布特纳（Putnam）教授撰写了一篇题为"孤独的保龄球客"（Bowling Alone）的短文引起了美国社会学界和规划界的重视。他针对日益衰减的美国社会资本予以研究并提出警告：美国社会中的"社会资本"（Social capital）正在日益衰减，由此已经对美国社会、并将继续对之产生重大影响。布特纳研究发现，近 30 年来，美国社会正发生着一场悄悄的变化，其实质是，社会资本持续地在下降。在美国，集体参加的各种社会组织，甚至包括集体性的体育活动项目，参加者都在日益减少。最明显的是工会，美国工会曾是极重要的政治力量，但现在就业职工中工会会员占的比例已下降到14%。教会曾经是另一支重要的社会势力，但现在经常上教堂的人数下降为 30 年前的20%。家长协会（Parents Association）曾是学校

---

① 王鸿楷. 台湾环境规划的趋势：社区参与. 同济大学规划理论课讲稿，1996 – 11 – 15.

之外教育领域中的主力，现在已几乎消失。甚至需要集体参与的体育活动的吸引力也在下降，参加美式足球、棒球和篮球（美国最主要的三种运动）的人数都在持续下降。更多的美国人倾向于单人，或两三人的小型活动。"孤独的保龄球客"指的正是这样的美国人——单独地进行休憩活动、单人跑步、用健身器械锻炼、看电视或上网浏览。家庭成员间的沟通也日益减少。这种变化反映在公民的社会意识上，是公民投票率的持续下降。在全国选举中，有投票权的公民的投票率一般只有 30% ~ 40%。从 1960 年代到 1990 年代，公民投票率下跌了 25%。公民对社区公共事务的关心在减少，社区会议曾是普通美国人参与地方事务的主要形式，但现在居民出席率也在减少。由于社会的运行依靠全体社会成员的参与，一旦社会成员的社会意识淡薄，参与意愿下降，社会责任感就会减弱，社会凝聚力就削弱，社会问题凸显。

6.3.2   社会资本对当前我国城市社区规划建设的意义

研究社会资本的主要目的是希望通过培育积极的社会资本来促进社区发展。社区的实力（Capacity）是社区能否担负起社区事务为居民服务的决定因素。而社会资本则是一个社区能力大小的主要指标。因此，培育社会资本成为社区规划关注的重点。美国社区规划的基本模式是：寻找适当的社区组织，帮助这些组织健全机构，培训其领导人，然后开展具体的住房、环境等规划工作。由于采用这样的工作模式，培育社会资本乃是规划师工作的内容之一。

有学者研究指出，政府的权力范围和社区的社会资本成反比关系。政府管得越多，社会资本就越没有用武之地，社区内的社会资本就越萎缩。政府很难对社区内的社会资本起作用。一个社区的社会资本是植根于该社区的历史和文化之中，诸如历史条件下形成的共同的信念，密切的社会网络，对社区领导人的信任，都有赖于在长期的积累过程中产生，靠政府的短期项目（如培训社区领导人），其作用将很微弱（Putnam，1993；Woolcock，1998）。另有学者研究认为，政府可以以政策来积极地引发社会资本的产生，政府对社区的干预对培育社会资本起正面影响①。

社会资本的研究对城市社区的管理和公众参与社区规划建设具有理论指导意义。积极的社会资本可以对于城市社区建设起到促进作用。张庭伟研究指出：有两种途径可以促进社会资本的产生。一个途径是通过内因：社会资本可能从社区内部来培育，或具体地从社区内的个人开始培育（Wilson，1997）。社会生活中有一些行为具有社交性，当社区的个人参与这些活动时，所产生的"副产品"就是社会资本，因为人们在活动中渐渐建立了交往网络，培养了友谊和信任，最后演化为社会资本。因此，鼓励有社交性的社区活动是培育社会资本的第一步（Coleman，1988）。另一种途径是，外界环境可引发社区内社会资本的增长。例如，在社区规划中改善传统的由上而下的规划模式，积极鼓励社区居民参与决策，这样可促进社会资本的增长。此外，调整政府办事机构以方便和社区沟通，制订新的公共政策以鼓励社区和全社会协作等等，都有助于培育社会资本②。

6.3.3 转型期城市社区组织建设发展模式的选择

通过上述国内外社区工作的介绍，可以看出社区组织的一个突出特点就是社区组织具有很强的自主运作能力。社区组织以社区公共利益为基本出发点，为社区发展争取资金、资源和广泛的发展空间，维护社区居民的利益不受侵害，促进社区发展，政府主要从政策环境上进行支持和监督。

由于过去受计划经济体制"强国家弱社会"的影响，政府承担了过多的社会责任，抑制了社区组织本身的潜力和活力，导致了我国现有的社区组织职能行政管理痕迹比较明显。由于我国社会体制变迁的总体方向是建立社会主义市场经济体制，因此社区发展方向是增强社会性，依靠社会力量，成为一支独立自主运作的社会中间力量。

现阶段政府在组织落实社区工作方面发挥了重要作用。各级政府的主要领导挂帅组织了社区工作的协调机构和指导机构。政府把社区

---

① 张庭伟. 社会资本、社区规划及公众参与. 城市规划，1999（4）.

② 同上.

工作纳入了考核基层工作的指标体系，社区工作的成绩成为衡量基层工作的重要依据。但从长远来看，政府的支持从直接到间接，从具体参与到宏观指导是总的改革发展趋势。一些学者如 Fukuyama 认为政府的权力范围和社会资本成反比关系。政府管得越多，社会资本就越没有用武之地，社会内的社会资本就越萎缩①。计划经济体制下社区发展的不足，充分证明了这一观点。

总体来看，以现有社区组织作为的基本组织基础，结合西方发达国家政府在社区运作过程中的经验，考虑我国现阶段基本国情，实行"政府支持，社区组织自主运作"是理性而现实的选择。当前我国城市社区管理应该构架两个层次，第一是街道机构的政府行政管理层次；第二是社区居民自治组织的管理层次。街道机构的政府行政管理层次严格意义上说，它不属于社区内部的管理，而是统筹协调街道地域范围内各社区居委会的行政管理，行使政府职能，是当前我国城市社区发展的核心和推动力；而社区居委会组织和社区业主委员会本质上来说是真正意义上的居民自治组织，是我国政治民主建设的最基层单元。这个社区发展模式中确定了两个主体：一是政府，二是社区组织。以下将分别对"政府"和"社区组织"在社区发展的作用和角色进行进一步论述。

6.3.4 政府与社区发展

6.3.4.1 政府在社区发展中的角色：从"官办"到"官助"转化

中国的改革是在政府推动下进行的。每一项改革措施，要不要改，改什么，如何改是由权力中枢决定的，政府始终是我国组织体系整合的中枢和主导力量。这种由政府命令和法律引入实行的自上而下的改革是一种强制性制度变迁。由于强制性制度变迁的供给最主要的主体是政府，因而政府不仅在政治力量的对比中处于绝对优势地位，而且还有相当大的资源配置权力，并且使用行政、经济、法律等手段不同程度地约束非政府主体行为。政府在社区工作中的制度安排如果能够适应社会的要求，就可以起到缓解社会矛盾，推动社区发展的作

---

① 张庭伟. 社会资本、社区规划及公众参与. 城市规划，1999（10）.

用。上海社区建设近年来的快速发展，与政府的积极扶持是有很大关系的。

我国社区街道办事处具有某些过渡性特征，突出地表现为街道的半官半民性质和管理上的行政化倾向。随着改革的进一步深化，街道的一些过渡性的组织特征会随之发生变化，街道组织特别是居委会的民间性质会逐步加强，其"官办"特性会逐渐向"官助"转变。"官助"与"官办"在性质上有所不同。"官助"意味着街道社区不再由政府直接出面组织，在权力上间接地借助于政府部门、在人财物上与政府部门合一。政府将在街道体制趋于成熟的条件下，把行政控制的方式逐渐转变为在财政上尽量少地给予补贴，在政策上尽量多地支持，在管理上尽量放权，让社区组织自己管理自己，实现由政府与社区街道共同担负的、行政与非行政手段相结合的社会管理与控制。使社区组织在政府与社会之间建立沟通的桥梁，更好地发挥中间组织的作用①。

6.3.4.2 政府在社区发展中的作用:政策支持为主,资金支持为辅

现阶段在社区转型过程中，政府对社区发展的支持作用，主要体现在提供社区运作的政策支持。政府是近年来我国城市社区建设活动的首要倡导者，政府通过各项政策推动了社区工作的发展。1993年，民政部、国家计委等国务院14个部委局共同颁布了《关于加快社区服务业发展的意见》。在这一意见中规定了各部委的职责，制定了发展社区服务的各项优惠政策。各级地方政府也相应地出台了发展社区服务的政策。上海市各个区都制定了发展社区服务的扶持政策，包括工商局简化办证手续；民政局核发居委会社区服务证书；税务部门对社区服务实行减免税政策等。1996年上海市委和市政府召开的城区工作会议，进一步从体制建设、人员编制、财力保证等方面制定了配套政策。这些政策极大地推动了城市社区工作的发展。政府通过制定文明社区指标，开展示范评比和文明创建活动对城市社区工作进行激励和监督。1995年，我国出台了《全国社区服务示范城区标准》，对城

---

① 王颖，折晓叶，孙炳耀. 社会中间层——改革与中国的社团组织. 中国发展出版社，1993. 346.

市社区工作给出了明确的评价标准。上海市在目前的社区工作中，开展了从全国到市、区、街道、居委的各级评比及达标创优活动，这些活动是促进社区工作开展的基本动力①。

在社区组织发展完善后，政府应将部分中观和微观管理的职能转交给社区组织，并且逐步强化政府自身的宏观调控和整合功能，制定社区发展的公共政策，并以行政力量推行，解决组织面临的各种社会经济问题；利用各种经济杠杆，进行宏观调控；为组织在市场经济体制下运作制定规范。

除了政策支持外，一定的资金支持对转型期社区发展也是必不可少的，美国CDC的发展尽管已经相当成熟，但其负责人还是指出"我们不能假设市场压力会放过这些社区发展合作组织"，肖福曼警告说，"CDC的努力如果没有国家机构的支持，包括在财政上的支持，可能会陷入失败的泥潭。"② 我国社区发展还处于起步阶段，更需要政府在政策、资金上的有效支持，但限于我国整体社会财力水平，还不可能投入过多的财力用于支持社区发展，因此更要强调社区要加强自主能动性，依靠社区自身的资源，借助政府的政策支持，促进社区发展。

6.3.5 社区组织与社区发展

6.3.5.1 社区组织在社区发展中的角色：主导角色

社区发展最终要依靠社区的社会力量实现自主运作。社区组织为成员多元化的社会参与和横向联系提供了渠道和途径。社区组织应是成员为共同的社区利益而自愿地组织起来。政府对社区工作的支持，很大程度上需要通过社区组织完成。在计划经济体制下，我国政府对居民的管理主要是通过单位来实现的，尽管街道也承担城市公共事务的管理，但其功能在很大程度上被单位所涵盖。街道办事处和居委会只是对辖区内游离在单位行政体系之外的居民及事务

---

① 施凯、潘烈青主编. 两级政府，三级管理——上海社区管理体制改革试点成果汇编. 上海人民出版社，1998.3.

② ［美］戴维·奥斯本＆特德·盖步勒. 改革政府——企业精神如何改革着公营部门. 上海译文出版社，1996.42.

进行管理，其行政管理功能和社会事务管理功能因而相对较弱，处于辅助地位①。

中国城市社会整体性结构体系在"政府—民众"的二层结构方面，对于市场经济条件下的城市社会结构来说，城市社会结构体系应该是"政府—自治组织—民众"三层结构。比较之下，中国的城市社会缺乏或者说没有中间组织，即没有自治型的社会组织，也没有市场化非正式组织，而使得城市社会的权力者直接面对民众，导致城市社会整合力度较弱。在社会运作过程中，政府与民众之间缺少一个缓冲地带。因此需要依靠民间力量解决日益多元化的社会经济问题。社区组织在代表成员利益和意见、沟通政府与社会、推动横向联系、组织民间自助和互助活动以及社会管理等方面所发挥的主要作用，对我国现阶段的社会工作都是大有裨益而不可或缺的。

从中国当前城市社区来看，社区组织主要是街道办事处和居民委员会，还有业主委员会。从中国社区发展的长远趋势看，半官半民社区组织只是一种过渡形式，随着社会现代化进程的发展，社区自下而上的沟通形式和自助、互益功能将逐步增强，预示着组织民主化的倾向，社区将成为一种新的组织纽带和有效的整合力量②。

6.3.5.2　转型期社区组织的发展展望

英国协会管理专家斯坦利·海曼概括出社团所具有的四个共同特征：一是成员致力于某些共同目标；二是经费不完全倚仗于官方；三是首要目标不在于获取最大利润；四是成员有随时进出的自由。如果社区组织还需要承担反映社区群体的利益，为社区发展争取资源，促进政府制订有利社区发展的政策，与政府平等民主对话，那么，就要求社区群体需要达到一定的规模。

结合我国社区组织的现实条件，借鉴国外社区组织的先进经验，归纳起来，我国现有三类性质社区组织，分别是街道办、居委会和近年来不断涌现的业主委员会，简称业委会。

---

① 中共上海市委组织部，上海市社区发展研究会编．城市社区工作读本．上海交通大学出版社，1999. 77.

② 王颖，折晓叶，孙炳耀．社会中间层——改革与中国的社团组织．中国发展出版社，1993. 106.

（1）街道办事处

当前我国城市行政管理构架中，街道办事处是政府的派出机构，具有一定的行政管理职能。例如，上海推行"两级政府、三级管理"，其中，两级政府是指市政府和区政府，而三级管理中的第三级就是指街道办事处这一层次。作为社区组织，其意义应该是居民自愿、居民民主选举产生、并且是居民自治的组织。

作为街道办事处指导和组织下的社区发展，在我国许多城市取得了很大的发展。社区管理得到了加强，社区环境和设施有了明显的改善。然而，由于当前城市发展迅猛，迅速城镇化阶段的城市发展和社区建设面临种种挑战。街道机构负责全面社区创建的工作仍然存在一定问题，主要表现在：机构性质方面，政府角色、事业属性和经济组织三者交织在一起；功能发挥方面，由于承担的工作太多，"上面千条线，下面一根针"，结果其核心的管理功能受到影响；管理范围方面，地域划分和人口的多少不尽合理，管理模式不规范，管理效益不高；经费筹措方面，财政投入比例太小，客观上导致街道盲目发展经济，带来诸多弊端。

要发挥街道在社区发展中的核心作用，即指导、组织、倡导和推进街道地域内社区发展，街道办事处的角色和功能应作相应的改进。

①明确政府角色，建立社会化管理网络

进一步明确街道机构作为政府的派出机构，担当政府角色，行使基层政权的部分权力。考核街道机构工作的主要标准，反映在街道是否履行政府必须履行的职能。区政府应该把与社区建设和发展相关的管理权限下放给街道机构，使得街道机构有权对本地域范围内的物质资源和社会资本进行统筹安排。同时，把区政府下属的各职能部门对社区事务的管理权下放到街道，这样，职能部门对基层机构的直接管理转化为以业务指导为主的间接管理。例如，上海市实施"二级政府、三级管理"模式后，卢湾区五里桥街道办事处率先成立了"城区管理委员会"，由五里桥街道办事处、辖区内的派出所、房管所、环卫所、工商所、工务所、煤气办、房管办、巡警中队、市容监察分队和街道医院组成。这种条块结合、以块为主的新型管理机制，改变了过去条块分离、治理不力的局面，城区管理委员会的成立，对辖区内

239

违章摊棚的拆除和无证摊位的取缔发挥了作用①。

需要指出的是，虽然街道机构对本地域范围内的物质资源和社会资本实行统筹安排，但是，在行政管理和具体经营方面应该分离，实行市场竞争机制。在机制改革中，实施"政企、政事、政社三分开"，即把原来由街道办事处直接承担的社区服务、社区文化、劳动就业、市场管理等事务性的职能分离出来，成立各种专业服务所，实行由街道机构指导和监督管理，由市场竞争和选择，自主经营、自负盈亏。

②增加财政收入，整合街道资源

就上海来说，区政府财政对街道的投入比例太小，一般只占开支的10%②。因此，街道机构行使好管理和服务的职能得不到基本保证。建议区一级政府在放权街道机构的同时，扩大对街道的政府财政投入，应基本上达到街道正常开支的50%以上。其他的部分，一方面可以在税收政策方面对街道内的各种企业给予一定的优惠政策，同时，鼓励街道机构整合资源，在符合上一层面城市规划的前提下，积极开展有利于社区发展的街道经济，扩大社区服务设施，形成内聚亲和力，为在街道倡导下推进社区发展提供必要的资金保障。

③组织编制规划，倡导社区自治

街道机构可以在市、区政府的大规划指导下，组织编制街道地域范围内的整体的或局部的社区规划，整合社区资源，提供社区环境品质，加强居民定居意识，促进社区健康、有序和可持续发展。街道机构对地域内的若干社区的规划、建设和发展起到指导、倡导、推进、管理并监督的核心作用，组织居民达到社区自治的最终目标③。

综上所述，街道作为市或区政府的派出机构，是"第三级管理"的直接实施者。在我国条块关系尚未理顺、专业社区工作管理组织及志愿组织发育不足的情况下，街道发挥了作为政府派出机构的行政职能，依托政府的行政网络，实施社区管理，从而使政府对社区工作的推动作用得以体现。在社区工作的项目规划、设施建设、活动安排等具体工作中，街道是实际的主持者。街道还主持社区工作的资源开

---

① 张勤忠．扩大街道管理权限势在必行．城市导报，1996 – 3 – 28.
② 闻正．街道是推进社区发展的核心力量．城市导报，1996 – 3 – 28.
③ 王颖，折晓叶，孙炳耀．社会中间层——改革与中国的社团组织．中国发展出版社，1993.

发，履行了经济组织的职能。目前我国社区服务的设施投入、社区活动经费乃至社区工作者的报酬主要依赖街道经济的积累与创收。街道的规模比居委会和业委会大，接近国外社区组织的通常规模，因此更具有自主发展和运作的潜力。

（2）居委会

居委会是街道下设的组织，自 1954 年全国范围成立居委会以来，我国目前已发展为 114000 个城镇居委会，共有 48 万居委会干部，从事着城市管理、防止犯罪、社区服务、社区共建及上传下达政令这五大项任务。但居委会的现状却不令人满意。虽然这些居委会干部被誉为"小巷总理"，但目前仍有相当一部分的居委会干部为 60 岁以上退休老人，文化程度仅为小学、初中。所以，即使政府有意"把生活交给社区"，如果当前的社区组织无法负起重任，也是行不通的。因此培育一支优良的社区干部队伍，对社区公众参与、自我改善条件、争取可利用的社会资源是很重要的。随着居委会民主选举，社区服务功能的强化，其发展方向是成为民间的社团组织，实现自主运作。

社区自治是社区中居民最为自觉的一种协调机制。一个真正居民自治的社区将是富有生机活力、和谐向心的社区。随着社区公众参与的社会基础不断提高，社区自治将成为政治民主和城市文明的重要标志之一。事实上，社区中有不少职能可以为居民所承担，如果交由居民以自治的方式来履行，效果也许更好。例如社区的治安防范、绿化保洁、社区服务等。在法律的框架内，让居民自治的协调方式充分运用于社区社会生活，可以更加有效地完善社区的功能，提高居住生活的质量。而且，通过社区自治模式，政府可以从头绪繁琐的基层日常事务中解放出来，尽心于更加宏观的监督和协调职能，同时，对于居民来说，也是参与自身居住环境建设并维护社区利益的良机，符合社会主义国家让人民当家作主的政治目标。

（3）业主委员会

业委会是近年来才出现的一类组织形式，多出现于一些中高档商品化社区。业委会在某种程度上颇具"自治组织"的雏形。如广州荔湾广场业主委员会，就是市场条件下，有效制止开发商的投机行为，维护社区成员权益的一个案例。从调查来看，在城市一些旧社区中居委会仍发挥着巨大作用，起到社会管理、社会缓冲、社会福利的作用。而一些高收入社区对社区强调的不是管理功能，而是高质量的服务功能，维护共同的社区利益，业委会在社区中发挥越来越重要的作用。

转型阶段社区组织具有多元化特点，部分社区只有居委会、部分社区只有业委会，而一些新社区则可能两者都有，或两者都没有，亟待统一规划，理顺管理。以下专栏中介绍的凯旋公寓其业委会、居委会都有，但职能不同。

结合我国的基本国情及社会的民主化进程，我国社区组织发展应以居委会或业委会自主发展为基础，远期以街道办为基础发展为具有一定规模和实力的社区组织。以居委会和业委会为基础完善功能，代表社区群体利益，按照"自治组织"的组织原则促进社区自我发展。远期随着社会市场体系的进一步健全，社区自主发展，遵循自愿需要的原则，规模扩大，社区可以更好地解决社区就业、社区民主参与、社区办老人学校。结合我国的具体国情，在未来相当长一段时期内，还将考虑以街道为社会基础的"大型社区"组织体系运作。

专栏 6 – 4　凯旋公寓的社区组织

凯旋公寓位于上海市长宁区新华路 569 弄 158 号。北邻中山公园，西接虹桥开发区，东南面则是著名的徐家汇商业区，共占地 18500m²。凯旋公寓是一个由十二幢八层小高层住宅组成的中型规模的住宅小区，一、二期共九幢已交付使用。该楼盘房价为 6000 ~ 7000 元/m²，属于典型的中、高档小区。该小区高额房价的形成有着各方面的原因。小区开发时处于 1995 年房产较热时期，开发成本较高；小区地处内环线以内地区，地理条件较优越；凭借着与新华路相邻以及上海传统上以西区地区为高尚地段的思想，无形中又抬高了当地房价。以上种种因素使凯旋公寓虽然销价较高，但自从 1996 年开盘以来，一、二期的销售率已达 95%，入住率为 80%。吸引了不少名人雅士、高级白领的入住。

凯旋小区的多数业主为文化层次较高，有一定收入档次的家庭，他们对于物业管理要求相对较高。凯旋公寓管理主要由业主委员会和居委会共同管理。

1. 居委会

凯旋公寓小区同时也属于长宁区新华街道田渡居委会管辖范围。居委会对小区的管理主要涉及社区管理中的精神文明建设工作，调节邻里纠纷、关心小区老人、妇女等等工作问题。

从统计中可以发现该居住小区内住户间关系较为冷漠，高达74%的被调查者一星期中平均去邻居家的次数不到一次，62.4%的居民"经常来往、较熟悉的邻居"一家也没有，遇到困难时，80%的居民寻找的帮助对象是亲戚或朋友，选择邻居的只有4.3%。41.4%的居民对邻里交往持"无所谓"的态度；68%表示没有兴趣或偶尔参加小区居委组织的活动。这些数据反映了高收入小区住户间关系冷漠，社区活动不能正常开展。从社会的发展来看，那些高薪、白领居民大多有自己的社交圈，不愿与不熟悉的邻居交往，在小区内发展邻里交往的可能性很小；而且由于居委会历来给人的印象是管一些婆婆妈妈的小事，对于那些相对高收入的人群来说对居委会的认同感较差。此外，大量存在的外来、无本地户口人员及有些户口转入该区后又转租他人都对居委会开展工作带来不便，管理工作与以前计划经济时代户口制管理将有所不同，居委会体制、制度的改革刻不容缓。

居委会管理小区的经费来源于街道每月发放的办公经费。经费主要用于小区楼组长、巡逻员等社会工作人员的费用及过年、节的活动。由于经费紧张社区只能搞一些简单、小型的活动，且活动内容与现代快节奏的都市生活不太协调，自然对高档小区住户的吸引力不够。因此，如何吸引高收入人群参加社区活动成为居委会今后发展的问题。

2. 业主委员会

发展商先期委托物业管理公司管理新建物业只能是一种临时安排，发展商实际只是代替未来的产权所有人委托物业管理公司对新建物业进行管理。发展商在与物业管理公司的委托管理合同中就应明确规定，当入住率达到50%时，物业管理公司有责任牵头组织召开业主大会，重新选择物业公司。业主管理委员会是新建物业中常设的组织机构。该机构代表全体购房者考察、选择、招聘物业管理公司；与新的或原来的物业管理公司重新签订委托管理合同；审议物业管理服务费的收费标准；监督物业管理公司的管理工作等等。

业主管理委员会与物业管理公司之间是聘用关系。物业管理公司向业主负责，居委会管理向上级部门负责。由于不同性质管理，职能导向不同。在实际管理中物业公司与居委会常常不能协调、平衡发展，在居住小区的管理中各自为政。总体来看以业主委员会为基础的物业公司作为原来房管所的发展形式在小区管理中的作用明显加强，居委会的功能逐渐衰退。如何在转型的城市社区中，协调业委会与居委会的关系还有待进一步研究。

（资料来源：1999 年上海新村社区调查报告）

6.3.5.3　社区组织在社区发展中的作用

转型期，社区总的发展方向是成为政府与居民之间独立运作的"中间组织"，表达和维护居民的利益与要求，形成以民间为主的社会组织。社区组织发展需要增强凝聚力，增强自我发展的能力，为此社区组织应承担如下三方面基本职能：

（1）成为社区成员利益代言人

影响社区组织凝聚力的内在因素，首先来自社区对成员需求的满足程度。尽管成员对社区的需求是多种多样的，但只要社区能够满足成员一种或一种以上的需求，他们就会对社区组织产生一种依赖感、信任感和认同感，就会将社区认作自己的组织。社区组织满足成员的需要，一般都是成员在工作单位或个人所无法获得，这是社区吸引成员的要旨。对目标的认同程度影响着社区的凝聚力。如果社区组织把成员当作服务对象，而成员把社区当作自己的组织，那么两者就会在目标上达成共识。但是，有时社区组织，如我国现有的街道、居委会组织目标除为成员服务外，还有来自政府的社会管理目标，而后一种目标并未获得成员的普遍认同，因而成员与社区没有在管理目标上达成共识。作为社区组织来说，也并未努力去达成与成员在目标上的共识。社区组织应该重视的是，让成员认识到组织的目标与其根本利益的关系，逐渐加强成员实现组织目标的自觉性。

社区是社会群体的组织形象。它通过组织形式而增强个体的群体感。以社区组织表达意见的目的不在于解决某个成员的问题，而在于反映该群体的一般要求，以期得到该群体的重视和支持，期望政府制定政策时有利于该群体。

（2）提供社区成员民主参与的机会

"社区参与"将对中国现阶段的"单位参与"产生冲击，改变"单位参与"占统治地位的局面。个人通过单位的参与活动，将更多地集中在工作、职业等社会政治经济活动上；个人将通过社区组织，更多地、更直接地参与个人所能涉足的社区日常生活和社会活动，这些活动的领域将扩展到政治参与、经济互助。

决策过程的开放程度与参与程度是影响社区社团凝聚力的重要内在因素。所谓决策过程的开放程度，是指社团领导层决策过程向会员公开的程度。应该在决策过程中就让会员或会员代表有机会参与，而不仅仅是事后被动地听取"汇报"。决策过程的开放程度直接关系到会员参与社团活动的程度，参与越深，越容易产生共识和对组织的认同感。社团通过表达群体利益的目标而形成新的利益格局，是一种进取性行动。目前我国社区组织在这方面的作用仍然较微弱，而较为明显的作用，是在群体共同利益受到损害时进行协商。

由于社区组织一般都具有利益和意见代表的功能，因此往往成为民主制衡的一种力量，在民主化参与过程中发挥着积极作用。我国现阶段社团所形成的民主制衡，一是通过发表意见、提出建议、开展协商对话，对政府决策的制定和调整产生影响；二是通过反馈信息，将民间对政府政策、法规、行政效率和做法的意见和看法，有代表性地反映出来，以监督和评价政府行政的质量和成效[①]。

（3）为社区服务

服务功能是社区组织的基本职能，这不仅仅依据社区的民间性质，而且依据社区存在与发展的实际需要。社区的形成是源于某种共同需要或共同利益而组织起来的，因此社区必然要把满足成员的需要、为成员服务作为自己的首要目标。社区要为成员服务，必须具备

---

① 王颖，折晓叶，孙炳耀. 社会中间层——改革与中国的社团组织. 中国发展出版社，1993.

利用资源的能力。如果一个社区不能为成员解决实际问题，就会失去成员对社区的信任，离它而去。反之，能够充分利用资源办一切有利于成员的事情，则必然受到成员的爱戴①。

转型阶段社区工作对象总的来说主要有两类人群：

一是社区全体成员。由于现代社会生活的节奏加快，社会变迁的影响加深，任何个人适应社会变迁的能力受到诸多社会因素的挑战，各种关系之间的失调都有可能给个人、家庭、团体和社区造成冲突和困扰。在现代社会条件下，即使是普通社会成员，在生活中也会对社区有各种各样的服务需求，如生活设施网点、家庭劳务、安全防范等，以及参与一些社区活动，从中获得社会的认同和尊重。培养社区居民的归属感和认同感，已不能够简单地通过行政方式进行，而需要通过社区服务的多种方式，让社区居民切身体会到社区的真实存在，认识到社区工作确实来自于社区成员的自身需要，才能调动社区居民参与社区工作、社区活动的积极性。

二是社区内社会生活中因各种原因而陷入困境的贫弱者。这些人由于肢体残缺，或者智能缺损、或久病无靠，他们正常参与社会生活的能力会有不同程度地减弱，导致他们在教育、就业、婚姻、医疗、娱乐乃至衣食住行等方面出现诸多困难。这些困难仅凭其个人有限的能力是难以克服的，必须依靠社会的力量给予扶持和资助方能缓解。这一部分贫弱人士是社区工作者的重点服务和帮助对象。在社区民政福利工作中，大量涉及这类服务对象。例如以提供财物资助为主的社区救济工作，主要是无经济来源的老人、贫困户、残疾人等。社区专项服务如老年人服务系列就是针对社区中具有特殊困难的老人提供的社会支持。在现代企业制度的形成过程中，一些企业下岗、待岗人员及失业人员也成为社区工作的重点对象之一。

---

① 王颖，折晓叶，孙炳耀. 社会中间层——改革与中国的社团组织. 中国发展出版社，1993.

7

社会转型期城市社区规划
问题的现实探索

社区处于社会转型这个特殊时期，本身面临的新问题对社区规划理论与实践不断提出新的要求。对社区规划的研究迫切需要引起重视，为此本章旨在探求适应转型期社区规划的重点对策思路。

7.1　转型期社区睦邻关系的再造

7.1.1　社会转型期社区邻里关系的理论探讨

社区交往是一种社会交换行为。彼得·布劳认为社会交换是当别人作出报答性反应就发生、当别人不再作出报答性反应就停止的行动①。社会交换与经济交换有严格的区别。经济交换是根据明文规定的契约合同进行的，而社会交换不作任何具体的规定和明文的承诺。从经济交换中得到的利益是可以准确计算和预测的，而从社会交换中得到的利益则没有明确的价格，没有统一的衡量标准，报酬的价值具有模糊性。例如，爱、感激、社会赞同就无法用货币价格来计算②。社区交往是一种自愿行为，居民邻里之间的交往并不是非存在不可，它的发生源于人们之间通过长期共同生活在同一个社区，建立起相互信任的关系，在既有利于自己，也有利于邻里他人的基础上产生。

社区交往的发生和程度有赖于人们对这种交往的期望或者回报程度。人们期望的乐趣、爱、感激、社会赞同、邀请、帮助等。而不同社会群体由于可获得的社会资源渠道和范围不同，对社区交往的期望程度不同。如在笔者的社区调查中可以发现明显的规律，即收入较高群体的社区交往意愿和实际的邻里交往行为最低；越是收入较低、存在时间长的社区，邻里交往意愿和交往行为越高。实际上两类群体，代表了现代和传统两种截然不同的生活方式和生活理念。规划在提倡建立社区交往的过程中，应该注意到不同社会阶层主观的心理差异。

7.1.2　社区邻里关系淡化的原因分析

建国后形成的大量多层公房社区在邻里交往贫乏问题上受到过较

---

① 宋林飞．西方社会学理论．南京大学出版社，1997．196．
② 同上，198．

多的批评，与有亲密邻里关系的传统社区相比，这类社区形成历史相对短，邻里间没有足够的时间相互了解熟悉；社区的空间设计上没有如传统的邻里社区那样，如传统社区的里弄社区、四合院社区，具有界定明确的积极公共社区空间，为邻里交往提供了空间依托；多层工房独门独户的平面设计，客观上减少各户间接触的外部限制力。

应该引起注意的是，现代社会的人际环境促使居民很大程度上放弃居住地的社区交往行为，主观上居民对住区邻里的接触欲较小。尤其是早出晚归忙于工作的居民，料理家务和看电视等又占去大部分闲暇时间，信息量足够，精神疲惫，缺乏与邻里交往的兴趣。从另一角度看，多层住宅区缺乏邻里、社区中间层次的生活，在一些人看来也未必全是坏处，它创造了"大城市隐居"环境，能够不带角色地活动，居民彼此之间不是必须知根知底，社区"匿名"给很多人带来了轻松的感觉。这种状况在城市中一些比较高档的商品化小区是不少见的。

在现代社会生活中，强调社区邻里关系的再造，主要基于两个原因。首先，从生命周期的两端来看，儿童期及老年期的社区交往行为比较重要。这是因为儿童和老年期，人的活动圈域比较小，特别是老年期，个人与社会的联系不再通过工作单位来建立，很大程度回归到社区，个人的社会存在需要通过社区来完成。据英国和美国一项研究资料说明，个人离家出行距离最大的是在18至64岁这个阶段。65岁以后就降低到与青少年时差不多了。老年人由于他们的流动性逐渐降低，导致与社会的隔绝，容易陷入孤独。对这些社会群体而言，社区的邻里组织中的交流是相当重要的，如对缺乏住区外朋友的老人来讲，邻里交往是最重要的家庭以外的人间依托，这里至少能得到一定层次的排遣、倾吐。而对社会化过程中的儿童来说，缺少住区内活动则很遗憾地丧失了理解日常生活中普通人的机会以及相处的经验，使之易孤僻、自私，难以平衡发展。[1] 这里需要理解这样一个现实，大多数人，都要经历从儿童、少年、青壮年，最后步入老年。虽然不同人生阶段对社区交往的期望有所变化，但作为一个家庭来讲，多数时

---

① 倪文华. 公寓式集居住宅的社会组织与邻里行为. 城市规划汇刊, 1989（4）.

间是两代人或三代人共居一室，因此对应每个状态，一个家庭的成员一般总有儿童、未成年人或老人。也就是说每个家庭在形成到发展的过程中，对社区交往、社区归属感的需要虽然变化，但基本是持续存在的。

其次，随着社会的进步，现代技术发展水平为人们足不出户地完成工作、教育、就医、购物功能成为可能。服务社会化程度的提高，理论上似乎社区住户间的相互交往和依赖已经降低。但人们也曾经作过这样的实验，让人通过电话、电脑、传真机，完成所有的社会需要与服务，与世隔绝，实验结果证明，没有面对面的交往，人们会逐渐陷入焦虑、烦躁与消极的状态。这一定不是现代社会进步所希望的。社区交往作为一种社会交往行为，它虽然不能直接带来经济上的收获及物质利益，但现代社会中，最高层次的社会需求恰恰不是物质上的满足，而是被社会的认同、尊敬与认可。这一点是个人通过社区交往的社会交换过程，而可能得到的。国外社区发展的实践也证明，一个人受到社会尊重，不仅看他在工作中的角色、家庭中的角色，还有在社区中的角色，邻里对他的认可程度，这些甚至可以用于法庭上，作为证明其人品优劣的证据。因此即使在这个物质日益丰富、网络信息技术发展飞速进步、联系方式日益方便快捷的时代，仍旧要大力倡导以地缘关系为基础的社区交往，在现代社会条件下，探索社区关系再造的途径和方式。

7.1.3　社会转型期邻里关系再造的途径和方式

社区关系再造中引入公众参与是一条重要途径，社区居民通过共同的参与而相互了解，不再是孤独的居住者，人们在参与活动过程中找到朋友，促进了彼此的理解，更容易在社区达成相互的谅解和合作，构成生动活跃的邻里关系。

社区关系再造还需要借助社区组织的凝聚力，笔者在社会调查中发现这样一个事实，即交往的意愿大大高于邻里实际发生的交往行为。根据对 17 个上海各类城市社区调查，大部分社区超过 60% 的居民都认为邻里交往"有意义，很必要"。而实际上相当部分社区居民没有"比较熟悉、经常来往的邻居"。因此如何有效地把"心动变成行动"，把意愿变为行为，需要社区组织，包括街道、居委会、以及业主委员会的共同努力。目前城市社区建设开展的有声有色，很大程度上得益于这些社区组织从中发挥了重要的作用。

此外，在营造有利于社区关系再造的空间时，规划与设计要有所侧重，重点考虑社区日常活动中最主要的两类主体，"未成年的儿童"以及"离退休后赋闲老人"的行为和心理特征。以考虑他们的交往行为特点和需要为基础，来设计和规划邻里的交往空间，更切合实际。如社区的公共空间应该考虑适宜儿童和老人的无障碍设计，儿童的户外游戏设施、老人的健身设施等，因为在这些活动中，不同的孩子之间和老人之间才可能有机会建立友谊，建立他们所需要的邻里交往社会圈，并从中体现社区邻里的社会意义。因此社区关系的再造体现在空间上，就是需要深入研究社区公共空间主要使用者的需要，而不是仅关注社区外在环境的美化。

7.2 对社区老龄化群体的规划关注

7.2.1 针对社会老龄化人口的理论探讨

从1982年起中国进入人口结构急剧老龄化阶段，对老年人的支持将成为中国社会所面临的一个重大问题。随着工业化和市场经济进程加快，家庭支持功能下降，家庭原有的赡养功能和抚育功能趋于弱化。"空巢家庭"（单纯老年人家庭）增多，老年人的生活照料和精神寄托都存在困难。据青年报的一则报道，2000年上海虹口区妇联对该区3个街道6个居委会的3000人进行了入户调查。从收到的2554份有效问卷看，各类为老人和孩子生活、休闲服务的需求量最大。在为老人的家政服务项目中，需照顾老人的占45.6%；陪老人看病的占39.2%，居各类家政服务需求的第二和第三位[①]。

西方各国在资本主义发展阶段的教训应该引以为鉴。第二次世界大战后，英国推行福利国家政策，建立了一些大型福利机构，政府出资聘用专职工作人员，把无人照料的老人和有心理残障的病人集中起来，对

---

① 徐咏.社区最需要——照顾老人、看小孩、学拳操.青年报，2000－9－16.第2版.

他们进行供养和照料。这种机构式照顾给受助人生活以较好的、甚至
"精心的"照料，特别对那些生活不能自理的老人更是如此。但这种机
构式照顾是以政府承受重大财政压力为代价的。同时它的照顾效果亦受
到社会指责。因为这种福利机构脱离了受助人生活的社区，把他们置于
一种非正常环境之中，所以，这些人实际上失去了同正常人进行交往、
进行正常社会生活的条件，这对受助人是十分不利的。一些社会学家指
出，与世隔绝的住院照顾实际上成了住院者致病的一个原因。于是崇尚
人权的英国社会发出了让住院者回归社区的呼声。这样政府出巨资兴办
的高水平的机构照顾竟成了"受累不讨好"。面对日益衰退的经济困
境，政府顺势倡导社区照顾，鼓励社区发挥功能对无依靠的老人及精神
残障者施以援手、予以照顾。经过 30 多年的倡导与推广，至今，社区
照顾已成为英国社会工作的最主要方式①。

　　"社区照顾"是指为那些年长的、有精神疾病的、智力残障的、
有身体或感官障碍的人们提供服务与支持，使他们能尽可能独立地生
活在他们的家庭或家庭所在的社区。住房要制订社会照顾政策，使这
些人充分发挥他们的潜能。社区照顾至少有两种含义：一是不使老年
人脱离他所生活、所熟悉的社区，在本社区进行服务；二是动员社区
资源，运用社会人际关系资源，即社区支持体系开展服务。这两种措
施可以使被照顾者不脱离社区，像正常人那样生活，另外从社会和政
府的投入讲，社区照顾便宜得多②。社区照顾包括家庭照顾和邻里照
顾。从家庭照顾来看，1950 年代和 1960 年代，家庭被狭义地理解为
由核心夫妇与他们的孩子组成，因此所谓的照料或广泛的家庭责任被
排除在社会政策的议事日程之外。1980 年代以后，整个西方社会包括
英国乃至欧洲、美洲和澳大利亚都对家庭的这种参与给予了重新认
识。家庭照顾日益被人们认为是现代社会的固有特征之一③。邻里照
顾的原则是在紧急情况下或在不妨碍日常生活的情况下自愿提供帮
助，例如，非亲属照顾活动包括帮忙跑跑腿、运些东西、暂时照顾一
下老人等。这对于老年人特别是那些没有这些照顾就必须离开社区进

---

① 夏学銮主编. 社区照顾的理论、政策与实践. 北京大学出版社, 1996. 8 ~ 9.
② 同上, 45.
③ 候玉兰, 候亚非. 国外社区发展的理论与实践. 中国经济出版社, 1998. 148.

入养老院的老年人来说是非常重要的。

西方发达国家虽然与我国的国情不同，但其通过社区照顾解决社会问题的思路与做法值得借鉴。第一，西方发达国家是在经济发展总体水平已经达到相当水平的情况下，解决对社会老年群体支持的问题。在我国经济尚不发达的形势下，国家不可能大力发展费用昂贵的福利设施，因此家庭与社区不可避免的仍将是支持主体；第二，东方文化中特有的家庭伦理观念，为社区照顾提供了社会舆论环境。如不孝顺老人要遭到舆论的谴责，甚至法律的制裁等。因此在我国、新加坡等国家，由于东方文化传统观念与习俗，老人与子女同住的比例要高于西方发达国家。因此在我国通过发展和倡导社区照顾来解决对社会老年群体的支持是有基础和有可能的。中国传统伦理文化中更强调家庭的作用，人们在心理上对正式支持（包括政府和其他正式支持组织）的依赖感较弱①。

7.2.2 以社区照顾作为解决社会老龄人口问题的主导策略

规划应鼓励社区中可能的家庭照顾。多数老人虽然愿意要有自己的住地，但又都愿意住在离子女不远的地方。社区照顾很重要的一方面就是强化家庭的照顾能力，通过支持被照顾者的家庭，从而达到支持被照顾者的目的。在东方国家如日本、新家坡，这种"分而不远离"，即两代分开居住，但离得不远的需要，广泛存在。这样实际上有利于两代家庭的需要，分开住可以避免生活节奏与生活方式差异而带来的相互干扰，但如果能不远离，可以使两代家庭之间有相互的照顾。成年子女日常工作繁忙，如果与老人居住得近，那么尚健康的老年人就可以承担一些接送孩子、帮助料理家务的简单劳动，从而减轻子女的家庭负担。对老人一方来说，他们可以经常见到子女、帮子女看下一代（这在现代城市中是相当普遍的现象），有事可做可能有益于他们人格的自我完善。家庭代际间的相互照顾是非常有益的，而且有着普遍的社会需求。已经出现这样的情况，一些家庭在同一个社区中买两套邻近小套型的住宅，两代人比邻而居。社区规划在住宅房型设计上，除了普通家庭"两房一厅"或"三房两厅"的房型，如果能适当考虑适合老人家庭

① 王颖. 老龄化——城市规划的一个社会学课题. 城市规划汇刊，1998（5）.

需要的"一房一厅"住宅，或者集中设置一定比例的老年公寓是很有益的，使两代人分户居住，但又相处于同一个社区。

规划应鼓励以健康的中、轻年老人群体为基础的社区邻里互助。老年群体是目前社会中，特别是一些人口众多的大城市中规模较大的一部分社会群体，其内部有一些素质较高、有特定社会技能的老人，以及健康年轻老人、中年老人，可以通过老人之间的互助，作为解决社会老龄化问题的宝贵资源。目前上海有社区已成功实践了一种接力式的"时间储蓄"老人互助服务。即鼓励一些退休的健康老人照顾其他需要被照顾的老人，当这些健康老人自己以后需要被照顾的时候，又可以得到其他老人的照顾。同时社区中健康的中、轻年老人还可以解决社区的儿童照顾问题。前面的社会调查已经初步显示，除老龄化问题，社区家庭对带小孩的需求也是相当突出的。我国城市中大部分是双职工家庭，社会竞争激烈，节奏加快，子女的教育、上下学的接送、放假期间的照顾，成了许多城市家庭的普遍头疼但又不能回避的问题。如在1999年暑期社会调查的上海市培明小区有一位老人，无依无靠，然而他的邻居一家三口，两年轻人带一个孩子，年轻人工作忙，需要上班，没有太多时间照顾孩子，而老人正好没事，请老人帮着照顾孩子，由于年轻人家里比较富裕，因而付工资300元，这样，老人的生活有了着落，年轻人的负担也减轻了，两全齐美。

社区托老所是社区照顾的一种形式，它不同于养老院、敬老院等社会福利机构，它位于社区内，类似于较小规模的住院服务单位，多数照顾对象可以维持与其他社区人士的接触，可以使被照顾者继续维持其社区生活。托老所可以维持与老人所在的社区和家庭保持着密切的联系，在场地、设施、人力方面的投入都要小很多，是适应我国社区现实的一种重要的照顾形式。它提供的服务更灵活，从生活不能自理的老人到只是感到寂寞的老人，其服务有全托制、日托制、就餐制、医疗保健等方面，根据不同需要为老年人提供服务。实践证明这种方式取得了良好的社会效果，详见以下案例。近年来，伴随社会老龄化进程的加快，针对老年人的社会服务需求越来越大，只是在城市规划领域中尚未对它有足够的认识。社区的公共设施配置还只是对中学、小学以及社区服务设施配套有要求，对社区托老所的配置没有进行过深入的研究和具体的设置考虑。实际上随着我国计划生育政策的成功贯彻实施，未成年人口的比例已经下降，城市出现中小学、幼托设施过剩的现象，一些幼托设施由于招收不足生源，转而改成托老所，反倒适应了社会的需要。因此，适应社会需要的社区规划，应按照社区老人的数量规模，配套托老所及其他适应老龄化群体需要的社区服务设施，提供户外活动场所。专栏中社区的"老年之家"就是面向这一需求而出现的。

专栏 7-1　社区照顾——上海江苏路街道的老人之家

上海江苏路街道办事处的"幸福家庭俱乐部"，其服务宗旨是以社区服务为纽带，把地区身边无子女的老人、孤老组织起来，合成一个老有所乐的大家庭。俱乐部遵循互帮互助的原则。每个"小家"都为"大家"出力，家家都是俱乐部的志愿服务者，又是被服务的受益者。如有哪位老人过生日子女不在身边，大家会为之安排祝寿庆贺活动；如有哪位老人生病住院，大家都会主动关心，去医院探望，轮流值班陪夜。有一定层次、一技之长的老人能积极为大家服务，进行书画辅导、医疗咨询等。经济条件好的老人家庭会无私援助经济较差的家庭。俱乐部还组织成员外出参观、开阔视野，提供休闲场所，老人谈论国家大事、交流生活感受。"幸福俱乐部"开办后，解决了一些独居老人生活寂寞问题，充实和丰富了老人的晚年生活。

（资料来源：施德容主编．上海市社区服务手册．文汇出版社，1999）

案例 7-2　社区照顾——长白街道的"春风托老所"

上海杨浦区长白新村街道，以社企联合形式办的"春风托老所"，集养老、护理、治疗、康复、善终于一体，8 年来积累了丰富的经验。托老所实行"五托并举"包括全托、日托、临托、夜托和家托，同时提供临终服务和痴呆老人的护理。70 余位入托老人中，年龄最大的94 岁，而平均年龄超过 80 岁。又如位于济南路 185 弄 13 号的卢湾区淮海社区服务中心，针对老年人入托难的状况，1996 年开设老年人日间托老室。该日托室主要收托老年痴呆病或白天家中无人照顾需交流沟通的老人。白天入托，晚上回家，每天吃饭、午睡、看电视、散步、娱乐。日托室工作人员都为老人精心安排了井然有序的生活。有位80多岁的痴呆老人，在家时，经常乱跑迷路，或者让出租车送回，或者派出所来电话叫家人去领，搅得一家人不得安宁，送来托老所后，家人便解除了后顾之忧。

（资料来源：同上）

7.3   关于外来务工人员居住问题的规划考虑

7.3.1   外来务工人员与城市社会的矛盾现象

社会失范现象在中国城市中的表现，有一个显著特点，就是社会违规人员中，外来务工人员比例较高的特征。流动人口的居住生活问题是客观存在的现实。1983年，上海的流动人口仅50万人，与常住人口之间的比为4：100。至2007年底，流动人口增为627万人，其中居住半年以上的467万，与常住人口之比增为26：100，以后几年基本稳定在这个规模，近年来这一比例不断上升①。这么庞大的外来流动人口每天与常住人口共享共创城市财富。流动人口与城市居民虽然在社会功能上彼此需要，但观念上仍有较大的隔膜。如果缺乏合理的渠道予以引导，特别是处于不利地位的外来务工人员，很容易导致冲突激化，发生社会违规事件。这与现有城市社会只在经济结构上对流动民工开放，而在社会结构（如户籍制度、劳动保障、社会保障等）、观念上并没有开放的矛盾有关系。如果社区能主动发挥社会的协调作用，给予应有的理解和支持，将有利于这种社会矛盾得以缓解。

7.3.2   外来务工人员的居住问题

外来务工人员目前一般以三种方式驻留于城市中：一种是就近工作岗位，分散在城市各个位置，如工厂集体、单位的宿舍、临时搭建的简屋棚户；一种是分散租住在城市边缘、价格便宜的社区中；还有一种是类似"浙江村"等自发形成的外来务工人员集聚的社区。外地

---

①   朱志军．论城市规划中的外来流动人口问题，硕士论文．

来到城市寻找工作而经济条件较差的民工，想租房，费用较贵，于是最好的办法就是单独或联合搭建起简陋的棚屋，有一个栖身之处。稍后来的民工靠同乡、亲属的关系，也住进去了，棚屋越盖越多，渐渐形成一条街或几条街。后来民工找到了较固定的工作而单位又没有宿舍，于是他们就把妻子接进城来，在此生儿育女。把这类地方称作城市中新的"贫民窟"并不夸张。这些棚户及其附近地带，不仅居住条件、卫生条件差，人口密，而且缺乏必要的生活配套设施。总体来讲外来务工人员的居住环境质量比城市居民的居住条件普遍相差很多。由于政策执行的惯性和长期城乡隔离的社会"二元结构"，造成居民观念的偏见，外来务工人员相关的居住问题虽在媒体上有过披露，但实际中，还未引起政府和规划部门的足够重视。

7.3.3 外来务工人员居住问题的规划探讨

如果说，城市居民下岗失业问题还有政府和社会的关心和基本生活保障的话，那么，外来务工人员的境况则不容乐观。他们在文化程度上普遍低于城市居民。一旦失去工作，如果又不愿意离开城市，在用光积蓄后，基本生活也无法保障，极容易坠入社会最底层。社区工作与社区规划，应该在法规和政策上将外来务工人员的管理与服务涵盖在内，加强社区规划的覆盖面。

一些针对普通城市居民的社会保障和社会管理的责任，如医疗教育设施、计划生育等应扩大到外来务工人员中间。在社区中求同存异，共同建设安定和谐的社区社会环境。如北京的"浙江村"由于没有畅通的道路体系和基础设施，环境卫生情况恶劣。由于没有城市户口，外来务工人员子女入托、入学都成了问题。长期来看，极不利于外来务工人员居住所在地社区的发展，势必导致社会问题集聚，从而影响整个社会的健康发展。从长远来看，政府和社会都应该把外来务工人员聚居社区的发展与规划问题重视起来，通过专业规划手段改善这些社区的居住条件。甚至在住宅建设发展规划中，适应外来务工人员的特殊需要，建设一些供外来务工人员居住的社区，实现与城市社区一致的服务与管理。社区规划应该尽快适应这一趋势，深化对外来务工人员居住问题的研究，从技术上、政策上探讨与外来务工人员相关的社区问题。

7.4　中低收入家庭所在社区的规划对策

7.4.1　中低收入家庭聚居社区的理论探讨

　　Gutmam 与 Gans 在 1963 年研究指出，工人阶层的住户搬进主要由中等阶层居住的邻里中，他们迅速地被孤立起来，这使他们感到很不自在。在美国马萨诸塞州布鲁克莱恩镇，当不同的阶层混合居住时，彼此间有着强烈的心理上的障碍，只有小孩能打破这种障碍。邻里间的友谊更容易在地位相当的人之间存在①。城市居民居住在不同社区，人们之间会对各自住宅条件相互比较，都期望高于或至少与对方有相同水平，而不希望低于对方。"物以类聚，人以群分"，人们都愿意搬迁到和他们社会身份阶层相同的住宅区中，而不愿意搬迁到高于或低于自己社会身份的住宅区中居住，否则不久就会再次迁居。从美国的教训来看，人口居住分化和社会隔离加剧是构成今日美国城市问题的根源之一。因收入不同带来的人口分化、在城市空间上产生隔离，由此破坏合理的社会结构，则是普遍承认的市场经济的缺陷。

　　西方社区规划理论中一个主要观点，是期望产生邻里中的多样化。早期实践中坚持不同种族、不同社会经济阶层的混居，力图减少或消灭种族与社会阶层间的隔离。1947 年英国伦敦附近斯蒂文乃奇（Stevenage）新城规划中规定了一项政策，把社会各阶层、各种族混居在一起，其规划思想表明在下面的一段话中："我们想复活英国古老村庄中的那种社会结构，富人与穷人相邻，彼此相识，要大房子的有大房子，只是不能脱离其他人而独居一处②"。

　　然而实践结果却证明这种混居政策失败了。城市居民中强烈的社会隔离却日益明显。物质空间上的距离反映着社会的距离。在社会的距离没有消灭以前，物质空间上的距离也不可能消失。由于多数人喜欢住在与他们相似的人之中，勉强地在邻里中取得社会平衡的理想实际上不可取，也行不通。人们越是有平等的权利来选择自己的住处，

---

①　李道增. 环境行为学概论. 天津大学出版社. 1998. 56～60.
②　同上，60.

种族分离和社会隔离现象就越显著，许多社会调查已说明这一现象①。社会隔离说到底是社会矛盾的反映，解决社会矛盾不能仅用空间安排的手段来达到②。

从我国的城市社区来看，在实现市场经济的体制变迁后，住房实现需求商品化后，价格成了区分居住条件的一道不可随意逾越的"门槛"。在城市结构的变迁过程中，大量中低收入者不得不搬迁到城市边远、住房价格比较便宜的社区，市中心或"好地段"的高档居住区则是富裕家庭居住的社区。

对待这种两极分化所造成的社区隔离，比较有效的做法是采取"有所为，有所不为"的政策导向。对于不同类型的社区，根据其生活方式、文化及消费水平的不同，规划应本着"物以类聚，人以群分"的原则，控制其环境标准与设施配套，使其各得其所。实际上一些富有的社区已经实现了自我的良性循环，其中的居民不仅获得了理想的生活环境，而且取得了社会优越身份的认同以及下一代社会化过程的良好环境。在美国达拉斯富裕郊区的海兰帕克中学，学校有室内游泳池、闭路电视演播厅、尖端科学技术实验室，该校每年花在每个学生身上的经费高达 6000 美元，这笔钱是花费在达拉斯南部维尔默学校学生身上的一倍，那里的普通中学连教室都不够③。良好的教育和社区社会环境为在这些社区成长的孩子走上社会奠定了基础，从而形成良性循环。

而处于贫困一极的社区却有陷入恶性循环的可能。人们情绪低落，看不到希望，滋生不良社区风气，对社会的良性运转造成威胁。因此，这些社区是政府应该充分予以关注的，有必要运用政策手段从根本上改善社区环境。

7.4.2　社会转型期中低收入家庭聚居社区的规划对策

在我国城市社会的转型期，社会收入差距拉大，社区的分层开始出现，正如人文区位学所描述的：收入高的社会群体，往往会通过"侵入"或"继替"等社会运动过程，完成对城市优良空间的占领。

---

① 李道增．环境行为学概论．天津大学出版社，1998. 72.
② 宋林飞．西方社会学理论．南京大学出版社，1997. 208.
③ 黄德发．后信息社会——你的未来不是梦．中国统计出版社，1995. 405.

这种优良空间包括交通便捷、教育条件良好、外部环境条件优越等多方面。也就是说优势群体在城市社区空间中往往处于有利地位，选择机会更大。如果完全按照市场机制进行运作，社会低收入阶层很可能就会完全被排挤在优良的城市空间之外。因此政府应通过规划进行平衡和引导，保障不同社会阶层在选择社区空间机会的均等。政府应通过对城市社区空间的整体规划，开辟适当的城市地段，作为面向低收入群体的社区。中国城镇住房体制改革中，提出建设经济适用房、廉租房的政策就是在政策上倾向低收入阶层的社区。上海市地方政府曾于1990年代在全市几个方向辟建了大型经济适用房居住社区的建设，如"江湾城"、"万里现代生活园区"、"春申现代生活区"和浦东的"三林城"。它们都是通过政府组织境外知名设计事务所共同参与国际投标的形式，住房类型面向多数中等收入阶层，建设良好的社区居住环境。总体来讲，政府对社区的建设与引导，应该避免市场化过程的负面影响在中低收入家庭聚居的社区中集中再现，因此政策支持的重点应是社会困难人群集中的社区。

政府在土地政策上，可以从城市总体可利用土地进行总量平衡，划出适当的土地用于面向中低收入家庭社区的开发，结合城市次中心、卫星城的布局，分片在城市不同空间方位均衡布置。根据北京经济适用房政策的实施情况来看，主要存在两方面问题：一是部分所谓的经济适用房套型面积过大，导致总价偏高，真正需要住房的中低收入家庭仍然买不起；二是缺乏配套的收入审查制度，导致一些非中低收入群体购买这些住房。如果在经济适用房社区中所住的居民拥有复式住宅，出门开私家车，那么这些居民显然不属于城市的中低收入阶层。

对于现有的中低收入家庭的社区，政府应制订社会重点扶持政策，关注城市中现有的中低收入家庭社区的社会问题。如德国柏林城市社区组织并不是遍布全市，而是有重点地在有些社会问题集中的社区中开展帮助再就业工作，改善社区公共环境，组织社区公共活动以增强社区凝聚力等，政府同时给予一定资金支持。目前我国城市社区组织也在发挥着积极的作用，就公共政策来说，应该更有重点、更有针对性，其社会效果会更好，对真正缓解社会隔离问题，推动建立和谐社会将起到更显著的作用。

参 考 文 献

［1］厉以宁 . 转型发展理论 . 同心出版社，1996.

［2］郑杭生 . 转型中的中国社会与中国社会的转型 . 首都师范大学出版社，1996.

［3］陈秉钊等著 . 上海郊区小城镇人居环境可持续发展研究 . 科学出版社，2001.

［4］候玉兰，候亚非 . 国外社区发展的理论与实践 . 中国经济出版社，1998.

［5］［美］伊恩・罗伯逊黄育馥译 . 社会学 . 商务印书局，1994.

［6］中共上海市委组织部，上海市社区发展研究会编 . 城市社区工作读本 . 上海交通
大学出版社，1999.

［7］李道增 . 环境行为学概论 . 天津大学出版社，1998.

［8］张庭伟 . 社会资本、社区规划及公众参与 . 城市规划 . 1999（10）.

［9］孟海宁 . 生活居住形态的变革与继承 . 城市规划汇刊 . 1988（5）.

［10］袁方等著 . 社会学家的眼光——中国社会结构转型 . 中国社会出版社，1998.

［11］卢现祥 . 西方新制度经济学 . 中国发展出版社，1996（2）.

［12］宋林飞 . 西方社会学理论 . 南京大学出版社，1997.

［13］孟繁华著 . 众神狂欢——当代中国的文化冲突问题 . 今日中国出版社，1998
（5）.

［14］成思危主编 . 中国城镇住房制度改革——目标模式与实施难点 . 民主与建设出
版社，1999.

［15］田东海编著 . 住房政策：国际经验借鉴和中国现实选择 . 清华大学出版
社，1998.

［16］中共上海市委组织部，上海市社区发展研究会编 . 城市社区工作读本 . 上海交
通大学出版社，1999.

［17］张鸿雁 . 侵入与接替——城市社会结构变迁新论 . 东南大学出版社，2000.

［18］施凯、潘烈青主编 . 两级政府，三级管理——上海社区管理体制改革试点成果
汇编 . 上海人民出版社，1998.

［19］施德容等主编 . 上海市社区服务手册 . 文汇出版社，1999.

［20］王春光 . 社会流动和社会重构——京城［浙江村］研究 . 浙江人民出版
社，1995.

［21］顾朝林・C・克斯特洛德 . 北京社会空间结构影响因素及其演化研究 . 城市规
划，1997（4）.

［22］张兵 . 关于城市住房制度改革对我国城市规划若干影响的研究 . 城市规划，
1993（4）.

[23] 朱介鸣．城市居住人口分布及再分布的基础研究——上海中心城居住人口再分布的战略决策．城市规划汇刊，1987（1）．

[24] 虞蔚．城市环境地域分异研究——以上海中心城为例．城市规划汇刊，1987（2）．

[25] 王发曾．国外城市居住功能的空间研究．城市规划汇刊，1989（5）．

[26] 孙施文．关于上海城市发展与规划的几点思考．城市规划汇刊，1995（1）．

[27] 张兵．我国城市住房空间分布重构．城市规划汇刊，1995（2）．

[28] 张兵．城市住房制度改革——我国城市规划发展的契机．城市规划汇刊，1992（4）．

[29] 刘君德等．论制度创新与可持续发展——上海市城乡结合部的管理体制探索．城市规划汇刊．1998（4）．

[30] 乐正．近代上海人社会心态（1860~1910）．上海人民出版社，1991.

[31] 廖绮晶．城市住区的可持续发展之路——上海城市居住社区研究．硕士论文．

[32] 夏南凯，王玲慧，王世营．上海市房地产抽样调查分析报告．

[33] 上海市土地使用制度改革领导小组办公室 & 上海统计局编．上海市房地产市场1999．中国统计出版社，1999.

[34] 王绍周，陈志敏．里弄建筑．上海科学技术文献出版社，1987.

[35] 沈华主编．上海里弄民居．中国建筑工业出版社，1993.

[36] 谢立中主编．西方社会学名著提要．江西人民出版社，1998.

[37] 李道增．环境行为学概论．天津大学出版社，1998.

[38] 王颖，折晓叶，孙炳耀．社会中间层——改革与中国的社团组织．中国发展出版社，1993.

[39] 倪文华．公寓式集居住宅的社会组织与邻里行为．城市规划汇刊，1989（4）．

[40] 马武定．走向集约型的城市规划与建设．城市规划，1997（2）．

[41] 张庭伟．政府/非政府组织以及社区在城市建设中的作用．城市规划汇刊，1998（3）．

[42] 张庭伟．社会资本、社区规划及公众参与．城市规划，1999（10）．

[43] 施德容主编．上海市社区服务手册．文汇出版社，1999.

[44] 王颖．老龄化——城市规划的一个社会学课题．城市规划汇刊，1998（5）．

[45] 王颖．走向信息社会的居住生活和环境．城市规划汇刊，1997（1）．

[46] 王颖．信息化城市的负面效应探析．城市规划汇刊，1998（3）．

[47] 孙施文．关于上海城市未来发展的思辨．城市规划汇刊，1995（6）．

[48] [美] 戴维·奥斯本 & 特德·盖步勒．改革政府——企业精神如何改革着公营部门．上海译文出版社，1996.

[49] 詹姆斯·特拉菲尔．未来城．中国社会科学出版社，2000.

[50] 夏学銮主编．社区照顾的理论、政策与实践．北京大学出版社，1996.

[51] 郑正．重视对已建住区的更新完善研究．规划师，2000（1）．

[52] 李本科．试论居住区的后续规划．城市规划汇刊，1998（6）．

[53] 唐子来．居住小区服务设施的需求型态．城市规划，1999（5）．

[54] 陆学艺，景天魁主编．转型中的中国社会．黑龙江人民出版社，1994.

[55] 樊纲．走进风险的世界．广东经济出版社，1999.

[56] 爱德华·霍夫曼编，许金生译．洞察未来——A·H·马斯洛未发表过的文章．改革出版社，1998.

[57] 张岱华，方克立主编．中国文化概论．北京师范大学出版社，1994.

[58] 于海．西方社会思想史．复旦大学出版社，1993.

[59] 盛洪．经济学精神．四川文艺出版社，1996.

[60] 王玉波，瞿明安．超越传统——生活方式转型取向．京华出版社，1997.

[61] 张曙光等编．中国制度变迁的案例研究．上海人民出版社，1996.

[62] 吴德隆，谷迎春．中国城市社区建设．知识出版社，1996.

[63] [英] J·C·亚历山大，邓正来译．国家与市民社会—— 一种社会理论的研究途径．中央编译出版社，1999.

[64] [德] 哈贝马斯，曹卫东等译．公共领域的结构转型．学林出版社，1999.

[65] [英] 安东尼·吉登斯．社会的构成．生活·读书·新知三联出版社，1998.

[66] 康晓光．权力的转移——转型时期中国权利格局的变迁．浙江人民出版社，1999.

[67] 辜胜阻等编．当代中国人口流动与城镇化，武汉大学出版社，1994.

[68] 黄平主编．寻求生存——当代中国农村外出人口的社会学研究．云南人民出版社，1997.

[69] 顾朝林等著．集聚与扩散——城市空间结构新论．东南大学出版社，2000.

[70] 何清涟．现代化的陷阱——当代中国的经济社会问题．今日中国出版社，1998.

[71] 费孝通．社会学的探索．天津人民出版社，1984.

[72] [台] 赖明茂．住居生活空间营造的新视野．建筑情报季刊杂志社，1998.

[73] 杨雪冬，薛晓源主编．"第三条道路"与新的理论．社会科学文献出版社，2000.

[74] [英] 安东尼·吉登斯，郑戈译．第三条道路——社会民主主义的复兴．北京大学出版社，三联书店，2000.

[75] [英] 安东尼·德·雅塞，陈茅等译．重申自由主义．中国社会科学出版社，1997.

[76] 汪丁丁．回家的路——经济学家的思想轨迹．中国社会科学出版社，1998.

[77] 王旭，黄柯可主编．城市社会的变迁，1998.

[78] 叶伯初等编．上海住宅（1949～1990）．上海科学普及出版社，1993.

[79] 刘易斯·芒福德，倪文彦译．城市发展史．中国建筑工业出版社，1989.

[80] [英] 安东尼·吉登斯，胡宗泽译．民族——国家与暴力．生活·读书·新知三联书店，1998.

[81] 詹姆斯·布坎南，吴良健等译．自由·市场与国家——20 世纪 80 年代的政治经济学．北京经济学院出版社，1989.

[82] 沃尔夫冈·查普夫．现代化与社会转型．社会科学文献出版社，1998.

[83] 陆学艺主编．社会学．知识出版社，1996.

[84] 吕昭河．制度变迁与人口发展：兼论当代中国人口发展的制度约束．中国社会科学出版社，1999.

[85] 于洪俊，宁越敏．城市地理概论．安徽科学技术出版社，1983.

[86] 顾朝林等著．中国大城市边缘区研究．科学出版社，1995.

[87] 盛洪．分工与交易—— 一个一般理论及其对中国非专业化问题的应用分析．三联书店，1998.

[88] 张宇燕．经济发展与制度选择——对制度的经济分析．中国人民大学出版社，1992.

[89] 刘军宁等编．自由与社群．三联书店，1998.

[90] 文健东．公共选择学派．武汉出版社，1996.

[91] 包宗华．中国城市化道路与城市建设．中国城市出版社，1995.

[92] 杨善华主编．当代西方社会学理论．北京大学出版社，1999.

[93] 陈一筠主编．城市化与城市社会学．光明日报出版社，1986.

[94] 袁秉达，孟临主编．社区论．中国纺织大学出版社，2000.

[95] ［美］罗兰·罗伯森，梁光严译．全球化——社会理论与全球文化．上海人民出版社，2000.

[96] 黎熙元，何肇发．现代社区概论．中山大学出版社，1998.

[97] 汪翔，钱南．公共选择理论导论．上海人民出版社．智慧出版有限公司，1993.

[98] 张维迎．博弈论与信息经济学．上海三联书店，上海人民出版社，1994.

[99] 陈秉钊．当代城市规划导论．中国建筑工业出版社，2003.

[100] David Harvey. Consciousness and the Urban Experience—Studies in the History of Capitalist Urbanization. The Johns Hopkins University Press. Baltimore, Maryland. 1987.

[101] David Harvey. Social Justice, Postmodernism, and the City. 1992. Richard T. LeGates & Frederic Stout (Ed.), The City Reader (second edition), Routledge Press, 2000. 199 ~ 200.

[102] Ervin Y. Galantay. New Towns：Antiquity To The Present. GeorgeBraziller, New York, 1975.

[103] FHC Forum (The Magazine of the Florida Humanities Council). Vol. XX, No. 1, Summer 1997.

[104] GordonE. Cherry. The Evolution of British Town Planning. Leonard Hill Books, 1995.

[105] 黄一如，王鹏．居住社区规划领域的新技术与新工具．城市规划汇刊，2003(3).

[106] 洪雯．已建成住区的更新完善研究——以上海建国以来建成的住区为例．同济

大学硕士学位论文，2000.

[107] 胡伟．城市规划与社区规划之辨析．城市规划汇刊，2001（1）．

[108] 李惠斌，杨雪冬主编．社会资本与社会发展．社会科学文献出版社，2000.

[109] 刘奇志．公众参与城市规划的基础研究．同济大学硕士研究生学位论文，1990.

[110] 刘君德．上海城市社区的发展与规划研究．城市规划，2002（3）．

[111] 刘卫东，彭俊．上海市居民生活方式和住宅空间研究．同济大学出版社，2001.

[112] 吕斌．可持续社区的规划理念与实践．国外城市规划，1999（3）．

[113] Margret Mead. Human Identity in the Urban Environment. 米德．邻里与人类的需要．金经元译．国外城市规划，1991（4）．

[114] Melville C. Branch. Comprehensive City Planning. Planners Pre- ss, 1985. 89.

[115] 马尔科姆·沃特斯．现代社会学理论（Malcolm Waters. Modern Sociological Theory）．杨善华等译．华夏出版社，2000.

[116] 毛其智．规划是否掌握了真理？规划师，2000（4）．18.

[117] Nigel Taylor. Urban Planning Theory Since 1945. SAGE Publication，1998.

[118] Peter Katz. The New Urbanism, Toward an Architecture of Community. Mc Graw- Hill，Inc. 1994.

[119] Peter Hall. 城市和区域规划．邹德慈，金经元译．中国建筑工业出版社，1987. 85～94.

[120] Peter Hall. Cities of Tomorrow（Updated Edition），1999. 237.

[121] Peter Hall. The City of Theory. 1996. Richard T. LeGates & Frederic Stout（Ed.）. The City Reader（second edition），Routledge Press，2000. 362.

[122] Paul Davidoff. Advocacy and Pluralism in Planning, 1965. Richard T. LeGates & Frederic Stout（Ed.）. The City Reader（second edition）. Routledge Press，2000. 423～424.（也有学者译将 Advocacy Planning 译为"倡导性规划"，参考下［10］和［12］

[123] Richard. L. Meier，沈青．中国沿海城市远期发展的规划设计思想探索．城市规划汇刊，1990（6）．

[124] Robert Fishman. The American Metropolis at Century's End：Past and Future Influences. Fannie Mae Foundation 1999.

[125] Sherry Arnstein. A Ladder of Citizen Participation. 1969. Richard T. Le-Gates & Frederic Stout（Ed.），The City Reader（second edition），Routledge Press，2000. 240～241.

[126] 唐子来．居住小区服务设施的需求型态：趋势推断和实证研究．城市规划，1999（5）．

[127] 谭英．社区情感、社区发展与邻里保护．国外城市规划，1999（3）．

［128］W. W. Rostow（罗斯托），美国经济学家，"经济成长阶段"（朱绍文摘写词条），引自"中国大百科全书（经济学 1）。1960 年罗斯托出版了"经济成长阶段"之后，在 1971 年的"政治与增长阶段"中又补充了"追求生活质量阶段"。

［129］吴良镛．城市世纪、城市问题、城市规划与市长的作用．城市规划．

［130］吴志强．介绍 David Harvey 和他的一本名著．城市规划汇刊，1998（1）

［131］王伯伟．居住社区与场所（导师冯纪忠教授）．同济大学博士学位论文，1988.

［132］王颖．上海城市社区实证研究．城市规划汇刊，2002（6）.

［133］谢家瑾．住宅与房地产 2003 年八大重点．城市开发，2003（2）.

［134］夏宗玕．关于我国城市化进程及发展变化的回顾．城市规划汇刊，1992（2）.

［135］于一凡．住宅与社会学．城市规划汇刊，2003（3）.

［136］于泓．Davidoff 的倡导性城市规划理论．国外城市规划，2000（1）.

［137］易静，阎小培，周春山．中国城市社会空间结构研究的回顾与展望．城市规划汇刊，2003（1）.

［138］杨贵庆．上海郊区小城镇人居环境持续发展研究（专题报告 5 第二作者）．陈秉钊主编．科学出版社，2001.

［139］杨贵庆．城市社会心理学．同济大学出版社，2000.

［140］杨贵庆．未来 10 年上海都市的住房问题和社区规划，城市规划汇刊，2000（4）.63.

［141］杨贵庆．上海城市高层住宅居住环境和社会心理调查分析与启示．城市规划汇刊，1999（4）.35.

［142］杨贵庆．面向市场机制的上海居住区开发与规划对策研究．城市规划汇刊，1999（3）.20.

［143］杨贵庆．提高社区环境品质，加强居民定居意识——对上海大都市人居环境可持续发展的探索．城市规划汇刊，1997（4）.17.

［144］杨贵庆．城市化迅速进程中妇女的作用．城市规划汇刊，1994（1）.30.

［145］杨贵庆．大众住宅应适应人的需要与选择．住宅科技，1992（7）.

［146］杨贵庆．城市旧住区居民的心态与价值取向．城市规划汇刊，1992（1）.

［147］杨贵庆．为城市旧住区居民建造低价实用型住宅的系统研究．同济大学硕士学位论文，1991.

［148］张庭伟．社会资本、社区规划及公众参与．城市规划，1999（4）.

［149］张庭伟．从"向权利讲授真理"到"参与决策权利"．城市规划，1999（6）.

［150］张京祥，顾朝林，黄春晓．城市规划的社会学思维．规划师，2000（4）.

［151］张京祥．国外城市居住社区的理论与实践评述。国外城市规划，1998（2）.

［152］赵和生．城市规划与城市发展．东南大学出版社，1999.56、87.

后 记

在书稿完成之际，首先非常感谢我们的导师陈秉钊先生。陈先生投入了大量的时间和精力指导了两篇博士论文，在书稿的修改和深化过程中，提出了中肯和非常有价值的指导和建议。同时还要感谢郑正教授、吴志强教授、周俭教授、夏南凯教授和赵民教授等，感谢他们多年来在学术上给予的诸多启发和建议。感谢德国柏林工业大学 Peter Herrle 教授，在王颖博士后留德访问研究过程中，给予大力的支持和帮助。

感谢共同参与组织指导城市规划本科生社会实践的宋小冬教授、刘冰老师、惠英老师等，以及参与 1998、1999 年社会实践的同济大学城市规划系 94 级、95 级本科生，完成的调查统计问卷及调查报告成为本论文实证素材的基础。

王 颖 杨贵庆

2008 年 12 月